NAKAMURA • JAPAN UND DAS DEUTSCHE ZIVILPROZESSRECHT

# JAPAN UND DAS DEUTSCHE ZIVILPROZESSRECHT

— Sammelband der zivilprozessualen Abhandlungen —

**Bd. II.**

von

Prof. Dr. Dr. h.c. HIDEO NAKAMURA

HIKAKU MINJIHO KENKYUSHO
Institut für Vergleichendes Zivilrecht

Veröffentlichung Nr. 18

Tokyo 2007

**SEIBUNDO**

JAPAN UND DAS DEUTSCHE ZIVILPROZESSRECHT

von

HIDEO NAKAMURA

Seibundo, 2007

ISBN978-4-7923-2520-6 C3032



Seibundo Verlag

Shinjuku-ku Waseda-Tsurumakcho 514,

Tokyo, Japan 162

Tel. 03-3203-9201 Fax. 03-3203-9206

# *Vorwort*

Seit der Veröffentlichung meines Sammelbandes der zivilprozessualen Abhandlungen „Japan und das Deutsche Zivilprozessrecht“ (1996) sind elf Jahre vergangen. Die Zahl der Beiträge, die ich in dieser Zeit aus Anlass von Festschriften für Kollegen geschrieben habe und sonstiger Aufsätze ist so groß, dass sie einen weiteren Band füllen können. Ich lege nunmehr diese Aufsätze als zweiten Band von „Japan und das Deutsche Zivilprozessrecht“ vor.

Der erste Aufsatz der Sammlung behandelt ein nach dem Krieg in Japan heiß diskutiertes Thema – den Zweck des Zivilprozesses. Es könnte für ausländische Leser interessant sein, zu erfahren, über was in diesem Land gestritten wurde. Die letzten zehn Jahre waren in Japan erfüllt von der Reform des Justizwesens. 1998 trat eine neue reformierte Zivilprozessordnung in Kraft und seit 1999 arbeitete die japanische Regierung an einer großen Justizreform, welche die Schaffung neuer Gesetze und zahlreiche Änderungen alter Gesetze brachte, die das Justizwesen betreffen. Die Aufsätze 2 bis 6 behandeln diese Reform eingehend. Bekanntlich hat Japan vor etwa 110 Jahren sein Justizwesen nach dem deutschen Modell modernisiert, die deutsche Rechtswissenschaft war stets die wichtigste Quelle für Reformideen in Japan. Aber nach dem Zweiten Weltkrieg wuchs hier der Einfluss des angloamerikanischen Rechts beträchtlich; die Aufsätze 7 bis 11 betreffen die neue Situation und zeigen die Probleme, die sich durch den Einfluss dieses fremden Rechts in Japan ergaben. Die Beiträge 12 bis 14 beschäftigen sich mit verschiedenen Themen, die zu unterschiedlichen Anlässen geschrieben worden sind.

Da die Artikel zu verschiedenen Gelegenheiten entstanden, überschneiden sich die Themen, was zu gelegentlichen Wiederholungen führt. Ich bitte um Verständnis für diese Situation.

Als Prozessrechtler habe ich meine eigenen Theorien hinsichtlich der zwei Typen des Zivilprozesses entwickelt. Der eine Typ betrachtet den Prozess von der Norm aus, während der andere ihn von den Tatsachen aus erklärt (für eine eingehende Darstellung verweise ich auf den ersten Band). Ich habe alle Beiträge in diesem Band auf diese Erkenntnisse gestützt und würde mich sehr freuen, wenn die Leser dieser Betrachtungsweise folgen und Verständnis für meine Sichtweise entwickeln könnten.

Japan hat viel von Deutschland gelernt. Deutsche Kollegen haben mir in mannigfacher Weise, auch um die Texte in gutem Deutsch zu veröffentlichen, geholfen. Ich danke erneut allen an dieser Stelle für die unermüdliche Hilfe und die Freundschaft, die mich mit ihnen verbindet.

Tokio, März 2007

*Hideo Nakamura*

# *Inhaltsverzeichnis*

## (1)

# *Zweck des Zivilprozesses*

### *— die Japanische Theorie im Wandel —*

## *Inhaltverzeichnis*



*Zuerst erschienen* in: Festschrift für Hans Friedhelm Gaul zum 70. Geburtstag 19. November 1997, Everhard Schilken u.a. (Hrsg.) Bielefeld, 1997.

## *I. Einleitung*

Bis zur Mitte des 19. Jahrhunderts besaß Japan eine aus dem chinesischen Recht stammende feudale Rechtsordnung. Erst vor etwa hundert Jahren hat Japan nach dem Vorbild des deutschen Rechts ein modernes europäisches Recht geschaffen. 1890 wurde eine neue japanische ZPO kodifiziert, die die deutsche CPO von 1877 zum Vorbild hatte.[1] Die Rezeption der deutschen CPO begleitete naturgemäß die Einführung der deutschen Zivilprozessrechtswissenschaft. Zuerst wurden einige Werke der deutschen Literatur zum Zivilprozessrecht ins Japanische übersetzt. Das war der Beginn der japanischen Zivilprozessrechtswissenschaft

Zum Zweck des Zivilprozesses wurde die Auffassung vertreten, die seiner Zeit auch in Deutschland herrschend war. Der Zivilprozess diene dem Schutz des subjektiven Rechts der Parteien (*Die Lehre des Schutzes des subjektiven Rechts der Parteien*)[2]. Die deutsche CPO von 1877 ist maßgeblich von der Lehre *Windscheids* beeinflusst. Nach *Windscheid* sei ein subjektives Recht vorhanden, wenn ein Geschehen einen Tatbestand des materiellen Rechts erfüllt. Wenn dieses Recht durch den Schuldner nicht erfüllt wird, dann könne man eine Klage vor dem Gericht erheben. Dieser Gedanke war für die japanischen Rechtswissenschaftler, die sich erstmals mit dem europäischen Recht befassten, leicht verständlich. Zu der Zeit galt die deutsche ZPO als das ideale Zivilprozessrecht, und die Lehre des Schutzes des subjektiven Rechts der Parteien war daher in Japan lange herrschende Meinung.

In den 1930er Jahren kam in Deutschland eine neue Lehre auf, die vertrat, dass der Zweck des Zivilprozesses die Bewährung der Privatrechtsordnung sei (*die Lehre der Bewährung der Privatrechtsordnung*)[3]. Da diese Lehre sich in die damals in Deutschland herrschende national-

---

1 Zur Geschichte der japanischen ZPO, vgl. *Nakamura*, Japan und das deutsche Zivilprozessrecht (erste Veröffentlichung 1991) in: *Nakamura*, Sammelband der zivilprozessualen Abhandlungen (mit gleichen Titel) Tokio, 1996, S.3.ff.

2 Z.B. *Hellwig*, Lehrbuch des deutschen Civilprozessrechts 1903, S.1.

3 Z.B. *de Boor*, Die Auflockerung des Zivilprozesses, 1939, S.1.f.

sozialistische Ideologie fügte, verdrängte sie die Lehre vom Schutz des subjektiven Rechts. Die Lehre ist auch in Japan auf Interesse gestoßen und einige Wissenschaftler folgten ihr.

Nach dem Zweiten Weltkrieg gewann die Lehre des Schutzes des subjektiven Rechts der Parteien erneut an Einfluss[4]. Es wird auch eine Ansicht vertreten, die der damaligen deutschen Lehre[5] folgt, nämlich dass der Zweck des Zivilprozesses in dem Schutz des subjektiven Rechts der Parteien liege und gleichzeitig der Bewährung der Privatrechtsordnung diene[6]. Die Wissenschaftler, die während des Krieges die Lehre der Bewährung der Privatrechtsordnung vertraten, mussten ihre Lehre überprüfen, denn die nationalsozialistisch geprägte Lehre geriet in Konflikt mit dem Neuaufbau der Demokratie. Der Wissenschaftler *Saito* hielte jedoch weiter an dieser Lehre fest[7]. *Kaneko* hingegen wich von seiner bisherigen Lehre ab, und vertrat nun eine neue, dritte Lehre, dass der Zweck des Prozesses die Konfliktlösung sei (*die Lehre der Konfliktlösung*)[8]. Da *Kaneko* als Professor an der Tokio Universität, der ältesten staatlichen Universität in Japan, sehr großen Einfluss im akademischen Bereich hatte, folgten ihm viele Autoren und die Lehre von der Konfliktlösung wurde bald zur herrschenden Meinung[9] .

---

4 Z.B. *Nakamura*, M., Minji-soshôhô (Zivilprozessrecht) Bd.1.(1947) S.14.

5 Z.B. *Stein-Jonas-Schönke*, Kommentar zur ZPO, 17.Aufl. 1953, S.19.

6 Z.B. *Kikui*, Minji-soshôhô kôgi (Lehrbuch der ZPO) 1955, S.1.

7 *Saito*, Minji-soshôhô gairon (Einführung in die ZPO) 1969 S.5.

8 *Kaneko*, Minji-soshô no shuppatsuten ni tachikaette (Sich auf den Ausgangspunkt des Zivilprozesses zurückbesinnen; erste Veröffentlichung, 1947) in *Kaneko*, Minjihô-kenkyu Bd.1. (1950) S.475. ff.

9 Folgende Literaturmeinungen folgt der Lehre der Konfliktlösung ; *Mikazuki*, Minji-soshôhô (Zivilprozessrecht) 1959, S.6.; *Koyama*, Minji-soshôhô (Zivilprozessrecht) 1968 S.4.; *Hayashiya*, Minji-soshôhô gaiyô (Die Zusammenfassung der ZPO) 1991, S.4.; Als Lehrmeinung der rechtlichen Lösung des Konflikts, *Nakano*, Minji-soshô-seido no mokuteki (Zweck der Institution des Zivilprozesses) in: *Nakano-Matsuura-Suzuki* Hrsg., Minji-soshôhô kôgi, 1976 S.19.; Susumu *Ito*, Minji-soshôhô kenkyu (Die Studie über die ZPO )(neue Auflage), 1968, S.1, u.a.

Dagegen folgende Literaturmeinungen die Lehre des Schutzes des subjektiven Rechts der Parteien; *Kigawa*, Soshô-seido no mokuteki to kinô (Zweck und Funktion der Prozessinstitution), in: *Shindo* u.a. Hrsg. Kôza-minji-soshôhô, Bd.1, 1984, S. 29.; *Ishikawa*, Minji-soshô no mokuteki (Zweck des Zivilprozesses) in: *Ishikawa-Kojima* Hrsg., Minji-soshôhô, 1984, S.5. *Nakamura*, Minji-soshôhô

Die bisher erwähnten drei Lehren sind die Lehren, die nach dem Zweiten Weltkrieg zum Zweck des Zivilprozess in Japan vertreten wurden. Vor etwa zwanzig Jahren wurde dann die Meinung vertreten, dass alle genannten drei Ziele (der Schutz des subjektiven Rechts, die Bewährung der Privatrechtsordnung und die Konfliktlösung) der Zweck des Zivilprozesses seien. Dabei stünden die drei traditionellen Zwecklehren in einem Spannungsverhältnis zueinander und je nach Art der Fallproblematik sei eine der Lehren repräsentativ zu vertreten (*die multipolare Zwecklehre*)[10]. Später wurde noch eine weitere Ansicht vertreten, danach seien Zwecklehren grundsätzlich nicht geeignet, den Zivilprozess zu erklären, man solle daher ganz auf sie verzichten (*Die Theorie vom Verzicht auf die Zwecklehren*)[11,12]. Macht es jedoch nicht

---

(Zivilprozessrecht), 1987, S. 33.; *Takeshita*, Minji-soshô no mokuteki to shihô no yakuwari (Zweck des Zivilprozesses und Aufgabe der Justiz) Minjisoshô-zassi Nr.40 (1994) S.1.ff. u.a.

10 *Shindo*, Minji-soshôhô (Zivilprozessrecht) 1974, S.1.

11 *Takahashi* ist in der Ansicht, dass die Zwecklehre der Prozessinstitution, die der Prozesspraxis nicht entspricht, abzulehnen ist. Obwohl *Kaneko* die Lehre von der Konfliktlösung selbst vertrat, unterstützte er weiterhin die traditionelle materiellrechtliche Prozessgegenstandtheorie für die gerichtliche Praxis, ebenso wie *Mikazuki*, der die Lehre der Konfliktlösung hervorhob und die neue prozessrechtliche Prozessgegenstandtheorie aufstellte, brach jedoch nicht mit der Theorie der Konfliktlösung im Auslegungsbereich der Prozessparteien sowie der Beweislast u.a..( *Takahashi*, Minji-soshô no mokuteki-ron ni tsuite (Über die Zwecklehre des Zivilprozesses ) (2) Hôgaku-kyôshitsu, Nr.104, 1989, S.55.)

12 Es gibt noch eine weitere Ansicht, dass der Zweck der Zivilprozessinstitution in der Garantie einer gerechten Diskussionsbasis zwischen den Parteien liegen soll (*Inoue*, H., Der Zivilprozess – als gleichberechtigtes Dialogverfahren, Zur neueren Prozessdiskussion im japanischen Zivilprozess, ZZP Bd.98 (1985) Heft4, S.378.ff; ders. Tetsuzuki-hoshô no daisan no nami (Die dritte Welle der Verfahrensgarantie), in: *Shindo* Hrsg, Tokubetsu-kôgi minji-soshôhô, 1987, S.76ff.) Er fasst das Problem wie folgt: der Schlusspunkt des Prozesses sei der Urteilsspruch. Das Thema, worum die Zwecklehre des Zivilprozesses sich handelt, ist, was ist das höchste Ziel, das die gerichtliche Entscheidung verwirklichen will. Nach seiner Meinung ist es Verfahrensgarantie. Dass das gerechte Verfahren der beiden Prozessparteien gewährleistet werden soll, ist sowohl schätzenswert, wie auch selbstverständlich. Die Verfahrensgarantie ist aber nur ein Mittel zu einer gerechten gerichtlichen Entscheidung, sie wird nicht selbst zum Zweck des Prozesses. Dieser Gedankengang ist in Japan generell nicht anerkannt.

mehr Sinn, den Zweck des Zivilprozesses zu diskutieren?

Der Zivilprozess als Institution ist zwar in jedem Land vorhanden, aber er kommt nicht als ein natürliches Phänomen vor. Der Zivilprozess ist ein Endergebnis der menschlichen Vernunft und er ist eingerichtet, um ein bestimmtes Ziel zu erreichen. Aus diesem Grunde ist es für sein Verständnis und seine Verwendung äußerst sinnvoll, den Zweck des Prozesses herauszufinden. Das Verständnis, die Verwendung und die Orientierung des Prozesses werden dadurch ermöglicht, dass „der Zweck" die Zielsetzung des zu verwirklichenden Prozesses präzisiert. Nur auf diese Weise lässt sich auch zu einer einheitlichen Prozesstheorie finden.

In diesem Aufsatz wird der Verfasser versuchen, die Entwicklung der wissenschaftlichen Theorien über den Prozesszweck nach dem Zweiten Weltkrieg in Japan vorzustellen. Besonders will der Verfasser analysieren, warum die Lehre der Konfliktlösung, die der deutschen Zivilprozessrechtswissenschaft fremd ist, in Japan demgegenüber zur herrschenden Meinung geworden ist, und ob dieser Lehre zu folgen ist; anschließend wird der Verfasser seine eigene Ansicht über den Zweck des Zivilprozesses erläutern.

Vor der Behandlung des Hauptthemas ist es noch notwendig klarzustellen, was der Begriff „Zivilprozess" im Satz „Zweck des Zivilprozesses" bedeutet.

## *II. Die Bedeutung des Zivilprozesses*

Der Begriff „Zivilprozess" in dem Satz, „Zweck des Zivilprozesses", bedeutet den „Zivilprozess als Institution", also Zivilprozessinstitution. Und dieser Begriff wurde je nach Vertreter einer bestimmten Theorie etwas anderes. Ein Vertreter sieht die „Zivilprozessinstitution" als die „Soll-Zivilprozessinstitution" an[13]. Die Soll-Zivilprozessinstitution be-

13 *Shindo* vertrat folgende Ansicht: „Der praktische Profit, den Zweck des Zivilprozesses als den Ausgangspunkt der Rechtslehre des Zivilprozesses zu diskutieren, liegt darin, dass man den höchsten Wert der zu verwirklichenden Zivilprozessinstitutionen als Leitlinie zur Auslegung sowie für die Legislative aufstellt." (*Shindo*, Minjisoshô-seido mokuteki-ron no igi ‹Die Bedeutung der

deutet hier jedoch keine bestehende, sondern eine utopische Prozessinstitution. Die utopische Prozessinstitution kann je nach subjektiver Sicht der Disputanten vielfältig interpretiert werden. Da die Tatsachen jedoch mit der Zivilprozessrechtswissenschaft in Zusammenhang stehen, wird diejenige Theorie bedeutungslos, wenn sie sich isoliert von der bestehenden Prozessinstitution entwickelt.

Am Anfang wurde der Zweck des Zivilprozesses als ein Teil der Lehre vom Klagerecht diskutiert. Nach der Lehre vom Rechtsschutzanspruch sei der Zweck des Zivilprozesses, den Rechtsschutz der Prozessparteien zu gewähren. Nach der Lehre vom abstrakten publizistischen Klagrecht wurde dieser Zweck als die Bewährung der staatlichen Privatrechtsordnung angesehen. Bei dieser Theorie blieb der Zweck der Zivilprozessinstitution von dem konkreten Prozess getrennt und der Zweck wurde vielmehr für die Metaphysik des Zivilprozesses gehalten. Innerhalb dieser metaphysischen Theorie wurde der ideale Zivilprozess konstruiert. Es ist jedoch vergeblich, zum Zweck der Prozessinstitution Stellung zu nehmen, ohne von einer bestehenden Prozessinstitution auszugehen und sie zum Gegenstand der Betrachtungen zu machen. Die Zwecklehre muss sowohl die Zielsetzung der bestehenden Prozessinstitution, wie auch deren Orientierungssinn erklären, damit eine Hilfestellung für die Auslegung und Anwendung der Rechtsnormen im konkreten Prozessverfahren gegeben ist.

Die Theorien zum Zweck des Zivilprozesses haben Auswirkungen auf die prozessual praktischen Fragen, wie z.B. der Umfang des Streitgegenstandes und der Parteien. Je nach Theorie kann sich eine andere Betrachtungsweise ergeben: Wenn z.B. der Rechtsschutz als Zweck der Prozessinstitution erklärt wird, dann werden die materiellrechtlich begrenzten Rechtsbeziehungen zum Prozessgegenstand, und Parteien in dem Prozess können nach dieser Theorie nur die sein, die Subjekt der betreffenden Rechtsbeziehungen sind. Wird jedoch nach anderer Auffassung die Konfliktlösung als der Zweck angesehen, wird der Konflikt

---

Zwecklehre der Zivilprozessinstitution; erste Veröffentlichung, 1973› in: *Shindo*, Minji-soshô no yakuwari, 1993, S.50) Seine Ansicht stellt nur einen Soll- Zustand, aber keine bestehende Prozessinstitution als Studiengegenstand auf. Dieselbe Erkenntnis lässt sich aus *Koyamas* Buchbesprechung ersehen (*Koyama*, Über *Shindos* „Zivilprozessrecht“, Hôgku-kyôkai-zasshi, Nr. 93-1, 1976, S.96).

selbst zum Prozessgegenstand. Parteien können dann alle sein, die an dem Konflikt in irgendeiner Form beteiligt sind. Anhand dieser Beispiele wird deutlich, wie wichtig eine Zwecklehre ist.

Jedoch ist zu bedenken, dass der Zweck der Prozessinstitution nicht aufgrund einer subjektiven Ansicht oder Ideologie eines Autors bestimmt wird, sondern dass er vielmehr in der bestehenden Prozessinstitution immanent ist[14]. Er wird wesentlich durch die praktische Prozessanalyse zu der existierenden Rechtslage herausgefunden. Der im Prozessverfahren zu verwirklichende Zweck, orientiert sich an der Auslegung und Anwendung der Rechtsnormen im Prozessverfahren. Dieser Orientierungssinn übt einen weitgehenden Einfluss auf die prozessuale Sicht jedes Rechtswissenschaftlers aus und gestaltet auch den Kern der Prozesstheorie. Von daher gibt es keine Prozesslehre, die ohne die Analyse der bestehenden Prozessinstitution auskommt.

Wenn, wie oben erwähnt, der Zweck der Prozessinstitution zur Diskussion steht, muss es de facto bedeuten, dass eine funktionierende Prozessinstitution vorhanden ist. Die Prozessinstitution darf jedoch kein abstrakter allgemeiner Begriff sein. Im Übrigen muss auch Aufmerksamkeit darauf verwendet werden, dass die Rechtsinstitution des Zivilprozesses in zwei verschiedene Typen eingeteilt werden kann[15], d.h. die kontinental-europäische Zivilprozessinstitution wie in Deutschland sowie Japan und die angloamerikanische Zivilprozessinstitution in den USA und England. Beide Typen sind nicht nur verfahrensrechtlich unterschiedlich, sondern sie haben eine vollkommen andere Ausgangslage in ihrer Denkweise und unterscheiden sich daher wesentlich. Dazu wer-

---

14 Es gibt aber auch eine andere Ansicht, die den Zweck des Zivilprozesses als eine ideologische Fragestellung ansieht (*Taniguchi*, Minji-soshô no mokuteki-ron no igi (Die Bedeutung der Zwecklehre des Zivilprozesses) in: *Takeshita-Taniguchi* Hrsg., Minj-soshô wo manabu ‹1977›, S.8.f.). Aber die Bedeutung der Zwecklehre des Zivilprozesses besteht darin, das angestrebte Ergebnis in den bestehenden Institutionen des Zivilprozesses herauszufinden. Der Zweck der „de facto bestehenden Institution des Zivilprozesses“ wurde je nach subjektiven Sicht oder Ideologie des jeweiligen Verfassers verändert. Die Zwecklehre der Prozessinstitution ist gleichzusetzen mit der Frage, der richtige Sinn der Rechtsnorm durch die Auslegung des Gesetzes zu finden ist.

15 *Nakamura*, Die zwei Typen des Zivilprozesses (1988) in: *Nakamura*, Japan und das deutsche Zivilprozessrecht, 1996, S.83.ff.

den unten noch einige Erläuterungen folgen.

## III. Die Lehre der Konfliktlösung

### 1. Bedeutung

Wie bereits oben erwähnt, wurde die Lehre, dass der Zweck des Zivilprozesses die Konfliktlösung sei, nach dem Zweiten Weltkrieg zur herrschenden Meinung in Japan. Der Begründer dieser Lehre, *Kaneko*, hat während des Krieges die Lehre von der Bewährung der Privatrechtsordnung unterstützt, indem er die damalige herrschende Lehre des Schutzes des subjektiven Rechts als nicht richtig beurteilt hat[16]. Nach dem Zweiten Weltkrieg musste er seine Lehre neu überdenken, denn die nationalsozialistisch geprägte Lehre der Bewährung der Privatrechtsordnung wurde mit der demokratischen Gesellschaft zweifelhaft. *Kaneko* wollte sicher nicht auf die klassische Lehre des Schutzes des subjektiven Rechts, die er zuvor kritisiert hatte, zurückkommen. Ergebnis seiner Überlegungen war die Veröffentlichung des Aufsatzes: „Sich auf den Ausgangspunkt des Zivilprozesses zurückbesinnen"[17]. In diesem Aufsatz änderte er seine bisherige Lehre der Bewährung der Privatrechtsordnung und behauptete nun eine dritte Lehrmeinung, die Lehre der Konfliktlösung.

Der Hauptgedanke ist folgender: Die bisherigen Lehrmeinungen, die den Zweck des Zivilprozesses im Schutz des subjektiven Rechts der Parteien oder in der Bewährung der Privatrechtsordnung sehen, setzen das materielle Recht dem Prozess voraus. Das heißt, der Prozess wird vom materiellen Recht aus betrachtet. Dieser Gedankenschritt sei nach *Kanekos* Ansicht falsch. Zuerst gäbe es das staatliche Gebot zur Konfliktlösung. Um den Konflikt richtig zu entscheiden, benötige man das materielle Recht. Vor dem Prozess gäbe es kein subjektives und auch kein objektives Recht, das sich bewähren soll. Der Zweck des Zivilpro-

---

16 *Kaneko*, Minji-soshôhô-gairon (Einführung in das Zivilprozessrecht) 1938, S.5.
17 *Kaneko*, Fn.8.

zesses sei die Lösung eines Konflikts.

## 2. Hintergrund dieser Lehre

Welche Ursprünge seine Theorie hat, dazu hat *Kaneko* selbst nichts geschrieben. *Mikazuki*, ein Schüler von *Kaneko*, vermutet die Entstehung dieser Lehre in *Kanekos* Klagrechtstheorie. *Kaneko* vertrat die Lehre mit seiner Theorie des Sachurteilsanspruchsrechts, die das Wesen des Klagrechts hauptsächlich als das Recht des Anspruchs auf dem Sachurteil betrachtet[18]. Die entscheidenden Wurzeln der Lehre von der Konfliktlösung lassen sich jedoch eher in dem Einfluss des amerikanischen Rechts erblicken, das nach dem Krieg direkt oder mittelbar in Japan eindrang.

Die USA haben eine durch Fallrecht (*case law*) geprägte Rechtsordnung. Dort gibt es kein positives materielles Recht vor dem Prozess. Der Prozess bezweckt, die Gerechtigkeit, die in dem Streit gelten soll, in den vor dem Gericht vorgelegten Tatsachen zu finden. Das in den USA geltende Fallrecht wirkt bei der Entscheidung als ein Kriterium der Entscheidung. Es ist sicher, dass *Kaneko* in einer Zeit, in der er auf der Suche nach einem neuen Weg war, den amerikanischen Prozess als das ideale Vorbild für den Zivilprozess gesehen hat. *Kaneko* schreibt an anderer Stelle, dass in alten Zeiten sogar die staatlich gebotene gerichtliche Entscheidung ohne materielles Recht getroffen wurde. Von daher sei es nicht richtig, dass der Prozess von dem materiellen Recht erfasst werde. *Kanekos* Zwecklehre des Zivilprozesses war eine Lehre des amerikanischen Zivilprozesses[19].

Nach dem Krieg, als die alten Autoritäten nicht mehr existierten und eine neue Denkweise in Japan eindrang, war die Lehre von *Kaneko* ein frisches Gedankengut. Viele Schüler von *Kaneko* haben seine Lehre

---

18 *Kaneko*, Fn.16, S.13.

19 Seiner Zeit ging man davon aus, dass *Kaneko* seine Theorie eigenständig entwickelt hat. *Kaneko* stand aber damals als Professor für Rechtswissenschaft an der kaiserliche Universität Tokyo mit dem GHQ der Besatzungsmacht in Kontakt. Es ist daher davon auszugehen, dass *Kanekos* Theorie durch das amerikanische Rechtsdenken beeinflusst ist. Nach einer Analyse von *Takahashi* vermutet auch *Takeshita* (Schwiegersohn von *Kaneko*), dass die *Kanekos* Theorie durch das amerikanische Recht beeinflusst ist. (*Takahashi*, Fn.11, Nr.103, S.66, Fn.3.)

unterstützt und sie wurde zur herrschenden Meinung. Es muss aber geprüft werden, ob diese Lehre richtig ist.

### *3. Ist die Lehre der Konfliktlösung richtig?*

Nach der Auffassung des Verfassers gibt es zwei Typen des Zivilprozesses: der kontinental-europäische Zivilprozess und der angloamerikanische Zivilprozess. Die beiden Prozesse sind nicht nur von der verfahrenstechnischen Seite unterschiedlich, sondern auch in ihrem Wesen ganz anders. Die Lehren zu der einen Art von Prozesstyp können nicht einfach auf den anderen übertragen werden. *Kaneko* und seine Anhänger haben die unterschiedlichen Prozesstypen nicht in ihre Überlegungen miteinbezogen. Die Lehre der Konfliktlösung, die in dem angloamerikanischen Prozess gilt, ist für den kontinental-europäischen Zivilprozess nicht richtig. Es sollen die zwei Typen des Zivilprozesses kurz erläutert werden[20].

*„Zwei Typen des Zivilprozesses"*: Die gerichtliche Entscheidung wird oft so definiert, dass sie die Feststellung der umstrittenen Tatsachen zwischen beiden Parteien und dann die Rechtsanwendung auf die festgestellten Tatsachen sei. Wie aus dieser Definition abzuleiten ist, gibt es bei gerichtlichen Entscheidungen oder im Prozess zwei Elemente, nämlich *Tatsache* und *Norm*. Der entscheidende Punkt hinsichtlich des Unterschieds der zwei Typen des Prozesses liegt darin, von welchem Element aus der Prozess angelegt ist. Der das positive materielle Recht begleitende kontinental-europäische Zivilprozess wird von der *Norm* aus erfasst. Im Gegensatz dazu wird der angloamerikanische Zivilprozess, in dem Fallrecht gilt, von der *Tatsache* aus begriffen. Dieser Unterschied stammt aus dem alten römischen und germanischen Recht. Das römische Recht besaß schon von Anfang an geschriebenes Recht. Die Institution des Prozesses wurde unter der Voraussetzung der Existenz des geschriebenen Rechts aufgebaut. Aufgabe des gerichtlichen Verfahrens war die Entscheidung, ob das vom Kläger auf Grund des geschriebenen Rechts behauptete subjektive Recht vorhanden ist oder nicht. Im Ge-

---

20 Eine eingehende Darstellung über die zwei Typen des Zivilprozesses, vgl. *Nakamura,* Die zwei Typen des Zivilprozesses (1988), in: *Nakamura,* Japan und das deutsche Zivilprozessrecht, 1996, S.83.ff.

gensatz dazu existierte in der germanischen Gesellschaft kein mit dem römischen Recht vergleichbares Recht. Im germanischen Prozess musste das Recht, das in dem Fall gelten soll, erst gefunden werden. Die Rechtsfindung, im eigentlichen Sinne des Wortes, war die Aufgabe des Prozesses. Diese Konstruktion und diese Denkweise des germanischen Rechts ist die Wurzel des angloamerikanischen Rechts. Einige Lehrbücher des amerikanischen Zivilprozessrechts äußerten daher, dass der Zweck des Zivilprozesses die Konfliktlösung sei[21]. Sowohl im Streit um das Finden des Rechts (Gerechtigkeit) als auch für die Konfliktlösung ist jedes Mal von dem Konflikt auszugehen. Es sind die gleichen Gedanken, nur mit anderen Begriffen.

Die Lehre der Konfliktlösung ist im amerikanischen Zivilprozess richtig, aber für den kontinental-europäischen Zivilprozess, der von Norm ausgeht, abzulehnen.

Jedes Land im kontinental-europäischen Rechtskreis besitzt positives materielles Recht. Dieses materielle Recht ist nicht nur ein Kriterium für die Entscheidung für einen Prozess, sondern fingiert bereits vor einem Prozess als sozialethische Norm für die Gesellschaft (die multischichtige Struktur des Rechts). Wenn das materielle Recht als Sozialnorm nicht mehr eingehalten wird, klagt man dagegen vor Gericht, um die gerichtliche Rechtshilfe zu ersuchen. In dieser Beziehung ist festzustellen, dass der Prozess deutlich von der Norm aus erfasst wird. Der kontinental-europäische Zivilprozess mit dem positiven materiellen Recht und der angloamerikanischen Zivilprozess ohne kodifiziertes materielles Recht können deshalb nie in einer Linie stehen. Der entscheidende Irrtum der Lehre *Kanekos* liegt darin, dass *Kaneko* nicht auf die Tatsache eingegangen ist, dass Japan, anders als die USA, kodifiziertes materielles Recht hat und dass das japanische materielle Recht nicht nur als Entscheidungsnorm, sondern auch als Sozialnorm fungiert.

## *IV. Gründe für die Verbreitung der Lehre der Konfliktlösung*

Obwohl die Lehre *Kanekos* nach Ansicht des Verfassers nicht zu dem

---

21 Z.B. *Field & Kaplan*, A Basic Course in Civil Procedure, 1953, S.1.

japanischen Zivilprozessverfahren passt, fand sie viele Anhänger. Es soll kurz der Frage nachgegangen werden, wie es zu ihrer Popularität kam.

*Ein Grund* ist, dass die japanische Lehre vom Zweck des Zivilprozesses ausschließlich als eine abstrakte Theorie in Bezug auf die Lehre vom Klagerecht diskutiert wurde. Solange die Lehre vom Zweck abstrakt betrachtet wird, wird der Zivilprozess auch von der bestehenden kontinental-europäischen oder angloamerikanischen Institution des Prozesses unabhängig begriffen. Der Zivilprozess wird insofern mit einem abstrakten, allgemeinen Begriff beschrieben. Unter diesen Umständen lässt sich die Konfliktlösung als Zweck des Zivilprozesses gut darstellen. Ferner stellte diese Lehre etwas Neues dar, was in den bisherigen Zwecklehren so nicht angesprochen war. Die Theorie inspirierte junge Wissenschaftler, neue prozessuale Rechtstheorien aufzubauen.

*Der entscheidende Grund* der Verbreitung der Lehre von der Konfliktlösung liegt jedoch darin, dass seit Mitte der fünfziger Jahre *Kanekos* Schüler, nämlich *Mikazuki,Koyama* und *Shindo* u.a., seine Lehrmeinung als einen methodischen Ansatzpunkt in ihrer prozessrechtlichen Prozessgegenstandstherie (in Japan sog. „Neu-Prozessgegenstandstheorie") nutzten[22]. Die prozessrechtliche Prozessgegenstandstheorie, die den Prozessgegenstand getrennt von dem materiellen Recht erfasst, war damals eine Mindermeinung. *Mikazuki* betonte, dass der Rechtsfall unter der sog. „Neuen-Prozessgegenstandstheorie" mit einer einzigen Entscheidung gelöst werden könne. Mit dieser Ansicht hat *Mikazuki Kanekos* Lehre der Konfliktlösung als Ausgangspunkt herangezogen[23]. Das Vertreten der sog. „Neuen-Prozessgegenstandstheorie" war untrennbar

---

22 *Mikazuki*, Fn.9, S.86.ff,; *Koyama*, Seikyu ni tsuite (Über den Anspruch; erste Veröffentlichung 1956) in: *Koyama*, Soshô-butsu ronshu, 1966 S.1.ff.; *Shindo*, Soshô-butsu no sai-kôsei (Rekonstruktion des Prozeßgegenstandes; erste Veröffentlichung, 1958, 59) in: *Shindo*, Soshô-butsu to sôtenkô, 1988, S.1.ff.

23 Zu beachten ist, *Kaneko* gestaltete die Lehre der Konfliktlösung als Zwecklehre des Zivilprozesses. Er vertrat jedoch bei dem Problem des Prozessgegenstandes die traditionelle Theorie des materiellrechtlichen Prozessgegenstandes. Die Konfliktlösung als der Zweck des Prozesses wird bei ihm im Bereich der Theorie des Prozessgegenstandes nicht verfolgt. Die Zwecklehre des Prozesses, die in der Prozesspraxis nicht anwendbar ist, muss beurteilt werden, dass es auch die Daseinsberechtigung fehlt.

verbunden mit der Überzeugung von der Lehre von der Konfliktlösung. Die Lehre der Konfliktlösung wurde mit der sog. „Neuen-Prozessgegenstandtheorie“ zusammen verbreitet. Die prozessrechtliche Prozessgegenstandstheorie hatte in Japan bald im Bereich der wissenschaftlichen Lehre viele Anhänger. In der Praxis gilt diese Lehre jedoch heute noch nicht.

Zwar gehen *Mikazuki* und weitere Vertreter der Konfliktlösungslehre von der Theorie des Klagrechts gemäß der Lehre *Kanekos* aus, doch die Lehre *Mikazukis* blieb nicht eine abstrakte Prozesstheorie, sondern sie wurde eine fundamentale Erkenntnisquelle zu konkreten Fragen des Prozessgegenstandes. Im Gegensatz zu *Kanekos* Lehrmeinung, die in der von der Klagerechtstheorie geprägten Konfliktlösung eine Prozessphilosophie sah, erkannte *Mikazukis* die Lehre *Kanekos* in ihrer Tragweite für die Prozesspraxis. Die Lehre *Mikazukis* und andere Lehrmeinungen entwickeln sich in dieser Hinsicht theoretisch weiter. Wenn man sich mit dem „Zweck der Prozessinstitution“ befasst, sollte sich eine Stellungnahme nicht nur auf eine abstrakte Theorie, sondern auch auf die Prozesspraxis beziehen. Diejenige Zwecklehre, die den konkreten Prozess nicht zum Gegenstand macht, hat als Lehre wenig Wert.

Zudem bleiben zu der Lehre *Mikazukis* und auch anderen Lehrmeinungen noch einige Fragen offen: Zum Beispiel, ob die Feststellung der Prozessparteien von dem Umfang des Konflikts selbst erfasst werden sollte, oder ob die Beweislast gemäß der Interessenabwägung der Prozessparteien aufgrund der tatsächlichen Konfliktsituation geteilt werden sollte. *Mikazuki*, der die Lehre von der Konfliktlösung stark prägte, vertrat zu diesen Fragen jedoch weiterhin die traditionelle Lehre, in der die genannten Fragen von den Rechtsnormen aus erfasst werden[24].

Die *Konfliktlösung* ist der Zweck des angloamerikanischen Zivilprozesses, in denen der Prozess von den Tatsachen aus begriffen wird. Beispielsweise sind im US-amerikanischen Zivilprozessverfahren wie *discovery*, *compulsory counterclaims*, *third-party practice* sowie *class*

---

24 Der Mittelpunkt des wissenschaftlichen Interesses von *Mikazuki* liegt in der Aufstellung der sog. Neuen-Prozessgegenstandtheorie. Um seine neue Theorie zu unterstützen, nutzte er *Kanekos* Lehrmeinung der Konfliktlösung. Der Umfang von *Mikazukis* Lehrmeinung wurde deswegen auf die Theorie des Prozessgegenstandes begrenzt.

*action* usw. geregelt, um den Konflikt selbst mit einem einzigen Verfahren zu lösen. Zur Durchführung dieses Prozessverfahrens ist das US-amerikanische Rechtspflegesystem mit einer *jury* sowie dem eigentümlichen Auswahlverfahren des US-Richters und anderem ausgestattet. Man könnte deswegen sagen, dass der Zweck der US-amerikanischen Institution des Prozesses die Konfliktlösung ist, weil auch die oben genannten entsprechenden Verfahrensinstitutionen vorhanden sind. Selbst wenn man den Zweck auch des kontinental-europäischen Zivilprozesses in der Konfliktlösung sehen würde, hat die Institution des kontinental-europäischen Zivilprozesses keine vergleichbaren Einrichtungen, diesen Zweck zu erfüllen. Diesem Problem ist von den Vertretern der Lehre von der Konfliktlösung noch nicht genug Beachtung geschenkt worden. Die Praxis hat bisher die sog. „Neue-Streitgegenstandstheorie" außer Acht gelassen[25], obwohl diese Theorie schon vor vierzig Jahren aufgestellt wurde.

## *V. Der Einfluss der Lehre der Konfliktlösung auf die japanische Zivilprozessrechtswissenschaft*

Eine Linie der Konfliktlösungslehre, die den Prozess von Tatsachen aus erfasst, hatte dennoch einen großen Einfluss auf die nachträglichen Lehrmeinungen. Folgende Ansichten werden vertreten; Eine Ansicht,

---

25 Es ist allgemein bekannt, dass der deutsche Zivilprozess zum von der Norm ausgehenden Typ gehört und dass der Zweck des Prozesses in dem Schutz des subjektiven Rechts und/oder in der Erhaltung der Rechtsordnung liegt. Trotzdem ist nicht die materiellrechtliche sondern die prozessrechtliche Streitgegenstandstheorie nach dem Zweiten Weltkrieg im deutschen Zivilprozess herrschend geworden. Der entscheidende Grund dafür ist, dass die Klageänderung in der deutschen ZPO grundsätzlich verboten ist (§263 deut.ZPO), obwohl die Ausnahmebereiche vergrößert wurden. Weil die japanische ZPO grundsätzlich die Klageänderung anerkannt (§232 jap.ZPO), gibt es keinen Grund, den Bereich des Prozessgegenstandes von Anfang an zu erweitern, d.h. dieser Bereich kann je nach Bedarf erweitert werden. Seine Erweiterung führt überdies zu weiteren komplizierten Problemen. Von daher stellt die japanische Gerichtspraxis sich nicht auf der Seite der prozessrechtliche Prozessgegenstandtheorie.

die versucht, die Prozessfunktion im Gericht zu erweitern[26]. Nach einer weiteren sei bei einem Prozess mit zahlreichen Parteien und komplizierter Rechtslage gegebenenfalls die Prozessführungsbefugnis auf einen "Prozessverwalter" zu übertragen. Dieser könne z.B. ein Sprecher einer Bürgerrechtbewegung sein, wenn ihre Mitglieder klagen[27]. Eine Ansicht, nach der ein Streitgenosse, der bei einer notwendigen Sterhitgenossenschaft sich weigert zu klagen, als Beklagter in den Prozess hineingezogen werden können[28]. Ferner wird vertreten, dass auch ein Beklagter einen Dritten in den anhängigen Prozess hineinziehen dürfe[29]. Eine weitere Ansicht behauptet, dass ein Beklagter, der einen Gegenanspruch zu der Hauptklage hat, in dem Hauptklageverfahren zwingend Gegenklage erheben muss, um seinen Anspruch nicht zu verlieren[30]. Eine letzte Ansicht erkennt grundsätzlich keine Teilansprüche an[31]. Hinter jeder der genannten Ansichten steht die Lehre von der Konfliktlösung. Diese Ansichten sind stark von dem US-Zivilprozessrecht geprägt. In ihren Gedankengängen sind diese Ansichten zwar modern und üben daher auf die japanische Rechtswissenschaft Anreize aus. Die traditionelle Lehrmeinung und die Rechtsprechung haben jedoch diese neuen Lehrmeinungen nicht angenommen, denn sie passen sich den geltenden (von den Normen erfassten) Rechtsinstitutionen Japans nicht

26 Z.B. Die Berichte von *Suzuki*, M., *Taniguchi, Fukunaga, Yoshimura, Inoue*,H., *Inoue*,S., beim Symposium der wissenschaftlichen Vereinigung für Zivilprozessrecht auf dem Thema „Soshô-kinô to tetsuzuki-hoshô“ (Funktion des Prozesses und Verfahrensgarantie) Minjisoshô-zassi Nr.27 (1981) S.133 ff.

27 *Ito*, M., Minji-soshô no tôjisha (Die Parteien des Zivilprozesses) 1978, S.90.ff.

28 *Kojima*, Kyôdô-shoyu wo meguru funsô to sono shûdanteki shori (Streitigkeiten um gemeinsame Eigentum und ihre gemeinsame Erledigung) Jurist Nr.500 (1972) S.331.; *Takahashi*, Hitsuyô-teki kyôdô-soshô ni tsuite (Über die notwendige Streitgenossenschaft) Minji-soshô-zassi Nr.23 (1977) S.46.; *Inoue*, H., Entscheidungsrezension, Hanrei taimusu Nr.279 (1972) S.86.

29 *Inoue*, H., Dai-sansha no soshô hikikomi (Hineinziehung eines Dritten durch den Beklagten) *Koyama* u.a. Hrsg., Enshû minji-soshôhô, Gekan, 1973, S.113.ff.

30 Z.B. *Shindo*, Fn.10, S.464.

31 *Mikazuki*, der den Teilanspruch nicht anerkannt, betont, um seine Lehre zu verstärken, dass auch in den USA der Teilanspruch nicht anerkannt sei. *Mikazuki*, Ichibu-seikyu-hanketsu no kihanryoku-ronsô no haikei (Hintergrund der Kontroverse der Rechtskraft über die Entscheidung des Teilanspruchs) *Mikazuki*, Minji-soshôhô kenkyu, Bd.3, 1966, S.184.

an.

Es gibt zwei unterschiedliche Gedanken ausgehend jeweils von dem kontinental-europäischen und dem angloamerikanischen Zivilprozess. Jeder Zivilprozess hat Vor- und Nachteile. Erfasst man wie im angloamerikanischen Recht den Prozess von Tatsachen aus, betrachtet man die Konfliktlösung als den Zweck der Prozessinstitution und überprüft aus dieser Sicht die geltenden Institutionen und Theorien, dann tut sich eine neue Perspektive des Zivilprozesses auf. Mit dem „angloamerikanischen Ansatz" lässt sich an den geltenden japanischen Zivilprozessinstitutionen einige Kritik üben. In diesem Punkt hat die Lehre von der Konfliktlösung zur zivilprozessrechtlichen und rechtsvergleichenden Diskussion beigetragen. Die Lehre von der Konfliktlösung ist jedoch keine Lehre der von Norm erfassten Prozessinstitution. Von daher ist festzustellen, dass diese Lehrmeinungen sich nicht an die traditionelle Auslegung und Anwendung in den geltenden Institutionen des Zivilprozesses Japans halten.

## *VI. Der Zweck des Zivilprozesses unter dem kontinental-europäischen Zivilprozess*

Das japanische Rechtssystem nimmt im Wesentlichen das deutsche System auf und gehört dem kontinental-europäischen Rechtskreis an. Japan hat das kodifizierte materielle Rechtssystem und eine dementsprechende Prozessordnung. Das materielle Rechtssystem funktioniert daher vor dem Prozess als die soziale Lebensnorm, in dem es die Rechte und Pflichten festlegt. Wenn das Recht von seinen Verpflichteten gebrochen wird, kann ein Berechtigter sein Recht behaupten und Klage vor dem Gericht erheben, um die gerichtliche Hilfe zu ersuchen. Das zuständige Gericht untersucht und entscheidet, ob das vom Kläger behaupteten Recht existiert oder nicht. Der Zweck der Prozessinstitution liegt deshalb in dem Schutz des Rechts der Parteien.

Von dem Standpunkt, der den Prozess von der Norm aus erfasst, können wir aber nicht nur den Gedankengang des erwähnten Rechtsschutzes der Parteien, sondern auch den Gedankengang der Bewährung der Privatrechtsordnung herleiten. Aber die Institution des Prozesses ist als eine Rechtsweginstitution für die Parteien eingerichtet worden, damit diese nicht zur Selbsthilfe zu greifen brauchen. D.h. sie ist eine Einrichtung, die für die Parteien geschaffen ist. Es ist deshalb nicht wünschenswert, dass die staatliche Justizgewalt zur Bewährung der Privatrechtsordnung in den Bereich des Privatlebens eingreift. Einerseits ist es zwar wichtig, die Privatrechtsordnung durch gerichtliche Entscheidungen aufrechtzuerhalten. Die Privatrechtsordnung kann jedoch dem Rechtsschutz der Parteien nicht vorgehen. Durch die gerichtliche Entscheidung wird zwar sowohl die Privatrechtsordnung erhalten, wie auch der Konflikt gelöst. Dieses Ergebnis sollte dennoch als eine Reflexwirkung des erzielten Rechtsschutzes der Parteien angesehen werden. Der Zweck des Zivilprozesses liegt daher in dem Schutz des Rechts der Parteien.

Der Gedanke des Rechtsschutzes der Parteien findet seinen Ausgangspunkt in den materiellrechtlichen Normen, und zwar immer dann, wenn es zu einem gerichtlichen Prozess kommt: Zuerst werden die Tragweite des Prozessgegenstandes oder der Prozessparteien, dann die objektive und subjektive Tragweite des Urteils sowie die Verteilung der Behauptungs- und Beweislast jeweils beurteilt. In der Praxis kommt es jedoch in einigen Bereichen zu Schwierigkeiten. Es sind sogenannte *moderne Prozesstypen*, z.B. große Umwelthaftungsprobleme mit einer Vielzahl von Klägern mit der rapiden sozialen und wirtschaftlichen Entwicklung entstanden, die die Verfasser in der Zeit, als das materielle Recht kodifiziert wurde, nicht voraussehen konnten. Diese von Zeit zu Zeit auftretenden *modernen Prozesse* sind aber häufig nicht Streitsachen um eine vertragliche Beziehung, sondern deliktsrechtlicher Natur. Zurzeit liegt der rechtsmethodische Ansatz zur Entscheidung derartiger Prozesstypen darin, dass die Rechtsbeziehungen in diesen Fällen durch die Analogie und/oder erweiterte Auslegung des geltenden materiellen Rechts festgestellt werden. Nach Ansicht des Verfassers scheint in solchen Fällen der angloamerikanische Gedankengang passend, dessen Ansatzpunkt im Konflikt liegt und das Recht in dem Streit sucht. Auch die Vertreter der Lehre von der Konfliktlösung sind auf diese sog. *modernen Prozesstypen* eingegangen und vertreten die Ansicht, dass der Prozess seinem Ausgangspunkt in dem Konflikt nehmen solle. Sie haben daher die obenerwähnten Vorschläge aufgestellt.

Es ist jedoch darauf hinzuweisen, dass nach wie vor die Streitsachen vor Gericht, die *traditionelle Ansprüche* geltend machen, immer noch die größte Anzahl ausmachen. Z.B. der Anspruch auf die dingliche Übergabe oder auf die Zurückgabe eines Darlehens. Die Institution des deutschen und japanischen Zivilprozesses ist entstanden, um das Recht der Parteien zu schützen. Da dieser Zweck schon von Anfang an der Prozessinstitution immanent ist, wird er von jeweiligen staatlichen Geboten oder aufgrund wissenschaftlicher Theorien nicht gewandelt. Unter der kodifizierten, auf den Rechtsschutz zielenden Prozessinstitution ist es aber auch möglich, die Konfliktlösung sowie das Gebot der Erhaltung der Privatrechtsordnung mit dem Schutz des Rechts der Parteien in Einklang zu bringen[32]. Solche Versuche sollten in der Praxis umgesetzt werden. Bei welchen Fragestellungen und mit welchem rechtsmethodischen Ansatz sollte man die anderen Lehren unter die Lehre vom Rechtsschutz subsumieren? Das ist die heutige Aufgabe der Zivilprozessrechtswissenschaft.

---

32 *Shindo* vertritt die Ansicht, dass man sowohl den Rechtsschutz als auch die Erhaltung der Privatrechtsordnung, und die Konfliktlösung als den Zweck der Zivilprozessinstitution betrachten darf. Je nach der Fragestellung solle man schwerpunktmäßig jeweils anhand eines der drei Ziele des Zivilprozesses zu einer Lösung der Frage gelangen. Bei welcher Fragestellung welches Ziel als Ausgangspunkt dienen soll, sei das Forschungsziel (*Shindo*, Fn.13, S.56). Seine Ansicht ist zwar mit der des Verfassers in Bezug darauf, dass jedes Problem jenach dem einzelnen Gegenstand zu betrachtet sei, überein. Die Methodenlehre des Verfassers unterscheidet sich aber im folgenden Punkt; der Rechtschutz ist immer zugrunde zulegen und zusätzlich ist eine der weiteren zwei Lehren als methodischer Ansatz zu wählen, während Shindo eine der drei Lehren als den methodischen Ansatz der Auswahl aufnimmt.

## (2)

# *Die Reform der japanischen Zivilprozessordnung*

## *Inhaltverzeichnis*



*Zuerst erschienen* in: Symbolae Vitoldo Broniewicz dedicatae (Festschrift für Prof. Vitoldo Broniewicz) Łódź 1998.

## I. Einleitung

Bis zur Mitte der 19. Jahrhunderts besaß Japan noch aus dem chinesischen Recht stammende Rechtsinstitution. Die Meiji Regierung begann 1868 die europäische Kultur und auch europäisches Recht, insbesondere das deutsche Recht, zu übernehmen. Die erste japanische ZPO, die die deutsche CPO von 1877 zum Vorbild hatte, wurde 1890 erlassen[1] Die ZPO in der Fassung von 1890 umfasste acht Bücher mit den Titeln: Allgemeine Bestimmungen, Verfahren in erster Instanz, Rechtsmittel, Wiederaufnahme des Verfahrens, Urkunden- und Wechselprozess, Zwangsvollstreckung, Aufgebotsverfahren und Schiedsrichterliches Verfahren. Damit war fast der Aufbau der deutschen CPO nachvollzogen worden[2]. Die ersten fünf Bücher, die das Erkenntnisverfahren betreffen, wurden mit der ersten umfassenden ZPO-Reform von 1926 stark überarbeitet und zum Teil neu gefasst.

Nach dem zweiten Weltkrieg wurde 1947 eine neue, auf demokratischen Grundsätzen beruhende Verfassung erlassen, die an die Stelle der bisherigen monarchischen Verfassung trat. In den folgenden Jahrzehnten erfuhr die japanische ZPO nur noch geringfügig Änderungen. 1979 wurde das sechste Buch der ZPO, das das Zwangsvollstreckungsverfahren zum Inhalt hat, aus der ZPO ausgegliedert, reformiert und zusammen mit den Regelungen des zivilrechtlichen Zwangsversteigerungs-

1 Zur Geschichte der japanischen ZPO, vgl. *Nakamura*, „Japan und das deutsche Zivilprozessrecht" (erste Veröffentlichung, 1991) in: *Nakamura*, Sammelband der zivilprozessualen Abhandlung (mit gleichem Titel) Tokio, 1996, S.1.ff. Die deutsche Übersetzung der japanischen ZPO: *Nakamura/Huber*, Die japanische ZPO in deutscher Sprache, Schriftenreihe „Japanisches Recht" Bd.4 (1978) über die alte ZPO und Bd.40 (2006) Text der reformierten ZPO, S.1.ff.

2 Das sechste Buch der deutschen CPO, „Feststellung des Rechtsverhältnisses zwischen Eltern und Kindern. Entmündigungssachen" wurde später in einem selbständigen Gesetz, „Verfahrensordnung für den familienrechtlichen Prozess" (*Jinji-soshô-tetsuzuki-hô*) von 1898, geregelt. Das Siebte Buch der deutschen CPO, „Mahnverfahren" wurde erst später mit der Reform der ZPO von 1926 in die japanischen ZPO aufgenommen.

verfahrens als „Zivilvollstreckungsgesetz" (*Minji-shikkô-hô*) selbständig geregelt. Der Abschnitt, „Arrest und einstweilige Verfügung" wurde etwas später (1989) reformiert und dann als „Zivilsicherungsgesetz" (*Minji-hozen-hô)* erlassen.

Die japanische ZPO in der Fassung von 1926, die bis jetzt galt, regelte also in den ersten sechs Büchern das Erkenntnisverfahren, im siebten Buch das „Aufgebotsverfahren" und im achten Buch das „Schiedsrichterliche Verfahren". Mit der aktuellen Reform wurde abermals das Erkenntnisverfahren völlig überarbeitet und umgeschrieben. Eine Reform des siebten und achten Buches steht noch aus. Diese Teile sind jetzt ohne inhaltliche Änderung in dem „Gesetz für das Aufgebots- und Schiedsrichterliche Verfahren" (*Kôjisaikoku-tetsuzuki oyobi chusai-tetsuzuki ni kansuru hôritsu*) geregelt. Die reformierte japanische ZPO enthält nun nur noch ausschließlich für das Erkenntnisverfahren.

Die Beratung für eine Reform der japanischen ZPO begann 1990. Dazu wurde eine Kommission im Justizministerium einberufen[3]. Als ersten Schritt hatte das Justizministerium Reformvorschläge aus der Richterschaft, von den Rechtsanwaltskammern und den Hochschulen gesammelt. Nach vorläufigem Abschluss der Beratungen hatte das Justizministerium im März 1996 den Entwurf einer neuen ZPO dem Parlament vorgelegt. Dieser Entwurf ist am 18. Juni im gleichen Jahr verabschiedet und am 23. des gleichen Monats als das Gesetz Nr. 109 von 1996 erlassen worden. Die neue Zivilprozessordnung wird am 1. Januar 1998 in Kraft treten.

## *II. Der Hintergrund für die Reform der japanischen ZPO*

Die Bestimmungen des Erkenntnisverfahrens der bisherigen japanischen ZPO haben, wie bereits oben erwähnt, ihren Ursprung in der deutschen CPO von 1877. Sie wurden erstmals 1926 unter Berücksichtigung der - damals neuesten - österreichischen und ungarischen Zivilprozessordnungen stark reformiert. Nach dem zweiten Weltkrieg erfolg-

3 Eine eingehende Darstellung über die Kommission für die Überarbeitung der ZPO, siehe Fn.11

ten weitere kleinere Änderungen. Die Grundordnung der japanischen ZPO blieb seit 1926 jedoch unverändert. Seit dieser Zeit bis heute hat sich die Wirtschaft rasant entwickelt. Die dadurch drastisch veränderten Lebenssituationen führten zu immer komplizierterer und vielfältigerer Zivilstreitigkeiten. Es gibt daher eine Distanzen zwischen den Regelungen der ZPO und den gegenwärtig entstehenden Konflikten. Z.B. sind die sog. „Prozesse des modernen Typs" entstanden, die in der Zeit der Kodifikation der zivilistischen Gesetze in Japan unvorhersehbar waren. Damit sind z.B. Umwelthaftungsprozesse, Prozesse gegen fehlerhafte medizinische Behandlung, Massenverfahren, in denen eine Vielzahl beteiligter Parteien auftritt usw. gemeint. Eine Überarbeitung der bisherigen ZPO erschienen notwendig, um solchen Prozessen gerecht werden zu können.

Im Übrigen wird es als großes Problem angesehen, dass der Zivilprozess sehr kosten- und zeitaufwendig ist. Seit langem leidet der japanische Zivilprozess unter dem Problem der Prozesserzögerung. Ein gewöhnliches Verfahren dauert ab dem Zeitpunkt der Klageerhebung bis zum Endurteil in der ersten Instanz bis zu zwei Jahren[4], in komplizierteren Fällen sogar oft bis zu vier oder fünf Jahren. Wird dann noch Berufung eingelegt, zieht sich das Verfahren weitere Jahre in die Länge. Die lange Dauer der Verfahren macht es in vielen Fällen sinnlos, einen Rechtsstreit im Wege des Zivilprozesses beizulegen. Zugleich sind die hohen Prozesskosten sehr problematisch. Teuer ist hierbei nicht die anfangs zu leistende Gerichtsgebühr, sondern das Rechtsanwaltshonorar. Das Rechtsanwaltshonorar ist zwar vom Verband der japanischen Rechtsanwaltskammern (*Nihon bengoshi rengôkai*, abgekürzt *Nichibenren*) als Sollmaßstab in einer Tabelle festgelegt, jedoch hat diese Tabelle keinerlei juristische Verbindlichkeit. Das Honorar wird allgemein vertraglich zwischen dem Mandat und seinem Rechtsanwalt geregelt und ist meistens eine sehr hohe Summe. Aus diesen Gründen erheben Betroffene eines Rechtsstreits nur selten Klage vor Gericht. In Japan spricht man von einer „Zwei Zehntel Justiz"[5]. Das bedeutet, dass nur

4 Vgl., *Nishiguchi* u.a., Team-work niyoru hanyo-teki soshô-unei wo mezashite (Mit dem Ziel, Prozessführung durch Zusammenarbeit zu erreichen), Hanrei-taimuzu, Nr. 846, 1994, S.10.

5 Vgl. *Nakabo*, Grüsse zum Jahresanfang vom Vorsitzenden des Verbandes der

zwanzig Prozent der Bevölkerung Gerichtsverfahren als eine Methode zur Streitlösung erachten, bzw. der Umstand, dass nur zwanzig Prozent aller Streitigkeiten in einem Prozessverfahren vor Gericht anhängig gemacht werden. Da die Rechtspflege immer mehr ihre Funktion zu verlieren drohte, hatten die Gerichte und das Justizministerium diese Situation schon seit langem als eine Krise betrachtet. Auf dem Hintergrund der langen Verfahrensdauer hat der Obersten Gerichtshof bereits vor etwa zwanzig Jahren Sonderkammern am Landgericht Tokio und Osaka eingerichtet und experimentell versuchen lassen, eine Methode zur Prozessbeschleunigung zu finden. Davon hatte ein Verfahrensmodell, das sich „Verhandlung und Vergleich“ (*Benron ken wakai*)[6] nennt, recht beachtliche Erfolge. Ein wichtiges Ziel der ZPO-Reform war es, dieses Verfahren auf eine gesetzliche Grundlage zu stellen. Das war auch ein Ansatz, für die Überarbeitung der japanischen ZPO.

Ein weiterer Grund zur Überarbeitung der japanischen ZPO liegt in der sprachlichen Abfassung des Textes der bisherigen ZPO. Die Gesetzestexte, die in der *Meiji*- und *Taishô*-Zeit kodifiziert wurden, waren in der alten japanischen Schriftsprache, die heute z.T. nicht mehr gebräuchliche Zeichen (*Kyu-kanji*) und „*Katakana*“ Silben geschrieben. Auch unter diesem Gesichtspunkt war es notwendig, die alten Texte zu modernisieren. Auch das Strafgesetzbuch wurde kürzlich sprachlich überarbeitet, und die moderne sprachliche Fassung trat 1995 in Kraft. Ebenso wie mit der sprachlichen Neufassung des Strafgesetzbuches erhofft sich das Justizministerium mit der des Zivilprozessgesetzes, dass es zum Verständnis des Gesetzes in der Bevölkerung beiträgt.

---

japanischen Rechtsanwaltskammer, *Jiyu to seigi* (Zeitschrift für den japanischen Verband der Rechtsanwaltskammern) Bd.43 (1992), Heft 1, S.4

6 Das Verfahren „Verhandlung und Vergleich“ versucht die Streitlösung hauptsächlich durch Vergleich zu erreichen. Zu diesem Zweck ist die mündliche Verhandlung wieder belebt und intensiviert worden. Eine Besonderheit ist, dass die Verhandlung dabei in aller Regel in dem faktisch die Öffentlichkeit ausschließenden Richterzimmer stattfindet, um eine „lockere“ Atmosphäre zu schaffen. Falls ein Vergleich nicht zustande kommt, gelten die Verhandlungen als die mündliche Verhandlung und es kann ein Urteil ergehen, vgl. *Nakamura*, Japan und das deutsche Zivilprozessrecht (1996), S.27.

## III. Übersicht der neuen japanischen ZPO

Die neu gefasste japanische ZPO hat 400 Paragraphen und umfasst acht Bücher: Allgemeine Vorschriften, Verfahren in der ersten Instanz, Rechtsmittel, Wiederaufnahme des Verfahrens, Besondere Vorschriften zum Wechsel- und Scheckprozess, Besondere Regelungen für die Verfahren mit geringen Streitwerten, Mahnverfahren und Einstellung der Vollstreckung.

### 1. Förmliche Überarbeitung

***Sprachliche Neufassung*:** Mit der Reform wurde die Zivilprozessordnung nun sprachlich überarbeitet. Der Gesetzestext mit seinen alten schwierigen Zeichen, der „*Kyu-kanji*" und „*Katakana*"-Silben ist in die jetzt gebräuchlichen sinojapanischen „*Tôyô-kanji*" und den alltagsgebräuchlichen „*Hiragana*" Silben umgeschrieben worden.

***Teilweise veränderte Systematik*:** Der Gesetzestext ist entsprechend des Ablaufs des Gerichtsverfahrens systematisch neu geordnet worden. Beispielsweise sind jetzt die Vorschriften über die mündliche Verhandlung zusammen im Verfahren des ersten Rechtszugs geregelt. Zuvor fanden sich die Vorschriften über die mündliche Verhandlung sowohl im ersten Buch, dem „allgemeinen Teil", als auch im zweiten Buch, dem „Verfahren des ersten Rechtszugs".

***Regelung von Details in der Zivilprozessverordnung des Obersten Gerichtshofs*:** Bei der jetzigen Reform der japanischen ZPO wurde die Kompetenz des japanischen Obersten Gerichtshofs zum Erlass von Gerichtsverordnungen voll ausgeschöpft. Gemäß Art.77 der japanischen Verfassung besitzt der Oberste Gerichtshof nach US-amerikanischem Vorbild eine „*rule making power*". Art.77 lautet: „Der Oberste Gerichtshof darf Regelungen über Prozessverfahren, Rechtsanwaltschaft, die Interne Disziplin der Gerichtsinstitutionen und Justizangelegenheiten erlassen". Da die Zustimmung des Parlaments für den Erlass, für

Änderungen und für die Abschaffung der Verordnungen nicht erforderlich ist, und der Oberste Gerichtshof sie selbst regeln kann, kann der Oberste Gerichtshof schnell und flexibel zu den jeweiligen internen Angelegenheiten der Justiz entsprechende Maßnahmen treffen. Auf diese Weise hat Japan eine zweispurige Legislative für das Justizsystem: Die wichtigen Bestandteile des Zivilprozessgesetzes werden als Gesetz erlassen und die unwesentlichen gerichtsverfahrensrechtlichen Angelegenheiten als Verordnungen geregelt. Auf diese Weise regelte man auch das Strafprozessrecht in seiner Neufassung nach dem Zweiten Weltkrieg. Zwar waren auch für das Zivilprozessrecht bereits in den 50er Jahren Verordnungen für den Zivilprozess erlassen worden, doch spielten sie keine bedeutende Rolle, da das Zivilprozessgesetz aus der Vorkriegszeit weiterhin gültig war. Bei der jetzigen ZPO-Reform wurde zum einen das Zivilprozessrechtverfahren als Gesetz erlassen und zum anderen die verfahrenstechnischen Angelegenheiten von dem Obersten Gerichtshof als Verordnung erlassen. Die Verordnung für das Zivilprozessverfahren ist am 17. Dezember 1996 erlassen worden. Sie umfasst acht Bücher mit 240 Paragraphen und wird – wie die neue ZPO – ab 1.Januar 1998 in Kraft treten.

### *2. Überarbeitung des Prozessverfahrens*

Folgende vier Punkte sind als wesentlichen Reformpunkte der neuen ZPO zu nennen: (1) Das Verfahren zur Ordnung der Streitpunkte und Beweise, (2) die Erweiterung des Verfahrens der Beweissammlung, (3) die Beschränkung der Revision vor dem Obersten Gerichtshof und (4) die neuen Vorschriften für Verfahren mit geringen Streitwerten.

### *a) Das Verfahren zur Ordnung der Streitpunkte und Beweise*

Nach der bisherigen ZPO können die Angriffs- und Verteidigungsmittel bis zum Schluss der mündlichen Verhandlung vorgebracht werden (§137 ZPO a.F.). In der Praxis fährt der Prozess häufig ohne Feststellung der Streitpunkte, und mit nur „tropfenweise“ vorgebrachten Tatsachen oder Beweisen einen „Zick-Zack-Kurs“. Um den Prozess angemessen, funktionell und schnell zu führen regelt die reformierte ZPO das Prozessverfahren für die komplizierteren Sachen nun in folgender Weise: Die Streitpunkte des Rechtsstreits sind frühzeitig feststellen und es ist zu klären, welche Beweismittel erforderlich sind. Anschließend sollen Zeugen- und Parteivernehmungen sowie sonstige Beweisaufnahmen lediglich in bezug auf die Streitpunkte intensiv durchgeführt werden.

Die neue ZPO sieht drei alternative Verfahren zur Ordnung der Streitpunkte und Beweise vor: 1) Die vorbereitende mündliche Verhandlung (§§164–167 ZPO n.F.). Dieses Verfahren sieht mündliche Verhandlungen vor, die nur der Ordnung der Streitpunkte und der Beweise dienen. 2) Das „Vorbereitungsverfahren für die Verhandlung“ (§§168–174 ZPO n.F.). Die bisherige ZPO sah zwar Vorschriften für die Vorbereitung des Verfahrens vor (§§249–256 a.F.). Dieses Verfahren war jedoch in der letzten Zeit nicht mehr angewendet worden[7]. Um die Defizite und Mängel dieses Verfahrens zu korrigieren und um das Verfahren wieder zu beleben, sind die Vorschriften für die Vorbereitung der mündlichen Verhandlung neu geregelt worden. – Der Grundgedanke dieser Vorschriften stammt aus dem in der Gerichtspraxis zum Teil erprobten Verfahren, „Verhandlung und Vergleich“[8]. – Dieses Verfahren ist zwar ein Vorbereitungsverfahren, es wird jedoch wie eine mündliche Verhandlung durchgeführt. Nach dem neuen Gesetz kann das Gericht vor dem Termin des Vorbereitungsverfahrens von den Parteien die vorbereitenden Schriftsätze vorlegen lassen (§170 Abs.1 ZPO n.F.). Außerdem kann das Gericht in Termin eine Entscheidung über einen Beweisantrag und auch eine Beweisaufnahme eines vorgelegten Schriftsatzes treffen (§170 Abs.2 ZPO n.F.). 3) Das „schriftliche Vorbereitungsverfahren“ (§175–178 ZPO n.F.). Dieses soll z.B. durchgeführt werden, wenn eine der Parteien an einem fern abgelegenen Ort wohnt. Nach diesem Verfahren erfolgt die Vorbereitung der mündlichen Ver-

---

7 Als ein Grund dafür, dass das vorbereitende Verfahren bisher nicht genügend zur Anwendung kam, wurde angegeben, dass der Berichterstatter die streitigen Tatsachen nicht genau feststellen konnte, da er Beweisaufnahmen nicht durchführen durfte. Die neue ZPO regelt nun, dass eine Beweisaufnahme auf der Basis der Schriftsätze des Vorverfahrens durchgeführt werden darf (§ 170 Abs.2 ZPO n.F.) zu weiteren Gründen, die zur Nichtaufwendung des Vorbereitungsverfahrens in der Praxis führten, vgl. *Nakamura*, Japan und das deutsche Zivilprozessrecht (1996) S.31ff.

8 Siehe Fn.6.

handlungen auf schriftlicher Basis.

Welches der drei, mit der Reform neu eingeführten Verfahren für die Vorbereitung eines Verfahrens heranzuziehen ist, entscheidet der Richter je nach der Lage des Streitfalls nach Anhörung der Parteien. Nach Abschluss des Vorverfahrens bestätigt das Gericht mit den Parteien die Tatsachen, die noch beweisbedürftig sind, (§§165 Abs.1, 170 Abs.6, 176 Abs.4 ZPO n.F.). Die neue ZPO bestimmt, dass Angriffs- oder Verteidigungsmittel je nach Lage des Prozesses rechtzeitig vorgebracht werden müssen (§156 ZPO n.F.). Das gesetzgeberische Ziel ist, dass nach Abschluss des Vorbereitungsverfahrens im Hauptverfahren von den Parteien keine neuen Angriffs- und Verteidigungsmittel mehr vorgebracht werden. Wie vorzulegen ist, wenn die Parteien dennoch neue Angriffs- und Verteidigungsmittel im Hauptverfahren vorbringen, ist in der neuen ZPO in nicht sehr konsequenter Weise durch sogenannte „Erklärungspflicht" geregelt (dazu unten IV-2).

### *b) Die Erweiterung des Verfahrens zur Beweissammlung*

Das bisherige Gesetz sieht zwar eine Vorschrift zur Anordnung der Vorlage von Urkunden vor, doch es haben sich Defizite der Regelung in den Fällen, in denen die Beweise ausschließlich im Besitz einer Partei befinden, herausgestellt. Außerdem soll mit der Reform die Urkundsvorlagepflicht der Gegenpartei oder eines Dritten wirkungsvoll gestaltet werden, damit beide Parteien ausreichende Prozessvorbereitungen für die Ordnung der Streitpunkte treffen können. Wenn jedoch ein umfassendes Beweissammlungsverfahren, wie das amerikanische „discovery" eingerichtet werden würde, entsteht auch die Gefahr, dass das Verfahren erheblich kosten- und zeitaufwendiger wird, und es zum Missbrauch des Verfahrens kommen kann. Die reformierte ZPO hat daher von einem Verfahren nach US-Muster abgesehen, aber das Beweisverfahren verbessert, indem: 1) die Vorlagepflicht von Urkunden erweitert wurde: Nun besteht für alle Urkunden mit Ausnahme solcher, für die ein Zeugnisverweigerungsrecht oder ein ähnliches Recht geltend gemacht werden kann oder die ausschließlich dem privaten Gebrauch unterliegen, eine Vorlagepflicht (§220 Abs.4 ZPO n.F.); 2) der Antrag auf Anordnung der Urkundenvorlage ist etwas erleichtert worden: Falls es dem Antragsteller nicht möglich ist, die vorzulegende Urkunde nach Titel oder

Inhalt zu bestimmen, dann braucht er bei dem Antrag die Urkunde nur mit Einzelheiten beschrieben werden, mit denen der Besitzer der Urkunde die im Antrag gestellte Urkunde identifizieren kann (§222 ZPO n.F.); 3) die Institution der Parteierkundigung neu eingeführt worden ist: Wenn einer Partei ein bestimmter Punkt zur Vorbereitung für ihre Tatsachenbehauptungen und Beweisführung von wesentlicher Bedeutung ist, kann sie sich ohne Vermittlung des Gerichts unmittelbar bei der Gegenpartei erkundigen (§163 ZPO n.F.)[9]

---

9 **Anordnung der Urkundenvorlage**: Bei der ZPO-Reform wurde die Anordnung der Urkundenvorlage im Parlament intensiv diskutiert. Der dem Parlament vorgelegte Entwurf zur Erweiterung der Urkundenvorlagepflicht sah noch vor, dass auch die amtlichen Urkunden, die die Beamten aufbewahren oder besitzen, vorzulegen sind. Es sei denn, dass die Aufsichtsbehörde den Vorlage der betreffenden Urkunden als Geheimakten nicht zulässt (§220 Abs.4 b Entwurf der ZPO). Zum Zeitpunkt der Gesetzesvorlage der ZPO-Reform ist der Skandal des Verbergens wichtiger Informationen vor der Öffentlichkeit durch das Gesundheitsministerium ans Licht gekommen. Es wurde festgestellt, dass das Gesundheitsministerium wichtige Informationen und Dokumente über die Gefahr der Aids-Verseuchung von Blutkonserven, schon in der früheren Zeit besaß, verheimlicht und keine entsprechenden Maßnahmen getroffen hatte. Es ist rasch der Eindruck entstanden, dass einer der Hauptgründe für die Verbreitung von Aids in Japan die Verspätung der entsprechender Maßnahmen des japanischen Gesundheitsministeriums war. Es wurde im Zusammenhang mit einem Gerichtsverfahren von Aids-Erkennen gefordert, die betroffenen Urkunden, die das Gesundheitsministerium besaß, an der Öffentlichkeit zu bringen. Das Gesundheitsministerium behauptete in dem Prozess, dass solche Akten nicht vorhanden seien. Nach der Umgestaltung des Kabinetts hat ein neuer Gesundheitsminister, der gegen die Bürokratie eine standhafte Haltung zeigte, angeordnet, die betreffenden Akten erneut suchen zu lassen. Danach wurden mehrere Akten nacheinander gefunden. Dieser Skandal führte zu einem ernsthaften politischen Problem und die Veröffentlichung von Verwaltungsinformationen wurde laut gefordert. Da der Gesetzvorschlag noch zugunsten der Behörden lautete, konnte der Entwurf keine Zustimmung im Parlament finden. Der Vorschlag über die Vorlage der von den Beamten amtlich verwahrten Urkunden wurden zurückgezogen, um die frühzeitige Entstehung der neuen ZPO zu realisieren. Diese Urkunden liegt nun wie bisher außerhalb der Vorlagepflicht. Gleichzeitig mit der Beratung der ZPO ist ein Gesetzesentwurf für die Veröffentlichung der Verwaltungsinformation in anderer Kommission des Parlaments in Beratung. Für die Vorlagepflicht der Beamten hat das Parlament daher einem Nebenbeschluss festgelegt, dass die entsprechenden Vorschriften in Zusammenhang mit dem Ergebnis der Beratung über die Veröf-

### *c) Die Beschränkung der Revision vor dem Obersten Gerichtshof*

Dem Oberstem Gerichtshof sind die beiden wichtigen Aufgaben zugeordnet, die Verfassung auszulegen und für eine einheitliche Auslegung der Gesetze zu sorgen. Die Revision war bisher grundsätzlich zulässig, wenn das erlassene Urteil unter rechtlichen Aspekten angefochten wird. Es gab aber viele Fälle, in denen zwar rechtliche Fragen als Revisionsgrund angegeben worden sind, es sich jedoch de facto um eine erneute Überprüfung der Tatsachen handelte. Auf diese Weise nahm die Zahl der Revisionen enorm zu und es bestand die Gefahr, dass der Oberste Gerichtshof seinen originären Aufgaben nicht mehr im ausreichendem Maße nachkommen konnte. Um die Zahl der Revisionen einzuschränken und überflüssige Revisionen auszuschließen, beschränkt die neue ZPO die Revision auf folgenden Fälle: (1) wenn das angefochtene Urteil die Verfassung falsch auslegt oder es sonst verfassungswidrig ist. (2) wenn eine der absoluten Revisionsgründe vorhanden ist, wie z.B. das erkennende Gericht war nicht in der gesetzlich bestimmte Weise besetzt usw. (§312 ZPO n.F.). Die neue ZPO enthält als neue Regelung die Zulassungsrevision. In folgenden Fällen kann ein Antrag auf Zulassung der Revision beim Obersten Gerichtshof gestellt worden: Zwar,

---

fentlichung der Verwaltungsinformation innerhalb von zwei Jahren nach dem Erlass der neuen ZPO erlassen werden sollen.

***—Nachtrag—***

*Die neue ZPO wurde 2001 geändert und obige Angelegenheit wird seitdem nun wie folgt behandelt: Wenn die von den Beamten amtlich verwahrten Urkunden keine nach dem Gesetz festgelegten sog. Geheimurkunden (§220 Abs.4 ZPO n.F.) sind, fallen sie nun unter die Vorlagepflicht. Wird ein Antrag auf Vorlage einer solchen Urkunde gemäß §220 Abs.4 ZPO n.F. gestellt, und ist dieser offensichtlich unbegründet, so muss das Gericht die Meinung der zuständigen Aufsichtsbehörde einholen, nämlich ob diese Urkunde eine Geheimurkunde ist, §222 Abs.3 ZPO n.F.. Auch wenn die Aufsichtsbehörde diese als eine solche Geheimurkunde bezeichnet, das Gericht aber diese Einschätzung der Aufsichtsbehörde für unbegründet hält, so kann das Gericht dennoch Vorlage dieser Urkunde anordnen (§222 Abs.4 ZPO n.F.). In unklaren Fällen steht es dem Gericht offen, vom Besitzer dieser Urkunde die Vorlage an das Gericht zu verlangen: in einem solchen Fall wird jedoch Dritten keine Urkundeneinsicht gewährt nehmen (§222 Abs.6 ZPO n.F.).*

wenn das angefochtene Urteil im Widerspruch zu der bisherigen Rechtsprechung des Obersten Gerichtshofs sieht, oder wichtige Auslegungsfragen von Gesetzen oder Verordnungen betroffen sind. Wenn der Oberste Gerichtshof den Antrag für begründet hält, lässt er die Revision zu, sonst wird der Antrag auf Revision durch Beschluss abgewiesen (§318 ZPO n.F).

Durch die Institution der Zulassungsrevision wird der Oberste Gerichtshof eine deutliche Entlastung spüren können. Gleichzeitig aber wurde eine neue Angelegenheit zur Aufgabe des Obersten Gerichtshofs gemacht. Nach dem neuen Gesetz kann man gegen Beschlüsse oder Anordnungen grundsätzlich mit der Zulassung des Oberlandesgerichts eine Beschwerde vor dem Obersten Gerichtshof einlegen, wenn als Revisionsgrund eine wesentliche Auslegungsfrage eines der Gesetze vorliege (§337 ZPO n.F.). Eine einheitliche Auslegung der Gesetze ist nun auch bei Beschwerdesachen möglich geworden.

### *d) Das neue Verfahren für geringe Streitwerte*

Für Prozesse mit geringen Streitwerten ist – wie in Deutschland – grundsätzlich das Amtsgericht zuständig. Das Amtsgericht sieht jedoch lediglich ein gegenüber dem Landgericht vereinfachtes Verfahren vor. Es ist nicht geeignet, Streitigkeiten mit geringen Streitwerten besonders kostengünstig beizulegen. Die neue ZPO sieht ein besonderes Verfahren für sog. „Bagatell-Sachen" (§§368–381ff. ZPO n.F.) vor, damit sind die Leistungsklagen wegen Geldforderungen unter 300.000 Yen (ca. 4.200 DM) gemeint. In diesem Verfahren findet eine Beweisaufnahme nur statt, wenn sie sofort durchgeführt worden kann (§371 ZPO n.F.) und das Urteil wird grundsätzlich nach der mündlichen Verhandlung sofort erlassen (§370 ZPO n.F.). Gegen das Urteil ist lediglich ein Widerspruchsantrag erlaubt – die Berufung ist hingegen ausgeschlossen (§§377,378 ZPO n.F.). Der Richter kann in dem Urteil – unter Berücksichtigung der finanziellen Kräfte des Beklagten – eine Ratenzahlung bis zu einem Zeitraum von drei Jahren anordnen (§375 ZPO n.F.).

### *e) Sonstige Überarbeitungen*

#### *e-1. Die neuen Sondervorschriften für Massenverfahren*

Für diejenige Prozesse mit außerordentlich vielen Prozessparteien, bei denen zahlreiche zu vernehmende Zeugen und Parteien vorhanden sind, sieht die neue ZPO Sondervorschriften für das sog. Massenverfahren vor (§§ 268, 269 ZPO n.F.). Wenn ein solches Massenverfahren vor Gericht kommt, kann es diesen Prozess von einer Kammer mit fünf Richtern durchführen lassen. Wenn die Parteien einverstanden sind, kann die Zeugen- und Parteivernehmung nur durch den beauftragten Richter durchgeführt werden.

*e-2. Die Nutzung von Telekommunikationsmöglichkeiten*

Infolge der Entwicklung der Technologie kann man heute mit Telefon- oder TV-Geräten eine Sitzung mit mehreren Teilnehmern, die sich an verschiedenen Ort befinden, abhalten. Die neue ZPO regelt die Anwendung der Hi-Tech Geräte im Prozesserfahren: Wenn eine der Parteien an einem weit entfernen Ort wohnt, kann das Gericht unter Benutzung von Telefon-Sitzungsgeräte die Ordnung der Streitpunkte und Beweise im Vorbereitungsverfahren durchführen (§§ 170, 176 ZPO n.F.). In gleicher Weise, wenn einer Zeuge an einem weiten Ort wohnt, kann das Gericht ihn unter Benutzung von TV-Sitzungsgeräte als Zeuge vornehmen (§ 204 ZPO n.F.).

*e-3. Die Erweiterung der Befugnisse des Urkundsbeamten*

Da es in Japan die Institution des Rechtspflegers nicht gibt, muss der Richter nicht nur gerichtliche Entscheidungen treffen, sondern auch zahlreiche weitere gerichtlichen Angelegenheiten selbst erledigen, z.B. die Prozesskosten festlegen, die Einleitung des Mahnverfahrens, die Entscheidung für die öffentliche Zustellung u.s.w. Mit der ZPO-Reform sind die solchen Pflichten offiziell auf den Urkundsbeamten übertragen worden, um die Richter zu entlasten.

### *3. Unterbliebene Überarbeitung*

Neben den oben erwähnten Bereichen wurden noch weitere Vorschriften reformiert, auf die jedoch aus Platzgründen nicht eingegangen worden kann[10]. Es soll jedoch noch die passive Seite der Überarbeitung geschildert werden: Es gibt auch eine Reihe von Reformvorschlägen die letztlich unbeachtet blieben. Z.B. gab es auch Vorschläge für neue Vorschriften zur Regelung des internationalen Zivilprozessrechts. Aufgrund der Tendenzen der Internationalisierung des Zivilprozesses sind Regelungen des internationalen Zivilprozessrechts auch eine internationale Verpflichtung Japans. Insbesondere wurden Regelungen für die internationale Zuständigkeit und für die Beachtung der ausländischen Rechtshängigkeit verlangt. Für das internationale Zivilprozessrecht ist keine Neuregelung mit dieser ZPO-Reform getroffen worden. Die Fragestellungen im internationalen Zivilprozessrecht waren stark umstritten. Das Justizministerium hat diesen Themenbereich ganz ausgeklammert, um den Zeitplan von fünf Jahren[11], innerhalb dessen die ZPO-Reform zum

---

10 Mit der aktuellen Reform wurden verschiedene Verfahren, die bereits in der Gerichtspraxis angewendet wurden, aber noch nicht gesetzlich geregelt waren, in der ZPO bzw. der Zivilprozessverordnungen durch neue Vorschriften festgelegt. Dies ist zu begrüßen, denn auf diese Weise ist das für die Allgemeinheit z.T. nicht vorhersehbare Gerichtsverfahren in klar gestellt worden.

11 Die Reform des Zivilvollstreckungsrechts dauerte seiner Zeit elf Jahre (1968-1979). Auch im Ausland sind ca. 10 Jahre eine übliche Bearbeitungszeit für die Veränderung bedeutender Gesetze. Japan hätte mehr als fünf Jahre Zeit für die Überarbeitung der ZPO investieren sollen. Dies gilt um so mehr, weil es in Japan üblich ist, ein einmal beschlossenes Gesetz vorläufig nicht wieder zu verändern (z.B. wurde die japanische ZPO in den letzten zwanzig Jahren nur achtmal geändert; die japanische Verfassung wurde seit 1947 bisher noch keinmal geändert). Wenn eine Regelung bei der Gelegenheit einer großen Reform nicht zustande kommt, ist sie damit auch für die nähere Zukunft erst einmal nicht zu erwarten.

Der entscheidende Grund, die Überarbeitung der ZPO innerhalb fünf Jahren zu fertigen, liegt in der persönlichen Veranlassung des Vorsitzenden der Kommission zur Überarbeitung der ZPO. Er war damals schon neunundsechzig Jahre alt und dachte er unter Berücksichtigung seiner Gesundheitssituation, dass er die Überarbeitung tatkräftig führen könnte, wenn sie innerhalb fünf Jahren fertiggestellt würde (*Mikazuki, Minsohô kaisei no haikei to hitsuzensei* (Hintergrund und Notwendigkeit der ZPO Reform) *Aichigakuin-daigaku-ronsô, Hôgaku-kenkyu* 35 Bd. 1993, Heft 1-2, S.64). Es ist sicher für die ausländischen Kollegen unvorstellbar, dass eine Persönlichkeit einen derart großen Einfluss hat. Dies ist im Zusammenhang mit der für Japan spezifischen Bürokratie erklärlich. Als Japan im letzten Jahrhundert den modernen Staat gründete, errichtete die

Abschluss gebracht worden sollte, einhalten zu können.

Da die ZPO das maßgebliche Recht für das Prozessverfahren ist, ist für eine grundlegende Reform viel Zeit erforderlich. Ohne eine Fristsetzung würde es zu einer endlosen Reform-Debatte kommen. Es war daher sicher sinnvoll, die Reform auf fünf Jahre zu begrenzen (de facto hat sie sechs Jahre gedauert). Es ist jedoch problematisch, dass die Punkte, die innerhalb fünf Jahren nicht erledigt werden konnten, gänzlich von einer Reform ausgeschlossen wurden. Es wäre besser gewesen, nicht den Schwerpunkt auf eine Fertigstellung innerhalb fünf Jahren zu legen, sondern eine Gesetz zu schaffen, das den Bedürfnissen der Zeit entspricht.

Es gibt viele Probleme, die mit der Reform neu geregelt oder gelöst werden sollten. Diese Probleme wurden jedoch aufgrund der Uneinigkeit in der Literatur und der knappen Zeit für die Beratung ganz ausge-

---

*Meiji* Regierung die Tokio Universität, um Beamte zum Aufbau Japans auszubilden. Die Absolventen dieser Universität spielten in der Gründungszeit des modernen Japans eine große Rolle, besonders im Bereich der Verwaltung und Justiz. Dann formte sich die Regierung allmählich zu der für Japan spezifischen Bürokratie aus und diese Beamtenschaft beherrscht Japan. Das Gesetzgebungsverfahren wird infolgedessen wie folgt durchgeführt: Wenn ein wichtiges Gesetz neu geregelt oder abgeändert werden soll, wird der Entwurf zuerst im „Rat für Gesetzgebungsverfahren" (*Hôsei-shingikai*), derer Mitglieder von dem Justizministerium zuständigen Minister (Politiker) ernannt werden. Die tatsächliche Befugnis zur Ernennung der Mitglieder besitzt jedoch nicht der Justizminister, sondern die Ministerialbürokratie, die zum großen Teil aus den Absolventen der juristischen Fakultät der Tokio Universität besteht. Infolgedessen sind die Mitglieder des Rates für Gesetzgebungsvorhaben zum großen Teil auch die Absolventen der Tokio Universität. Der Vorsitzende der Kommission für die Reform der ZPO war der emeritierte Professor der Tokio Universität. Unter diesen Umständen konnte er seinen Wunsch, die Überarbeitung der ZPO in der kürzen Zeit zu fertigen, durchsetzen.

Der Verfasser findet diese Situation gar nicht richtig. Es ist kein richtiger Gedanke, dass man die Zeitdauer der Gesetzgebung unter Berücksichtigung der gesundheitlichen Situation einer Person beschränkt. Und auch die in Japan spezifische Bürokratie, die in der Begründungszeit Japans zweckmäßig war, ist heutzutage nicht mehr nötig, sondern sogar schädlich. — In der letzten Zeit kamen die dunkele Seiten der Bürokratie stark ans Licht (z.B. Fn.9.). Die öffentliche Meinung in Japan ist nun streng gegen die Bürokratie. — Die Tradition der Institution der Bürokratie, die besonders durch die Absolventen einer bestimmten Universität geprägt wird, sollte möglichst bald beseitigt werden.

klammert geregelt[12] oder wie bisher unverändert gelassen[13]. Außerdem ist hinsichtlich der Vorschriften, die der Verfahrensbeschleunigung dienen sollen, ein Kompromiss mit Rechtsanwaltschaftskammer eingegangen worden, um die Reform innerhalb von fünf Jahren abzuschließen (vgl.Fn.11.).

## IV. Bewertung der reformierten japanischen ZPO

### 1. Allgemeines

Als Vorteile der reformierten japanischen ZPO lassen sich folgende nennen: Erstens, das Gesetz ist nun in alltagsgebräuchlichen sinojapanischen „*Kanji*“ und im „*Hiragana*“ Silbenalphabet abgefasst. Auch sind die Vorschriften jetzt entsprechend des Ablaufs des Prozessverfahrens besser systematisch geordnet. Die neue ZPO enthält nur die wichtigsten Verfahrensvorschriften. Details sind in der Verordnung des Obersten Gerichtshofs festgestellt. Auf diese Weise ist eine neue, kompakte und klare ZPO entstanden.

Das neue vereinfachte Verfahren für Streitigkeiten mit geringem

---

12 Es gibt viele Fragen, zu denen eine Neuregelung mit der jetzigen Reform erwartet wurde. Zum Beispiel, die Schaffung einer Regel, um die Individualsphäre bei gerichtlichen Behandlungen zu schützen: die Einführung des Anwaltszwangs, zu mindestens in der Revisionsinstanz: die Schaffung einer gerichtlichen Anordnung des Beitritts zu einem Prozess eines Beteiligten der notwendigen Streitgenossenschaft, wenn er verweigert hat, Mitkläger zu werden. Die Probleme wurden diskutiert, aber aus Zeitmangel kamen neue gerichtliche Regelungen nicht zustande.

13 Als Beispiel wird hier die Vorschrift der Klageänderung (§232 ZPO a.F.) angegeben werden. Die japanische ZPO anerkannt anderes als die deutsche ZPO die Klageänderung. Die Vorschrift der ZPO lautet „Soweit die Grundlage des Anspruchs nicht geändert wird, kann der Kläger den Anspruch oder den Grund des Anspruchs bis zum Schluss der mündlichen Verhandlung abändern“. Es ist umstritten, was unter „die Grundlage des Anspruchs“ zu verstehen sei (*Nakamura*, Klage- und Parteiänderung nach dem Eintritt der Rechtshängigkeit in der japanischen ZPO ‹1990›, in: *Nakamura*, Japan und das deutsche Zivilprozessrecht ‹1996›, S.190). Dieser Punkt hätte im neuen Gesetz gesetzlich gelöst werden.

Streitwert kann für die japanische Rechtspflege als ein großer Fortschritt betrachtet werden. Es ist zu hoffen, dass auf diese Weise der Zugang zum Gericht erleichtert und die Hemmschwelle vor der Inanspruchnahme der Gerichte sinken wird. Ein solches Verfahren für Streitigkeiten mit geringem Streitwert wird schon seit langen in den USA und anderen Ländern praktiziert. Ehe wir uns selbst für diese Einrichtung loben, muss festgestellt werden, dass die japanische ZPO mit dieser Reform endlich das internationale Niveau ausländischer Gesetze erreicht hat.

Ansonsten gibt es in der ZPO „fast" keine Neuregelungen[14], die als besondere Vorteile bezeichnet werden können. Zwar werden neue Telekommunikationstechniken wie die „Telefon- oder TV-Konferenz" in Zukunft für das Gerichtsverfahren in Gebrauch genommen, jedoch ist dies nur eine Konsequenz der heutigen Lebensumstände.

### 2. *Zum Vorhaben der Prozessbeschleunigung*

Die Prozessbeschleunigung ist ein wesentliches Ziel der aktuellen ZPO-Reform. Wie die neue ZPO zu bewerten ist, hängt entscheidend davon ab, ob es tatsächlich zu Verbesserungen hinsichtlich der Prozessdauer kommen wird. Zwar wird seitens des Gesetzgebers behauptet, dass es mit den neuen Regelungen zu drastischen Beschleunigungen kommen werde, doch der Verfasser hat daran starke Zweifel.

Bisher wurde das Verfahren durch die sich über zahlreiche Termine hinreichende Feststellung der Streitpunkte erheblich verzögert. Mit der neuen ZPO kann das Gericht nun zwischen drei Vorverfahren (dem Verfahren zur Vorbereitung der mündlichen Verhandlung, §§ 164–167 ZPO n.F.; dem Vorbereitungsverfahren zur mündlichen Verhandlung, §§168–174 ZPO n.F.; oder dem schriftlichen Vorverfahren, §§175–178 ZPO n.F.) wählen. Damit soll die Ordnung der Streitpunkte und der Beweismittel verbessert und auch eine konzentrierte Beweisaufnahme ermöglicht werden (vgl. III-2-1).

Der Gedanke, das Vorverfahren zu aktualisieren, ist sicher richtig, nur

---

14 Es gibt mehrere Vorschriften, die in der reformierten japanischen ZPO neu geregelt sind. Z.B. Aufklärung des Gerichtes außerhalb des Termins (§149 Abs.1 ZPO n.F.). Diese sind zwar für den japanischen Zivilprozess neu, doch werden sie bereits im Ausland praktiziert.

bleibt die Frage, ob es auch im Sinne des Gesetzgebers durchgeführt wird. Insbesondere problematisch ist die Behandlung verspätet vorgebrachter Angriffs- und Verteidigungsmittel. Eine zunächst von der Kommission diskutierte Präklusionsvorschrift scheiterte an dem Widerstand der Rechtsanwaltschaft. Um die Diskussion abzukürzen und damit die Zeitvorgabe zu wahren, einigte man sich auf den „Kompromiss", dass im Falle verspäteten Vorbringens die Partei, auf Antrag des Gegners, die Gründe für die Verspätung nennen muss (§§167,174 u.178 ZPO n.F.). D.h. erklärt die Partei die Gründe für das verspätete Vorbringen, werden diese Angriffs- und Verteidigungsmittel auch Entscheidungsgrundlage. Dem Gericht stehen keinerlei Möglichkeiten zur Abweisung offen.

Damit ist das neue Gesetz weniger streng als das alte. Dieses sah noch eine Pläklusionsvorschrift (§255 ZPO a.F.) im Vorverfahren vor. Allerdings waren Ausnahmen von der Pläklusion zulässig und davon war in der Vergangenheit regelmäßig Gebrauch gemacht worden. Die Norm wurde de facto so gut wie nicht angewendet. Daher sind regelmäßig Angriffs- und Verteidigungsmittel aus taktischen Gründen verspätet vorgebracht worden und dies führte maßgeblich zur Prozessverzögerung. Eine Verbesserung dieser Situation ist jedoch durch die neuen „Erklärungspflicht" nicht zu erwarten.

### 3. *Problematische Personalsituation*

Bei der aktuellen Überarbeitung der ZPO-Reform ist lediglich das Prozessverfahren, nicht jedoch die Personalsituation an den Gerichten verändert worden. Dies ist auch ein Grund dafür, dass es fraglich ist, ob es zu einer Verfahrensbeschleunigung kommen wird, denn es besteht weiterhin ein Mangel an Richtern (es gibt zur Zeit ca. 3000 Richter) und besonders an Rechtsanwälten. Zur Zeit gibt es ca. 16000 Rechtsanwälte bei einer Bevölkerung von 125 Millionen Menschen. Zum Vergleich: In Deutschland gibt es zur Zeit bei einer Bevölkerung von ca. 81 Millionen etwa 80.000 Rechtsanwälte. Anhand dieses Vergleichs zeigt sich der Mangel an Rechtsanwalt in Japan ganz deutlich.

Bemühungen des Justizministeriums um eine Erhöhung der Zahl der Rechtsreferendare und damit auch der Rechtsanwälte scheiterten ebenfalls bisher an dem massiven Widerstand der Rechtsanwaltschaft. Bis heute ist es den etablierten Rechtsanwälten gelungen, die Zahl der Konkurrenten sehr niedrig zu halten. Auf diese Weise sind gute Verdienstmöglichkeiten ohne extrem große Anstrengungen gesichert. Erst vor ca. 10 Jahren hat die Rechtsanwaltschaft das Phänomen, dass es in ländlichen Regionen, trotz einer gewissen Zahl von Rechtsstreitigkeiten, keine Rechtsanwälte gibt[15], als ernstes Problem betrachtet. Daraufhin ist die Zahl der jährlich zuzulassenden Rechtsreferendare mit der Änderung des Justizprüfungsgesetzes 1990 geringfügig erhöht worden[16]. In sehr ferner Zukunft wird vielleicht darüber diskutiert werden, die Personalsituation in der Justiz deutlich zu verbessern und damit auch als Folge den Zugang zu den Gerichten zu erleichtern.

Hinsichtlich der Rechtsanwaltschaft besteht immer noch das Honorarproblem. Es ist längst erwiesen, dass ein wesentlicher Grund, der die Bürger in Japan abschreckt, zu klagen, nicht nur in der Prozessverzögerung, sondern auch – und sogar eher – in den hohen Prozesskosten liegt. Insbesondere ist das Rechtsanwaltshonorar zu teuer und dessen Maßstab unklar (vgl. oben II). Eine effektive Methode zur Klarstellung der Anwaltskosten wäre, die Einführung des Anwaltszwanges, wie in Deutschland, und die entsprechende gesetzliche Festlegung des Anwaltshonorars Vor etwa dreißig Jahren war auch in Japan die Einführung des Anwaltszwangs vorgeschlagen worden. Der Plan scheiterte jedoch am starken Protest der Rechtsanwaltschaft. Die Einleitung des Anwaltszwangs würde auch der Prozessbeschleunigung dienen und eine entsprechende Legalisierung der Anwaltskosten erscheint als eine konsequente Lösung, wie man in der deutschen Praxis ersehen kann. Gegenwärtig ist die Rechtsanwaltsvereinigung so einflussreich[17], dass das

---

15 Vgl. *Bengoshi henzai-taisaku yôkô* (Grundriss der Maßnahmen gegen die ungleichmäßige örtliche Verteilung der Rechtsanwälte), Jiyu to seigi, 47 Bd. (1996) Heft 4, S.129

16 Seit 1993 ist die Zahl der zugelassenen Rechtsreferendare von 500 auf 700 erhört worden. Ziel soll eine Erhöhung auf 1000 Referendare sein. Das ist eine gute Tendenz. Der Verfasser findet aber diese Zahl noch zu niedrig und spielt sich für ihre Verdoppelung aus. Über die juristische Staatsprüfung in Japan, vgl. Petersen. „Das erste japanische juristische Staatsexamen und dessen aktuelle Reformdiskussion“, Zeitschrift für Japanisches Recht, Heft 1 (1996) 32ff.

17 Die Stellung des Rechtsanwalts vor dem Zweiten Weltkrieg war sehr niedrig. Er stand unter der Aufsicht des leitenden Staatsanwalts am Landgericht (Seit 1936

System nicht gegen ihren Willen umstrukturiert werden kann. In Zukunft muss jedoch weiter über die Einführung eines Anwaltszwangs, der gesetzlichen Festlegung des Rechtsanwaltshonorars und der Erhöhung der Zahl der Rechtsanwälte nachgedacht werden, um eine bürgernahe Dienstleistung der Rechtsanwaltschaft zu erreichen.

## *V. Schlussfolgerung*

Die japanische ZPO, die zuletzt 1926 grundlegend reformiert wurde, ist seit siebzig Jahren erstmals vollständig überarbeitet worden. Das neue Gesetz wird 1998 in Kraft treten. Es ist erfreulich, dass das alte Gesetz nun mit alltagsgebräuchlichen Schriftzeichen „*Kanji*“ und „*Hiragana*“ Silben gedruckt wurde, so dass auch Laien dieses Gesetzes mühelos lesen können. Die formelle Seite der neuen ZPO ist somit zufriedenstellend. Es ist jedoch fraglich, ob diese neue ZPO in Zukunft,

---

unter der Aufsicht des Justizministers). Nach dem Zweiten Weltkrieg ist die Stellung des Rechtsanwalts als Reaktion auf diese Behandlung sehr stark geworden. Nach dem neu gefassten Rechtsanwaltsgesetz (1949) ist die Stellung der Rechtsanwaltschaft selbständig geworden, und sie steht nicht mehr unter der Aufsicht des Justizministers. Das japanische Justizministerium hatte 1970 einen Reformvorschlag für das Gerichtssystem ohne Zustimmung des Rechtsanwaltsverbandes vor das Parlament gebracht. Nach langwierigen Beratungen ist der Vorschlag aufgenommen worden. In Zusammenhang mit diesem Reformvorschlag hat eine Beratungskommission des Oberhauses (*Sangiin*) zusätzlich beschlossen, dass das Justizministerium bei Änderungsvorschlägen für das Justizsystem sich mit der Rechtsanwaltskammer in Verbindung setzen und nach Möglichkeit eine Einigung erziehen solle. Dieser Beschluss hat den Einfluss des Verbandes der Rechtsanwaltskammer entscheidend gestärkt. 1975 wurde eine Kommission mit Mitgliedern des Justizministeriums, des Obersten Gerichtshofs und des Verbandes der Rechtsanwaltskammer gegründet (*Hôsô-sansha-kyôgikai*). Diese Kommission ist zwar nicht ein gesetzgebendes Organ, hat aber große Bedeutung für die Gesetzgebung im Bereich der Justiz. Eine Angelegenheit, die das Interesse der Rechtsanwälte tangiert, kann ohne die Einwilligung des Verbandes der Rechtsanwaltskammer nicht Gesetz werden. Die Rechtsanwaltschaft ist immer sehr bemüht, auf ihre Interessen zu achten. Es muss daher festgestellt werden, dass die Rechtsanwaltschaft zur Zeit ein großes Hindernis gegen Justizreformen darstellt.

wie erwartet, ein beschleunigtes Gerichtsverfahren bringt. Auch die bisherige japanische ZPO hatte bereits Vorschriften, die der Prozessbeschleunigung dienen sollten. Doch nur an wenigen Gerichten wurde eine konzentrierte Prozessführung nach der bisherigen ZPO durchgeführt[18]. Obwohl die Gerichte ihre Gerichtsverfahren nach dem gleichen Gesetz durchgeführt haben, kam es bei den meisten Gerichten zur Prozessverschleppung und nur bei wenigen zur Prozessbeschleunigung. Dies zeigt, dass der Hauptgrund der Prozessverschleppung nicht in den Vorschriften des Gesetzes, sondern im mangelhaften Bewusstsein der Juristen – insbesondere in der oft niedrigen Disziplin der Anwälte – liegt. Wenn die aktuelle Reform der ZPO lediglich die Beschleunigung des Verfahrens zum Ziel gehabt hätte, wäre sie nicht nötig gewesen. Die Prozessbeschleunigung kann in Japan nicht durch eine Gesetzänderung, sondern nur mit der Verbesserung des mangelhaften Bewusstseins der Juristen verwirklicht werden.

Zwar ist nicht zu erwarten, dass das Gerichtsverfahren durch die ZPO-Reform beschleunigt wird, es ist jedoch positiv festzustellen, dass aus Anlass der aktuellen ZPO-Reform das Bewusstsein der Richter und insbesondere der Rechtsanwälte für die Notwendigkeit eines beschleunigten Verfahrens verbessert worden ist. Eventuell ergibt sich auf diese Weise doch eine gewisse Beschleunigung des Verfahrens.

—Im Stand 1997—

## *—Nachtrag—*

Die neue japanische ZPO war 1. Januar 1998 in Kraft getreten. Schon im Jahre 1999 war aber eine größere Justizreform in Planung daraufhin wurde in 2003 die ZPO teilweise weiter verbessert. Vergleiche dazu *„Jüngste Justizreform in Japan"* (Seite 81–107 in diesem Band).

18 Z.B. das Verfahren von Richter *Nishiguchi* (z.Z. Richter an dem Landgericht Tokio). Sein Verfahren (sog. N-court) dauert nur halb so lange wie ein durchschnittliches Verfahren vor dem Landgericht (siehe, *Nishiguchi* u.a., Fn. 4, S.7 ff.).

# (3)

# *Die Rechtsanwaltschaft in Japan*

## *Inhaltverzeichnis*



*Zuerst erschienen* in: Wege zur Globalisierung des Rechts, Festschrift für Rolf A. Schütze zum 65. Geburtstag, Reinhold Geimer (Hrsg.), München 1999.

## *I. Einleitung*

In Japan spricht man oft von der „Zwanzig-Prozent-Justiz". Dahinter steht die Bedeutung, dass nur zwei Zehntel der Bevölkerung gerichtliche Entscheidung als Mittel der Streitlösung betrachten bzw. der Umstand, dass nur Zwanzig Prozent aller Streitigkeiten in einem Prozessverfahren vor einem Gericht anhängig gemacht werden[1]. Man mag zwanzig Prozent als eine zu hohe Ziffer ansehen. Sicher ist jedoch, dass die japanische Justiz als relativ unfähig anzusehen ist, juristische Streitigkeiten effektiv und in einem angemessenen Zeitrahmen zu lösen. Die Gründe dafür sind sicher vielfältig; der Hauptgrund dürfte jedoch darin liegen, dass es in Japan nur wenige praktizierende Juristen, davon insbesondere Rechtsanwälte, gibt. Deutschland mit seinen ca. 80 Millionen Einwohnern hat über 90.000 registrierte Anwälte vorzuweisen. Japans Bevölkerungszahl beträgt etwas über 126 Millionen, doch gibt es nur etwa 16.000 zugelassene Rechtsanwälte.

In diesem Beitrag möchte der Verfasser versuchen zu beleuchten, warum Japan zu einer Nation mit einer „Zwanzig-Prozent-Justiz" geworden ist, welche Versuche gemacht worden sind, um diese Situation zu beseitigen und warum diese Versuche bisher keinen Erfolg hatten.

Vorangestellt werden soll ein kurzer Überblick über die Institution des japanischen Rechtsanwaltes.

In Japan muss sich jeder, der Richter, Staatsanwalt oder Rechtsanwalt werden will, einer juristischen Staatsprüfung (vergleichbar dem deutschen Staatsexamen) unterziehen. Besteht ein Bewerber diese Eingangsprüfung und hat er zwei Jahre an einem Ausbildungslehrgang des „Rechtsforschungsinstituts" (*Shihô-kenshû-jo*) am Obersten Gerichtshof als Referendar teilgenommen, und besteht er die dortige Abschlussprüfung, so erlangt er so etwas wie die deutsche „Qualifikation zum Rich-

1 „Zwanzig-Prozent-Justiz", dieses Schlagwort ist vom ehemaligen Presidenten-*Nakabô* der Vereinigung der japanischen Rechtsanwaltskammern (*Nihon-bengoshi rengô-kai*) in seiner Neujahrsansprache 1992 geprägt worden (*Jiyû to seigi*, Zeitschrift der Vereinigung, Bd.43, 1992, Heft 1, S.4.).

teramt".

Die Rechtanwaltschaft ist organisiert. In jedem Landgerichtsbezirk besteht eine Rechtsanwaltskammer (*Bengoshi-kai*) und diese sind in der Vereinigung der japanischen Rechtsanwaltkammern (*Nihon bengoshi rengô-kai*, abgekürzt *Nichibenren*) als Überorganisation zusammengeschlossen. Jeder Rechtsanwalt muss Mitglied in einer Rechtsanwaltskammer sein; er muss namentlich in die bei der *Nichibenren* geführten Anwaltsliste eingetragen sein. Diese ist eine Selbstverwaltungskörperschaft, die als solche weder der Aufsicht des Justizministeriums noch des Obersten Gerichtshofes untersteht. Die Aufgabe der *Nichibenren* besteht darin, die kommunalen Anwaltskammern zu leiten und zu beaufsichtigen sowie eine gewisse Aufsicht über die Rechtsanwaltschaft durchzuführen. Hierbei sind folgende Unterschiede zu Deutschland bzw. zur deutschen Rechtsanwaltschaft zu beachten. Einmal ist Japan ein zentralistischer Einheitsstaat und kein Bundesstaat wie die Bundesrepublik. Deshalb kann es keine Zugehörigkeit zu einem Teilstaat (Bundesland) geben. Japanische Rechtsanwälte können an jedem Ort in Japan und ohne Beschränkung auf den Rechtszug – mithin auch am Obersten Gerichtshof – tätig werden. Weiterhin besteht in Japan kein Anwaltszwang. Selbst bei einem Verfahren vor dem Obersten Gerichtshof kann eine Partei ihren Prozess auch ohne Mithilfe eines Rechtsanwalts führen. Beauftragt eine Partei einen Rechtsanwalt, so wird das Honorar vereinbart; es besteht keine gesetzliche Gebührenregelung für Rechtsanwälte.

## II. „Zwanzig-Prozent-Justiz" in Japan

Man sagt, dass historisch bedingt in Japan die Neigung besteht, ungern vor ein Gericht zu gehen, um eine Streitigkeit beilegen zu lassen. Als Japan vor etwa einhundert Jahren ein recht europäisch beeinflusstes Justizsystem einführte, erschien das den Japanern zu fremd und es war eine eher selbstverständliche Folge, dass man im Fall eines Streits nicht zum Gericht ging. Außerdem wird Japanern nachgesagt, dass sie von der Mentalität her nicht dazu neigen, eine Sache ganz eindeutig als „schwarz oder weiß" zu bezeichnen. Daher einigt man sich auch eher darauf, einen Streit vor eine einflussreiche Persönlichkeit, z.B. einen

Grundstückseigentümer oder einen Ortsvorstand zu bringen, um den Disput durch dessen Vermittlung beizulegen. Diese Idee lebt heute noch in verschiedenen institutionalisierten *Chôtei*-Verfahren (Versöhnungsverfahren, etwa Schlichtungs- oder Vermittlungsverfahren) fort.

Seit vor über einhundert Jahren europäische Rechtsgedanken in Japan eingeführt wurden, hat sich das System zwar verwurzelt, doch scheut man heute immer noch davor zurück, einen Streit gerichtlich lösen zu lassen. Die Gründe sind vor allem darin zu sehen, dass gerichtliche Entscheidungen überlange Zeit in Anspruch nehmen und dass Verfahren mit hohen Kosten verbunden sind.

### *1. Probleme der Prozessverschleppung*

Von der Klageerhebung bis zum Urteil vergeht in Japan eine viel zu lange Zeit. Während in Deutschland eine bestimmte Sache in erster Instanz in weniger als einem Jahr entschieden sein kann, braucht eine gleichartige Sache in Japan nach vorsichtiger Schätzung mindestens die doppelte Zeit. Die Gründe dafür liegen unter anderem in einer zögerlichen Prozessführung der Richter und einer Prozessverschleppung seitens der Anwälte. Ist eine Partei nicht anwaltlich vertreten, so muss der Richter darauf Rücksicht nehmen und eine geordnete und reibungslose Prozessführung wird erschwert. Aber auch im Fall der anwaltlichen Vertretung findet sehr häufig eine Prozessverschleppung statt, weil wegen der geringen Zahl der Anwälte deren arbeitsmäßige Belastung sehr hoch ist und sie sich nur ungenügend auf die einzelnen Sachen vorbereiten. Vorbereitende Schriftsätze reicht der Rechtsanwalt in der Praxis meistens erst am Termin der mündlichen Verhandlung ein und er führt nur eine formelle Verhandlung. Ist ein Verhandlungstermin beendet, so ist es schwer, schnell einen neuen Termin in der gleichen Sache zu erhalten, weil die Anwaltschaft so beschäftigt ist.

### *2. Hohe Prozesskosten*

In diesem Zusammenhang seien nur die Anwaltskosten, nicht die Gerichtsgebühren, angesprochen. In Japan gilt kein Anwaltszwang. Darum die Anwaltskosten nicht als Prozesskosten angesehen und das Honorar des Rechtsanwalts wird nach Vereinbarung zwischen Klient und

Rechtsanwalt bestimmt. Die Rechtsanwaltskammer gibt eine Gebührenordnung heraus, die die „maßgebenden Gebühren“ ausweist, sie hat aber keine bindende Kraft. Die Höhe des Honorars ist in der Praxis ziemlich hoch und unbekannt, bis man darüber redet.

Unter den obigen Umständen ist es natürlich, dass man nicht zum Gericht kommt, wenn auch ein Streit entsteht.

## *III. Maßnahmen gegen die „Zwanzig-Prozent-Justiz“*

Um diesen unbefriedigenden Umstand der „Zwanzig-Prozent-Justiz“ zu beseitigen, wurden schon verschiedene Maßnahmen ergriffen. Neben einigen früheren nicht gesetzlichen Reformbestrebungen zur Verfahrensbeschleunigung, die allerdings nur an wenigen Gerichten und mit mäßigem Erfolg durchgeführt wurden, war seit dem Jahr 1991 die Zivilprozessordnung (*Minji soshô-hô*) Gegenstand einer gründlicheren Reform. Als Ergebnis dieser Arbeiten trat am 1. Januar 1998 das reformierte Gesetz in Kraft. Darüber hat der Verfasser bereits an anderer Stelle[2] berichtet. Im Folgenden soll die Reform und deren Auswirkungen insbesondere aus dem Blickwinkel der Rechtsanwaltschaft betrachtet werden. Zentrale Diskussionspunkte sind dabei die Einführung des Anwaltszwangs und die Erhöhung der Zahl der zugelassenen Anwälte.

### *1. Einführung des Anwaltszwangs*

Wie bereits erwähnt, können in Japan Parteien Prozessverfahren ohne einen Anwalt durchführen. Auf der untersten Gerichtsebene (Amtsgericht) werden so 90 % aller Streitverfahren ohne anwaltliche Vertretung auf beiden Seiten, 8 % auf einer abgewickelt; auf Landgerichtsebene sind es 19 % bzw. 39 % (Stand 1997). Es ist selbstverständlich, dass ein Prozess ohne anwaltlichen Beistand nicht so geordnet und reibungslos verläuft. Deshalb wurden schon in den 60er Jahren Vorschläge gemacht, einen allgemeinen Anwaltszwang einzuführen.

Die erste japanische Zivilprozessordnung von 1890 hatte die deutsche

---

2 *Nakamura*, Die Reform der japanischen Zivilprozessordnung (1998), S.21–42 in diesem Band, und auch in: Waseda Bulletin of Comparative Law, Vol.17, 1998.

Civilprozessordnung von 1877 zum Vorbild. Obwohl diese einen Anwaltszwang bereits regelte, hat das japanische Gesetz diesen nicht übernommen. Denn in Japan gab es schon einen Berufszweig des *Daigen-nin*, der für jedermann vor Ämtern auftrat und sprach. Als die *Meiji*-Regierung nach und nach europäischen Rechtsgedanken in Japan einführte, hat sie zuerst nur Richter und Staatsanwälte als Staatsbeamte ausgebildet. Die *Daigen-nin* waren dagegen dafür gedacht, die Funktion als Rechtsanwälte auszuüben. Doch weil die Qualität des *Daigen-nin* schlecht war, hat man von der Einführung des Anwaltszwangs abgesehen.

Die Institution des Rechtanwaltes wurde später vollständig neu organisiert und die Rechtsanwaltschaft besitzt heute gleich Qualität wie Richter und Staatsanwälte. Als in den 60er Jahren die Einführung des Anwaltszwangs wieder neu diskutiert wurde, hat sich starker Widerstand in der Anwaltschaft geregt. Denn mit dem Anwaltszwang wäre eine Festlegung der Honorare eingeführt worden. Die Anwaltschaft wollte aber insbesondere keine gesetzliche festgelegte Gebührenordnung.

### 2. *Erhöhung der Zahl der Rechtsanwälte*

Ganz eindeutig kann man als einen der wichtigsten Gründe der „Zwanzig-Prozent-Justiz" den Mangel an Juristen anführen. Diese Frage ist eng mit dem Thema der Juristenausbildung verflochten. Seit langer Zeit wird eine Vermehrung der Anzahl der Juristen diskutiert.

#### *2-a) Das schwierige Staatsexamen und sein Ergebnis*

Als Japan nach dem zweiten Weltkrieg nach einem neuen Bild von Juristen suchte, hat man sich das englische Vorbild des Monismus der Juristen als Ideal vorgestellt. Für die Ausbildung der Juristen hat man aber anders als England folgendes System begründet: ein Bewerber, der Richter, Staatsanwalt oder Rechtsanwalt werden will, soll eine Staatsprüfung ablegen und sich sodann für zwei Jahre einer Referendarausbildung, die am Rechtsforschungsinstitut durchgeführt wird, unterziehen. Die Eintrittprüfung zu diesem Institut ist sehr schwierig. Die Zahl der erfolgreichen Absolventen für dieses Eintrittexamen wird im Vorhinein festgelegt. Im Jahr 1949 bestanden etwa 260 Personen diese Prüfung.

Seit 1959 waren es 340 Absolventen; über die Jahre zwischen 1964 und 1990 etwa 500. Der Prozentsatz derjenigen, welche die Prüfung bestehen, betrug etwa 2%. Im Durchschnitt sind die Absolventen 28 Jahre alt; jeder hat sich dem Versuch der Staatsprüfung sechs Mal unterzogen (Stand 70er Jahre).

Weil diese Examen so unverhältnismäßig schwierig waren, kam es zu der Situation, dass viele junge und tüchtige Studenten sich dieser Prüfung gar nicht mehr unterzogen. Dieser Punkt wurde schon früh als ein Problem betrachtet. Die Schwierigkeit der Prüfung drückt naturgemäß stark auf die Zahl der japanischen Juristen – jedoch insbesondere Rechtsanwälte; die Gesamtzahl ist in der Welt einmalig gering. Dieser Umstand führt selbstverständlich zu einem nur ungenügenden Rechtsschutz der Bevölkerung. Vor diesem Hintergrund war die Erhöhung der Anzahl der Juristen seit bereits mehr als 20 Jahren Gegenstand der Diskussion.

### *2-b) Probleme der Vermehrung der erfolgreichen Absolventen des Staatsexamens*

Aus der Sicht der Rechtsanwaltkammern bedeut jede Vermehrung der Zahl der erfolgreichen Absolventen des Staatsexamens, also der Zahl der Referendare, eine Verhärtung des Wettbewerbs im Rechtsanwaltstand. Deshalb haben sich die Rechtsanwaltkammern schon immer einer solchen Vergrößerung der Anzahl widersetzt. Aus dem Blickwinkel des Justizministeriums betrachtet war wiederum die Erhöhung der Absolventen aus zwei anderen Gründen nicht einfach durchzuführen: Einmal bezahlt der Staat den Referendaren ein Gehalt, so dass jede Erhöhung der Zahl der Referendare etatmäßig Auswirkungen hat. Zweitens ist die Kapazität für die Ausbildung am Rechtsforschungsinstitut beschränkt.

In Bezug auf den ersteren Punkt hat eine Kommission bereits im Jahre 1960 die Meinung geäußert, dass ein zu großer Anteil der Absolventen des Rechtsforschungsinstituts in der Tat Rechtsanwalt werden wollten. Es wäre daher nicht richtig, dass der Staat denjenigen Referendaren, die später nicht zu staatlichen Beamten (Richter und Staatsanwälten) werden würden, ein Gehalt bezahlen solle. Die Ausbildung von Referendaren solle deshalb in zwei getrennten Ausbildungen durchgeführt werden. Einmal zukünftige Beamte und andererseits für Rechtsanwälte. Der

Staat solle nur denjenigen ein Referendargehalt bezahlen, welche später in den Staatsdienst übertreten würden. Noch im Jahre 1967 hat ein Justizminister geäußert, dass er für eine derart getrennte Ausbildung stimmen würde. Die Rechtsanwaltschaft hat jedoch sofort vehement reagiert, so dass der Justizminister seinen Antrag zurückziehen musste. Die *Nichibenren* argumentierte, dass eine getrennte Ausbildung der Richter und Staatsanwälte einerseits und der Rechtsanwälte andererseits gegen die Idee des Monismus der Juristen verstoßen würde. Die Idee des englischen Monismus enthält ihrem Sinne nach jedoch die Vorstellung, dass Richter jederzeit auch aus der Anwaltschaft gewählt werden. In diesem Sinne gab es jedoch in Japan noch nie eine reine Form des Monismus. In dieser Frage das Institut des Monismus als Argument vorzubringen, ist also wenig angebracht. Der wirkliche und praktische Grund aufgrund dessen die Anwaltschaft sich einer getrennten Ausbildung widersetzt, erklärt sich allein daraus, dass für den Fall, dass der Staat die Referendargehälter für zukünftige Rechtsanwälte nicht mehr übernehmen würde, diese irgendwie von den Rechtsanwaltkammern aufgebracht werden müssten.

Bezüglich des zweiten Problems der begrenzten Kapazität des Rechtsforschungsinstituts könnte man die Dauer der Referendarzeit verkürzen. Die Rechtsanwaltkammern waren aber immer gegen eine Verkürzung der Referendarzeit, da nach ihrer Ansicht die Qualität der Referendare darunter leiden würde. In Wirklichkeit kann man jedoch aus vielerlei Argumentationen der Rechtsanwaltkammern in den letzten Jahren lesen, dass die Anwaltschaft einfach nur der Meinung war, dass man es nicht zu leicht machen sollte, Rechtsanwalt zu werden. Nach jahrelanger Diskussion wurde erst vor kurzem bestimmt, dass die Ausbildungszeit der Referendare nunmehr (ab 1999) auf 1.5 Jahre festgelegt wird.

### *2-c) Der Verlauf der Erhöhung der erfolgreichen Absolventen des Staatsexamens*

Im Zusammenhang mit dem Problempunkt der Vermehrung der Absolventen des Staatsexamens ist historisch folgendes interessant:

Weil die Haltung der Rechtanwaltschaft in dieser Frage immer so eindeutig war, kam das Problem der zahlenmäßigen Verstärkung der Absolventen des Staatsexamens lange nicht auf die Tagesordnung der

„Gemeinsamen Kommission der drei Judikativorgane“ (Justizministerium, Obersten Gerichtshof, Rechtsanwaltkammer; nachfolgend „Gemeinsame Kommission“. Eine eingehende Darstellung im nächsten Kapitel). Als aber in der zweiten Hälfte der 80er Jahre die Zahl der Bewerber für Staatsanwälte sehr gering geworden war und die Überalterung des Rechtsanwaltstandes selbst in der Öffentlichkeit Aufmerksamkeit erregte, änderte sich diese Situation. 1988 hat das Justizministerium erstmals der „Gemeinsamen Kommission“ eine Neuregelung der juristischen Staatsprüfungen als Beratungsgegenstand nahegelegt. In diesem Vorschlag hat das Justizministerium einerseits die Erhöhung der Zahl der erfolgreichen Absolventen des Staatsexamens und andererseits die Beschränkung der Anzahl der zulässigen Examensversuche vorgeschlagen. Seit dieser Zeit ist das allgemeine Interesse an der Frage der Zahl der Juristen in Japan stark gewachsen. Die Zahl derjenigen, welche eine Vermehrung der Zahl der Rechtsanwälte für Japan fordern, wächst weiter.

Unter diesem Umständen und auf Druck der Allgemeinheit hat sich die *Nichibenren* seit 1991, zögernd zwar, einverstanden erklärt, die Zahl der Aufgenommenen auf 600 zu erhöhen. Im gleichen Jahr wurde auch ein „Ausschuss für die Reform der Juristenausbildung“(*Hôsô yôsei seido nado kaikaku kyôgi-kai*) gebildet, der sich aus Vertretern der „Gemeinsamen Kommission“ wie auch aus einigen Persönlichkeiten des öffentlichen Lebens (Professoren, Wirtschaft, Massenmedien) zusammensetzt. Dieser Ausschuss hat, ohne eine Einigung zu erzielen, vier Jahre lang getagt und im Jahre 1995 einen schriftlichen Endbericht veröffentlicht. Die Mehrheit der Ausschussvertreter war der Meinung, dass eine Erhöhung der Zahl der Absolventen des Rechtsforschungsinstituts auf bis zu 1.500 und eine Verkürzung der Referendarzeit auf 1,5 Jahre anzustreben sei. Die Mindermeinung im Ausschuss (naturgemäß vorwiegend Vertreter der Rechtsanwaltschaft) war der Auffassung, dass eine Erhöhung der Absolventen auf bis zu 1.000 angemessen sei, dass aber eine Verkürzung der Referendarzeit nicht erlaubt werden solle.

Inzwischen hat sich die Rechtsanwaltschaft unter dem Druck der Öffentlichkeit seit 1993 dazu bereiterklärt, die Zahl der am Rechtsforschungsinstitut Zuzulassenden bis auf 700 zu erhöhen. Diese Situation bestand bis 1997.

Im Jahre 1995 hatte parallel dazu eine „Kommission für die Reform der Verwaltung“ (*Gyôsei kaikaku i'inkai*), die auf Regierungsebene (Kabinett) angesiedelt ist, diese Frage ebenfalls diskutiert. Dagegen wurde seitens der *Nichibenren* Kritik vorgebracht. Hauptkritikpunkt der Rechtsanwaltkammern gegenüber dieser Kommission bestand darin, dass das Problem der Erhöhung der Zahl der Juristen ein wesentliches Problem der Justiz sei und dass es gegen das Grundprinzip der Unabhängigkeit der drei Gewalten im Staate verstoße, wenn sich die Verwaltung in dieses Problem einmische. Obwohl die Rechtsanwaltschaft versuchte, dadurch die Arbeit der Kommission einzuschränken, hat diese das Problem sehr intensiv diskutiert und sich für eine drastische Vermehrung der Juristen ausgesprochen.

Gerade in dieser Zeit kam erstmals – zumindest für die Öffentlichkeit – ans Licht, dass über 60 % aller in Japan zugelassenen Rechtsanwälte allein in Tokio und Osaka tätig sind, und es in anderen Bezirken (Präfekturen) Japans einige Gerichtsbezirke gibt, in denen kein einziger Rechtsanwalt zugelassen ist. Erst aufgrund dieser Tatsache hat sich auch innerhalb der Anwaltschaft eine Meinung breitgemacht, die für eine Erhöhung der Zahl der Rechtsanwälte stimmt.

Um junge und begabte Studenten wieder zur Prüfung zu bewegen, wurde seit 1996 folgende Regelung eingeführt: 70% der erfolgreichen Absolventen werden ausgewählt aus sämtlichen Bewerbern und 30% der Absolventen aus der Zahl derjenigen zugelassen, die sich der Prüfung weniger als drei Mal unterzogen haben.

Im Jahre 1997 hat die *Nichibenren* sich unter dem Druck der immer stärker werdenden öffentlichen Meinung schließlich auf die folgenden Punkte geeignet und als der Plan der „Gemeinsamen Kommission“ veröffentlicht:

(a) im Jahre 1998 werden für die Prüfung 800 erfolgreichen Absolventen zugelassen,
(b) ab 1999 sollen 1.000 erfolgreiche Absolventen angestrebt werden. Das Problem, ob eine Erhöhung auf 1.500 angemessen ist, soll weiter geprüft werden,
(c) ab 1999 wird die Ausbildungszeit der Referendare am Rechtsforschungsinstitut auf 1,5 Jahre verkürzt.

Der oben dargestellte Verlauf der Diskussion zeigt im Ansatz die erhebliche Kontroverse, welche bezüglich der Frage der Erhöhung der

Zahl der Referendare bestand. Die Rechtsanwaltschaft hat sich diesem Plan bis zuletzt heftig widersetzt. Warum es der Rechtsanwaltschaft gelungen ist, sich dieser Frage so erfolgreich zu widersetzen, liegt insbesondere in der „Gemeinsamen Kommission der drei Judikativorgane" begründet.

## *IV. Die „Gemeinsame Kommission der drei Judikativorgane"*
*(Hôsô sansha kyôgikai)*

Der Rechtsanwaltschaft wurde nach dem zweiten Weltkrieg eine erhebliche Selbstverwaltung gewährt. Der Vorläufer des „Rechtsanwalts", der *Daigen-nin*, stand in eher schlechtem Ruf. Als im Jahre 1893 das erste japanische Anwaltsgesetz geschaffen wurde, war die soziale Stellung des Anwalts sehr niedrig. Der Rechtsanwalt unterstand der Aufsicht des Direktors der Staatsanwaltschaft des Landgerichts, bei dem er zugelassen war. Der Direktor der Staatsanwaltschaft konnte Disziplinarklage erheben; ein beim Oberlandesgericht eingerichtetes Disziplinargericht führte Disziplinarverfahren über Rechtsanwälte durch. Das Rechtsanwaltsgesetz wurde 1933 geändert und das Aufsichtsrecht über Rechtsanwälte ging in die Hand des Justizministers über. Nach dem Zweiten Weltkrieg, als auf amerikanischen Druck das neue Justizsystem auf der Basis des Demokratieprinzips wieder aufgebaut und ein neues Anwaltsgesetz beschlossen wurde, wurde die Stellung des Rechtsanwalts verbessert und seine soziales Ansehen dadurch erheblich gesteigert. Die für ganz Japan eingerichtete „Vereinigung der japanischen Rechtsanwaltskammern", *Nichibenren* ist nunmehr zuständig für die Registrierung und Führung, Disziplinierung des Anwalts u.s.w. Sie ist ein Selbstverwaltungsorgan, welches weder dem Justizministerium noch dem Obersten Gerichtshof untergeordnet ist.

Wie kam es zur Schaffung der „Gemeinsamen Kommission der drei Judikativorgane"?

Im Jahre 1970 hatte das Justizministerium, ohne vorherige Zustimmung der *Nichibenren* zu erfragen, einen Gesetzesantrag eingereicht, um einen Paragraph des Gerichtsverfassungsgesetzes zu ändern. Unter den Abgeordneten, welche gegen diese Änderung gestimmt haben, gab es viele Rechtsanwälte. Nach längeren Beratungen wurde dieser Antrag zwar angenommen, dabei aber durch eine Kommission des Oberhauses, die für die Untersuchung dieses Antrages zuständig war, ein Nebenbeschluss gefasst, der wie folgt lautete: würden in Zukunft Änderungen bezüglich der Institution der Justiz ins Auge gefasst, so sollten sich diejenigen, die einen solchen Gesetzantrag stellen, darum bemühen, diesen Antrag aufgrund einer einheitlichen Meinung der drei Säulen der Justiz (Gericht, Justizministerium und Rechtsanwaltkammer) zu verwirklichen. Im Jahre 1971 hat das Justizministerium jedoch erneut einen weiteren Gesetzesantrag wieder ohne eine solche Vereinbarung dem Parlament vorgelegt. Beide Kommissionen des Unter- und Oberhauses, die für die Untersuchung dieses Antrages zuständig waren, hatten wieder einen fast gleichlautenden Nebenbeschluss gefasst. Vor diesem Hintergrund kam es 1975 zur Einrichtung der „Gemeinsame Kommission der drei Judikatvorgane". Diese Kommission entbehrt jedoch jeder gesetzlichen Grundlage. In Wirklichkeit werden seitdem alle Angelegenheiten, die sich mit Problemen der Justiz oder Justizausbildung befassen, im Rahmen der Sitzung der „Gemeinsamen Kommission" besprochen. In der Praxis kam es zu der Situation, dass dann, wenn eine Angelegenheit in der „Gemeinsamen Kommission" keine einheitliche Willensbildung fand, diese Angelegenheit nicht verwirklicht werden konnte. So kam es, dass die japanischen Rechtsanwaltskammern auf Umwegen neben dem Obersten Gerichtshof und dem Justizministerium zur dritten großen Macht in der japanischen Justiz aufstieg.

Ob die japanischen Rechtsanwaltkammern in Wirklichkeit jedoch die Qualität einer dritten Macht in der Justiz besitzt, ist sehr fraglich. Die *Nichibenren* hat bisher viele Probleme nicht vom Standpunkt der japanischen Justiz, sondern allein aus dem Blickwinkel der Berufsgruppe der Rechtsanwälte beurteilt. Gesetzesanträgen, welche sich für die Rechtsanwaltschaft ungünstig auswirken konnten, hat sie sich immer widersetzt. So wurde die *Nichibenren* zu einer Bremse in der Modernisierung der japanischen Justiz.

Dass ein geschlossener Berufsverband zur „dritten großen Macht" in der Justiz aufsteigen kann, ist sicher nicht richtig. Es führte dazu, dass es heute fast unmöglich ist, das japanische Anwaltsgesetz zu ändern, um diese Situation zu verbessern. Es bestehen meiner Ansicht nach zwei

Möglichkeiten, an dieser Situation etwas zu ändern.

Eine der Möglichkeiten ist eine drastische Vermehrung der Zahl der Anwälte. Die *Nichibenren* stellt bisher eine Vereinigung eines begrenzten Kreises von Berufsträgern dar. Durch eine drastische Vermehrung der Zahl der Anwälte kann die Geschlossenheit etwas abgemildert werden.

Eine weitere Möglichkeit besteht m.E. in der Änderung der Abstimmungsmethode innerhalb der Anwaltskammern. Unter den Rechtsanwälten sind naturgemäß auch viele hervorragende und achtungswürdige Persönlichkeiten. Trotzdem spiegelt sich die Meinung vieler dieser in der Willensentschließung der Anwaltkammern nicht wider. Das liegt darin, dass die Methode der Mehrheitsfindung und Willensentschließung der Rechtsanwaltkammern problematisch ist. Nach den Abschtimmungsvorschriften der Kammern wird auf einer Hauptversammlung durch alle Teilnehmer abgestimmt. Eine große Zahl der Mitglieder der Anwaltskammer hat jedoch keinerlei Interesse an der Tätigkeit der Kammer und erscheint nicht zu Hauptversammlungen. Die Willensentschließung auf Generalversammlungen wird also durch Mitglieder, welche sich laut und vehement für ihre Rechte als Rechtsanwalt einsetzen, bestimmt. Durch eine Änderung der Abstimmungsmethode könnte man zu einem repräsentativeren Ergebnis kommen. Wenn die *Nichibenren* tatsächlich ihre Stellung als dritte große Macht innerhalb der japanischen Justiz aufrechterhalten will, so ist dazu eine Umgestaltung der Anwaltskammer unbedingt erforderlich.

## *V. Probleme der Zulassung ausländischer Rechtsanwälte*

Ein weiteres Thema, bei welchem sich die Vereinigung der japanischen Rechtsanwaltskammern allein für die Interessen der japanischen Anwaltschaft eingesetzt hat, soll hier angesprochen werden. Das Problem der Zulassung ausländischer Rechtsanwälte.

In Japan besteht, wie in vielen anderen Staaten, ein Monopol für die juristische Beratung seitens der Rechtsanwälte. Personen, die nicht Rechtsanwalt sind, ist es verboten, juristische Beratung zu erteilen. Es ist auch nicht erlaubt, dass ein Rechtsanwalt mit einem Nicht-Rechtsan-

Nicht-Rechtsanwalt gemeinsam Geschäfte durchführt. Ausländische Rechtsanwälte konnten sich in Japan gar nicht niederlassen und auch keine gemeinschaftliche Büroführung mit einem japanischen Rechtsanwalt durchführen. In der 80er Jahren, als Japans Wirtschaftsmacht in der Welt sehr stark werden sollte, wollte eine große amerikanische Anwaltskanzlei aus New York in Japan ein Büro eröffnen. Weil dies jedoch nach der Gesetzeslage nicht möglich war, hat diese internationale Anwaltskanzlei zusammen mit der amerikanischen Regierung eine Lobbytätigkeit entwickelt, um die Sache politisch zu ermöglichen. Das Thema „Zulassung ausländischer Rechtsanwälte in Japan" wurde seither als ein Problem der Handelsfriktionen zwischen Japan und Amerika - unter dem Gesichtspunkt der Freiheit des Dienstleistungsverkehrs – zum Gegenstand der Verhandlungen zwischen den beiden Regierungen. Da es sich hierbei aber um ein Problem der Selbstverwaltung der japanischen Rechtsanwaltkammern handelte, besaß weder das Wirtschafts- noch Justizministerium Zuständigkeit. Das Justizministerium hatte es denn auch der Anwaltskammer überlassen, diese Angelegenheit zu prüfen. Diese trat in einen langwierigen Beratungsprozess, doch die politische Einflussnahme auf *Nichibenren* war enorm.

Fast alle japanischen Rechtsanwälte bearbeiteten bis dahin rein japanische Rechtsangelegenheiten. Nur sehr wenige, vermutlich etwa 500 bis höchstens 600 japanische Anwälte, beschäftigten sich mit ausländischen bzw. grenzüberschreitenden Angelegenheiten und erzielten dafür ein sehr hohes Honorar. Trotzdem wollte die japanische Anwaltschaft keine Wettbewerber auf dem Markt dulden. Der Einfluss in den Zeiten der Internationalisierung war jedoch so stark, dass sich die Anwaltschaft nicht vollständig sperren konnte. Nach dreijähriger Beratung hat *Nichibenren* beschlossen, dass unter folgenden zwei Voraussetzungen eine Zulassung zur Tätigkeit ausländischer Rechtsanwälte in Japan anzuerkennen sei;

(a) soweit Reziprozität zwischen den beiden Staaten besteht, d.h. ausländische Anwälte auch in dem Staat der Nationalität des Antragsteller zugelassen werden können

(b) zwingende Eingliederung unter die Selbstverwaltung der *Nichibenren* (Zwangsmitgliederschaft)

Im Jahre 1986 wurde ein „Gesetz zur Ergreifung besonderer Maßnahmen bezüglich der Behandlung juristischer Angelegenheiten durch ausländische Rechtsanwälte" (*Gaikoku-bengoshi ni yoru hôritsu-jimu no toriatsukai ni kansuru tokubetsu-sochi-hô*) verabschiedet und veröffentlicht. Es trat im Jahre 1987 in Kraft.

Nach diesem Gesetz können sich ausländische Rechtsanwälte, wenn Gegenseitigkeit besteht, in Japan zulassen und juristische Tätigkeit durchführen. Dazu muss der Rechtsanwalt eine mindestens fünfjährige Berufspraxis in seinem eigenen Heimatland nachweisen. Zudem muss er seine Befähigung als „Rechtsanwalt für ausländische Rechtsangelegenheiten" (*Gaikoku-hô jimu bengoshi*) durch den Justizminister nachweisen. Sein Name wird bei der *Nichibenren* registriert. Das Tätigkeitsgebiet ist auf das Recht des eigenen Heimatlandes beschränkt. *Gaikoku-hô jimu bengoshi* können ausländische Mandanten vor einem japanischen Gericht, vor der Staatsanwaltschaft oder einer Behörde vertreten, müssen dort aber zusammen mit einem japanischen Rechtsanwalt auftreten. Dieses Gesetz wurde 1994 und 1998 zum Teil geändert und die anfänglich erheblichen Beschränkungen sind etwas erleichtert worden. Nunmehr darf auch ein japanischer Rechtsanwalt zusammen mit einem ausländischen Rechtsanwalt eine Kanzlei führen und es muss nicht mehr zwingend nur der Name des zugelassenen ausländischen Rechtsanwaltes (Familienname) angegeben, sondern es darf auch der Kanzleiname benutzt werden.

Im Lichte der Globalisierung erlangt das ausländische Recht im Bereich der Wirtschaft eine erhebliche Bedeutung. Je nach Land und fachlichem Gebiet sind die Rechtsfragen sehr unterschiedlich. Es ist einfach unmöglich gewesen, dass sich die doch zahlenmäßig nur wenigen Rechtsanwälte in Japan dem fremden Recht ausreichend widmeten. Schon über viele Jahre überließen viele japanische Unternehmen ihre juristischen Angelegenheiten mit Auslandsbezug einer ausländischen Anwaltskanzlei. Die Zulassung ausländischer Anwaltskanzleien in Japan war und ist für japanische Unternehmen also eine willkommene Sache. Die japanische Rechtsanwaltkammer hat versucht, immer nur Interesse des japanischen Anwaltstandes, die Tätigkeit ausländischer Rechtsanwälte in Japan unmöglich zu machen oder zumindest kräftig zu beschränken. Historisch ist dies etwa gleichzusetzen mit der über dreihundert Jahre andauernden Abschließung Japans von der Außenwelt vor der *Meiji-Zeit*.

## VI. Änderung der Rolle der Rechtsanwälte in Japan

Paragraph 1 des japanischen Rechtsanwaltsgesetzes (*Bengoshi-hô*) sieht als die Aufgabe der Rechtsanwaltschaft vor, dass „die Rechtsanwaltschaft dazu berufen ist, die fundamentalen Menschenrechte zu schützen und die Gerechtigkeit in der Gesellschaft zu realisieren". Japan war bis vor dem zweiten Weltkrieg ein Feudalstaat, der von einem Kaiser regiert wurde. Die Menschenrechte der Bürger wurden nur unzureichend geschützt und die Frage der Gerechtigkeit im Verhältnis zwischen Staat und Bürger wurde nicht gestellt. Im Bereich der Justiz war die Stellung des Richters und Staatsanwaltes als staatliche Beamte viel höher angesiedelt als die des Rechtsanwaltes. Die Rechtsanwaltkammern standen unter der Aufsicht des Justizministers und die Tätigkeit der Kammern war sehr beschränkt. Unter diesen Umständen wurde, insbesondere, als das Anwaltsgesetz nach dem Krieg durch eine Gruppe von Rechtsanwälten entworfen wurde, der Schutz der fundamentalen Menschenrechte und die Realisierung der Gerechtigkeit naturgemäß als wichtigste Aufgabe der Rechtsanwaltschaft angesehen.

Aus den genannten historischen Gründen ist die Einseitigkeit der Tätigkeit der Anwaltskammer heute noch auffallend. Sie konzentriert sich auf Fragen im Bereich der Menschenrechte (z.B. Schutz vor falschen Anschuldigungen, u.s.w.). Derartige Strafsachen sind zwar wichtig, doch in der Praxis kommen sie verhältnismäßig selten vor. Anwälte arbeiten heutzutage hauptsächlich in zivilrechtlichen Angelegenheiten. Hier zeigt sich der Gegensatz zwischen den Vorschriften des japanischen Anwaltsgesetzes und der Rechtspraxis. Die Vereinigung der japanischen Rechtsanwaltkammern lebt aber immer noch in Gesetzesvorschriften, die nicht mehr zeitgemäß sind.

Seit dem Kriegsende sind bereits über 50 Jahre vergangen. Die wirtschaftliche Situation und das gesellschaftliche Leben haben sich sehr geändert. Die Gesellschaft Japans, welche sich bis dahin unter der Kontrolle der Staatsverwaltung weiterentwickelte, wurde unter dem Gesichtspunkt der Internationalisierung von eben dieser strengen Kontrolle befreit. Auch die japanische Gesellschaft fordert heute die freie Handlung des Einzelnen. Für die kommenden Zeiten nicht oder weniger kontrollierten Gesellschaftslebens spielt die Justiz eine große Rolle. Die Aufgabe der Rechtsanwaltschaft ist nicht allein in der Vertreter in einem Rechtstreit zu sehen, sondern sie muss vielmehr als Träger der Vorbeugungsjustiz und auch ADR (Alternative Dispute Resolution) hervortreten. Auch in diesem Sinne ist eine größere Zahl von Anwälten unbedingt notwendig. Anwälte sollten sich dieser Situation selbst bewusst sein und sollten sich auf diese neue Lage einstellen.

Die angesprochene „Zwanzig-Prozent-Justiz" in Japan bedeutet doch, dass auf der anderen Seite 80% der japanischen Bevölkerung heute einen effektiven Schutz durch einen japanischen Anwalt gar nicht erwarten. Ob die japanische Anwaltschaft das Vertrauen der Bevölkerung wiedererlangen kann, ist eine schwierig zu beantwortende Frage. Das erfordert viel Zeit und zumindest eine interne Umgestaltung der Rechtsanwaltschaft.

P.S.

Um die kritische Lage des japanischen Justizsystems zu reformieren, hat die japanische Regierung dem Parlament bereits vorgeschlagen, eine Kommission für die Reform des Justizsystems (*Shihôseido-kaikaku-shingikai*) einzusetzen. Dieser Vorschlag wurde kürzlich Gesetz. Die obige Kommission wird im Juli 1999 gegründet und ein Ergebnis der Beratung wird in zwei Jahren veröffentlicht werden.

## (4)

# *Justizreform in Japan*

### *— Insbesondere über die Träger des Justizsystems —*

## *Inhaltsverzeichnis*



*Zuerst erschienen* in: Einheit und Vielfalt des Rechts, Festschrift für Reinhold Geimer zum 65. Geburtstag, Rolf A. Schütze (Hrsg.), München 2002

## I. Einleitung

In Japan wurde vor etwa 110 Jahren ein dem europäischen, insbesondere dem deutschen, System nachgebildetes Justizsystem eingeführt. Nach dem Zweiten Weltkrieg wurde zwar die Verfassung und auch das Gerichtsverfassungsgesetz unter amerikanischem Einfluss geändert, aber im Wesen blieb das japanische Justizsystem unverändert.

Als Japan vor etwas über einem Jahrhundert ein europäisches Rechtssystem einführte, war Japanern das europäische Rechtssystem fremd. Es galt damals als selbstverständlich für Japaner, nicht oder nur ungern zu Gericht zu gehen, wenn eine Streitigkeit entstanden war[1]. Das europäische Rechtssystem ist danach aber nur sehr allmählich in das japanische Alltagsleben eingedrungen. Das Vermögensrecht des japanischen BGB, das sich das deutsche BGB als Muster nahm, wurde nun fast zu einer Sozialnorm des täglichen Lebens japanischer Bürger. Trotzdem denken heute noch nur sehr wenige Japaner an einen Gang vor die Gerichte. Dabei ist das japanische Justizsystem selbst der hauptsächliche Hinderungsgrund. Vor dieser Situation spricht man in Japan oft von einer „Zwanzig-Prozent-Justiz“ (dazu eingehend die nachfolgende Darstellung).

Es wurden bereits verschiedene Versuche unternommen, diese Situation zu beseitigen. Um das gerichtliche Verfahren einfacher nutzbar zu machen, wurde die Zivilprozessordnung, *Minji soshô-hô*, seit 1990 zum Gegenstand einer grundlegenden Reform. Am 1. Januar 1998 trat das reformierte Gesetz in Kraft[2]. Nach der Gesetzänderung hat die japanische Regierung 1999 eine Kommission für die Reform des Justizsystems (*Shihô seido kaikaku shingi-kai*, nachfolgend „Reformkommissi-

---

1 Bürger gingen nicht zum Gericht, sondern zu einer einflussreichen Persönlichkeit, wie z.B. einem Haus- oder Grundstückseigentümer oder Bürgermeister, usw. um dort durch Vermittelung dieser Leute einen Disput beizulegen. Das kann man als eine Anfangsform des japanspezifischen Versöhnungsverfahrens, *chotei*, ansehen.

2 Vergleiche, *Nakamura*, Die Reform der japanischen Zivilprozessordnung, (1998), S.21 ff in diesem Band.

on" genannt) per Gesetz eingerichtet, um einen Grundplan für die Reform des gesamten japanischen Justizsystems zu erstellen. Die Reformkommission sollte der Regierung konkrete Vorschläge unterbreiten. Sie wurde nicht, wie bisher, allein mit Juristen besetzt. Sie setzt sich zusammen aus 13 Mitgliedern, die verschiedene Berufsbereiche vertreten[3]. Sie hat bereit zwei Jahre intensiv beraten und erst im Juni 2001 einen Bericht erstattet. Dieser Bericht brachte wichtige und neue Vorschläge und Ansätze zu Tage, um das zukünftige Justizsystem Japans zu verbessern. Die Vorschläge beziehen sich auf der einen Seite auf die Reform der Verfahren und auf der anderen Seite auf eine Veränderung der Trägers des Justizsystems.

Der Verfasser wird versuchen, in diesem kleinen Beitrag das Problem der unzureichend funktionierenden japanischen Justiz in Zivilsachen hauptsächlich unter dem Blickwinkel der Hauptträger des Systems zu betrachten. Einleitend soll die aktuelle Situation mit dem Schlagwort der „Zwanzig-Prozent-Justiz" vorgestellt werden; sodann ist der Grund darzustellen, wie es zu einer solchen Situation kommen konnte. Weil der Bericht der Reformkommission einige wichtige und richtungweisende Vorschläge für die Zukunft enthält, sollen diese hier ebenfalls vorgestellt werden.

## *II. Die so genannte „Zwanzig-Prozent-Justiz"*

Unter dem Schlagwort „Zwanzig-Prozent-Justiz"[4] versteht man den

3 Eine solche Kommission war aus Vertretern des Obersten Gerichtshofs, des Justizministeriums und der Kammervereinigung zusammengesetzt. Die gegenwärtige Kommission ist nun aus 5 Universitätsprofessoren (3 Juristen und 2 Wirtschaftswissenschaftler), 3 Rechtsanwälten (1 ehemaliger Präsident der Vereinigung der japanischen Rechtsanwaltskammer, 1 ehemalige Direktor des Oberlandesgerichts und 1 ehemalige Direktor der Staatsanwaltschaft beim Oberlandesgericht), 3 Vertretern aus der Wirtschaft (1 Fabrikdirektor, 1 Präsident einer Aktiengesellschaft und 1 Vertreter einer Gewerkschaft) und 2 Frauen (1 Schriftstellerin und 1 Vertreterin von eines Frauenverbands) gebildet.

4 Dieses Schlagwort ist vom ehemaligen Präsidenten der Vereinigung der Japanischen Rechtsanwaltskammern *Nakabo* in seiner Neujahrsansprache 1992 geprägt worden (*Jiyu to seigi*, Zeitschrift der Vereinigung, Bd.43 ‹1992›, Heft 1, S.4).

Umstand, dass derzeit nur etwa ein Fünftel der japanischen Bevölkerung die Möglichkeit einer gerichtlichen Entscheidung als angemessenes Mittel der Streitlösung betrachtet. Es werden also nur ca. 20 Prozent aller Streitigkeiten in einem Prozessverfahren vor einem Gericht anhängig gemacht[5]. Die Gründe dafür sind vor allem darin zu sehen, dass gerichtliche Entscheidungen überlange Zeit in Anspruch nehmen und die Durchführung von Gerichtsverfahren für Bürger mit hohen Kosten verbunden sind.

### *1. Prozessverschleppung*

Der Zeitraum von der Klageerhebung bis zum Urteil ist in Japan viel zu lang. Während in Deutschland bestimmte Sachen in erster Instanz in einem Jahr entschieden sein können, braucht eine gleichartige Sache in Japan nach vorsichtiger Schätzung mindestens doppelt so lange[6].

Die Gründe dafür liegen in einer zu langsamen Bearbeitung der Fälle durch die Anwälte. Diese gibt es nur in geringer Zahl und deren arbeitsmäßige Belastung ist sehr hoch. Deshalb haben sie Zeitprobleme und können sich, so sagt man, nur ungenügend auf die einzelnen Fälle vorbereiten. Es gibt oft Schwierigkeiten, sich auf einen geeigneten Termin für eine mündliche Verhandlung zu einigen, weil die Anwälte wegen ihrer übermäßigen Belastung keine freie Zeit haben.

### *2. Hohe Prozesskosten*

Hier sollen in diesem Zusammenhang nur die Anwaltskosten, nicht die Gerichtskosten angesprochen werden. Da es in Japan keinen Anwaltszwang gilt, werden die Anwaltskosten nicht als Prozesskosten angesehen. Das Honorar eines Rechtsanwalts wird auf Grund einer Vereinbarung zwischen dem Mandanten und dem Rechtsanwalt bestimmt. Die Anwaltskammern geben zwar eine Art Gebührenordnung heraus,

5 Die übrigen 80 Prozent werden anderweitig erledigt: zum Teil durch Verzicht auf eine Streitbeilegung, durch Schlichtung Dritter, Ausgleich durch Verwaltungsbehörde oder auch manchmal Beseitigung durch Androhung oder Anwendung von Gewalt.

6 Nach der Änderung der japanischen ZPO hat sich diese Lage etwas verbessert.

welche die „maßgebenden Gebühren“ ausweist. Diese hat aber keine bindende Kraft. In der Praxis liegen die Honorare sehr hoch und der Mandant bleibt bis zur Honorarvereinbarung über die Höhe des Honorars im Ungewissen. Vor diesem Hintergrund ist leicht verständlich, dass häufig trotz des Vorhandenseins eines Streits der Gang zum Anwalt – und mangels Selbstbewusstsein, ohne einen Anwalt auszukommen, zu Gericht – unterbleibt.

### *3. Sonstiges*

Es wird auch die Meinung vertreten, dass das Rechtsbewusstsein der japanischen Bevölkerung, also das mangelnde Interesse am Recht, ein weiterer wichtiger Grund des Phänomens der „Zwanzig-Prozent-Justiz“ ist[7]. Für die Zeit seit der Einführung des europäischen Rechts in Japan bis zum Ende des Zweiten Weltkriegs kann man das wohl behaupten. Es herrschte eine gewisse Interesselosigkeit am Recht in der Bevölkerung vor. Japaner dachten historisch bedingt, dass das Recht für den Staat geschaffen sei – nicht für die Bürger. Man kann aber sagen, dass sich das Rechtsbewusstsein der Japaner nach dem Zweiten Weltkrieg radikal geändert hat. Die Verfassung wurde 1948 grundlegend geändert; danach ist das Volk Inhaber der Staatsgewalt. Man kann zwar der Auffassung sein, dass das neue Rechtsbewusstsein der Japaner die Interesselosigkeit nicht vertrieben hat und weiterhin auch ein Grund der „Zwanzig-Prozent-Justiz“ gelten könne. Aber dieses Rechtsbewusstsein ist eben nicht gleich mit dem der Vorkriegszeit. Das mangelnde Interesse am Recht – wenn man es so überhaupt sagen kann – besteht nicht mehr aus dem Gefühl heraus, dass das Recht für staatliche Stellen gemacht sei und nicht für das Volk. Die Abneigung kommt daher, dass gerichtliche Verfahren in Zivilsachen sich zeitlich unendlich lang hinziehen und die Kosten der Prozessführung sehr hoch sind.

## *III. Die Rechtsanwaltschaft*

---

7 Diese Meinung vertritt die Vereinigung der japanischen Rechtsanwaltskammern.

Es ist relativ deutlich zu sehen, dass die Ursache des Phänomens einer „Zwanzig-Prozent-Justiz“ fast hauptsächlich auf der Seite der Anwaltschaft zu suchen ist. Dabei ist der Anwaltsmangel wohl als wichtigster Grund dieses negativen Zustandes anzusehen.

Die Zahl der Rechtsanwälte in Japan ist äußerst niedrig. Deutschland hat mit ca. 82 Millionen Einwohnern etwa 85.000 Rechtsanwälte vorzuweisen. Dies bedeutet, dass es etwa 103 Anwälte pro 100.000 Einwohner gibt. In Japan sind derzeit etwa 16.400 Rechtsanwälte zugelassen. Bei einer Einwohnerzahl von ca. 126 Millionen bedeutet dies, dass es in Japan pro Kopf für 100.000 Einwohner nur 13 Rechtsanwälte gibt (im Stand 1997)[8]. Die Frage, wie viele Rechtsanwälte pro 100.000 Einwohner eine objektiv „richtige“ Anzahl für einen Staat darstellen, ist naturgemäß sehr schwer zu beantworten. Andererseits erscheint eine so geringe Anzahl wie in Japan aber eher ungenügend.

Wie kommt es zu dieser Situation? Zuerst soll hier ein kurzer Überblick über die Institution des japanischen Rechtsanwalts gegeben werden[9].

## *1. Überblick über die Institution des japanischen Rechtsanwalts*

Der Weg, Rechtsanwalt zu werden, ist dem deutschen sehr ähnlich. In Japan muss sich jeder, der Richter, Staatsanwalt oder Rechtsanwalt werden will, einer juristischen Staatsprüfung (vergleichbar dem Ersten Juristischen Staatsexamen in Deutschland) unterziehen. Besteht ein Bewerber diese Eingangsprüfung und hat danach zwei Jahre (seit 1999 nur eineinhalb Jahre) an einem Ausbildungslehrgang am „Rechtsforschungsinstitut“, *Shihô kenshu-sho* des Obersten Gerichtshofs als Referendar teilgenommen und sodann die dortige Abschlussprüfung bestanden, so erlangt er einen Status vergleichbar der deutschen „Befähigung zum Richteramt“.

Die Rechtsanwaltschaft ist straff – und sehr regional gegliedert – organisiert. In jedem Landgerichtsbezirk besteht eine Rechtsanwaltskam-

---

8 In den USA ca. 340, in England etwa 155 und in Frankreich etwa 50 Anwälte pro 100.000 Einwohner (im Stand 1997).

9 Eine weitere Darstellung über die japanische Rechtsanwaltschaft, vgl. *Nakamura*, Die Rechtsanwaltschaft in Japan (2000), S.43 ff. in diesem Band.

mer, *bengoshi-kai*. Alle Kammern landesweit sind in einer Kammervereinigung, der „Vereinigung der japanischen Rechtsanwaltskammern", *Nihon bengoshi rengô-kai*, abgekurzt *Nichibenren*, als Dachorganisation zusammengeschlossen. Diese ist eine Selbstverwaltungskörperschaft, die als solche weder der Aufsicht des Justizministeriums noch des Obersten Gerichtshofs untersteht.

***Unterschiede zur deutschen Rechtsanwaltschaft***

Trotzdem sind einige Unterschiede zur Situation in Deutschland bzw. zur deutschen Rechtsanwaltschaft zu beachten.

*a) Keine Zugehörigkeit zu einem Gerichtsbezirk*

Japan ist ein zentralistischer Einheitsstaat und kein Bundesstaat. Deshalb kann es keine Zugehörigkeit zu einem Teilstaat bzw. Bundesland geben. Japanische Rechtsanwälte können an jedem Ort Japans und ohne eine Beschränkung in bezug auf einen Instanzenzug – mithin auch am Obersten Gerichtshof – tätig werden[10].

*b) Kein Anwaltszwang*

In Japan ist das System des Anwaltszwangs unbekannt[11]. Selbst bei einem Verfahren vor dem Obersten Gerichtshof ist es einer Partei möglich, ihren Prozess ohne Mithilfe eines Rechtsanwalts zu führen. Beauftragt eine Partei einen Rechtsanwalt, so wird das Honorar einzeln ver-

---

10 Aus diesem Grund sind über 60 Prozent aller in Japan zugelassenen Rechtsanwälte allein in den Metropolen Tokio und Osaka tätig; umgekehrt gibt es in anderen Präfekturen Japans einige Gerichtsbezirke, in denen kein einziger Rechtsanwalt niedergelassen ist.

11 Die erste japanische Zivilprozessordnung hatte die deutsche Civilprozessordnung von 1877 zum Vorbild. Obwohl jene den Anwaltszwang vorsah, hat das japanische Gesetz diesen nicht übernommen. Denn in Japan gab es schon den Berufszweig des *daigen-nin*, der die Funktion der Rechtsanwälte hatte. Da die berufliche Qualität der *Daigen-nin* aber als eher unzureichend angesehen wurde, hat man von der Einführung eines Vertretungszwangs vor Gericht abgesehen. Die Institution des Rechtsanwalts wurde später vollständig neu organisiert; Rechtsanwälte haben heute die gleiche Qualität wie Richter oder Staatsanwalte. Als in den 60er Jahren die Einführung des Anwaltszwangs wieder neu diskutiert wurde, hat sich starker Widerstand in der Anwaltschaft geregt, weil mit dem Anwaltszwang auch eine Festlegung der Honorare eingeführt worden wäre. Das wollte die Anwaltschaft aber nicht.

einbart; es besteht keine gesetzliche Gebührenregelung für Rechtsanwalte.

### 2. *Grunde für den Anwaltsmangel*

Warum ist die Zahl der zugelassenen Anwälte so gering? Diese Frage ist in Japan eng mit dem Thema der Juristenausbildung verbunden. Wie bereits einleitend darstellt, muss sich jeder Bewerber, um Richter, Staatsanwalt oder Rechtsanwalt zu werden, einer Staatsprüfung unterziehen und sodann die zwei Jahre Referendarsausbildung absolvieren. Das Hauptproblem liegt in der Eintrittsprüfung des Instituts selbst. Die Zahl der erfolgreichen Absolventen dieses Eintrittsexamens wird im Vorhinein festgelegt. Im Jahre 1949 bestanden etwa 260 Personen diese Prüfung, seit 1959 waren es etwa 340 Absolventen. In den Jahren zwischen 1964 und 1990 waren es durchschnittlich etwa 500. Der Prozentsatz derjenigen, welche die Prüfung bestehen, beträgt etwa 2 Prozent. Dabei sind die Absolventen im Durchschnitt 28 Jahre alt. Ein gravierender Unterschied zu Deutschland besteht darin, dass Kandidaten eine unbestimmte Anzahl von versuchen freisteht; Absolventen in Japan haben sich dem Versuch der Eintrittsprüfung vorher schon sechs Mal unterzogen (Stand Durchschnitt 80er Jahre).

Da das Examen so unverhältnismäßig schwierig ist, wollten sich viele junge und tüchtige Studenten dieser Prüfung gar nicht mehr unterziehen. Dieser Umstand wurde auch schon relativ früh als Problem gesehen. Die Schwierigkeit der Prüfung drückt naturgemäß stark auf die Zahl der japanischen Juristen, insbesondere der Rechtsanwälte, deren Gesamtzahl in der Welt einmalig gering ist[12]. Dieser Umstand führt logischerweise zu einem nur ungenügenden Rechtsschutz der Bevölkerung. Vor diesem Hintergrund war die Erhöhung der Anzahl der Juristen seit bereits mehr als 20 Jahren Gegenstand der Diskussion.

### 3. *Grunde, eine Zunahme der Absolventenzahl zu verhindern*

Nach Ansicht der japanischen Kammervereinigung *Nichibenren* bedeutet jede Erhöhung der Zahl erfolgreicher Absolventen des Ein-

12 Siehe Fn.8. und dessen Hauptsatz.

trittsexamens – und damit die erhöhte Zahl der Referendare – eine Verhärtung des Wettbewerbs im Rechtsanwaltsstand. Deshalb haben sich die Kammern schon seit langem einer Erhöhung dieser Zahl widersetzt. Dabei wirkte sich als nachteilig aus, dass ein Versuch der Erhöhung der Zahl erfolgreicher Absolventen nie ohne die Einwilligung der Kammervereinigung verwirklicht werden konnte: die politische Macht der Rechtsanwaltskammern in Nachkriegsjapan war immer zu groß.

Im Jahr 1970 hatte das Justizministerium, ohne die vorherige Zustimmung seitens der *Nichibenren,* Kammervereinigung zu erfragen, einen Antrag auf eine Gesetzesänderung eingereicht, um eine bestimmte Vorschrift des Gerichtsverfassungsgesetzes zu ändern. Abgeordnete, welche gegen diese Änderung gestimmt haben, waren fast nur Vertreter der Rechtsanwaltschaft. Nach überaus langen Beratungen wurde der Antrag zwar letztlich angenommen. Dabei wurde aber machtpolitisch auf einer Regel bestanden, dass danach jegliche Änderungen bezüglich der Institutionen der Justiz nur aufgrund einer einheitlichen Meinung der drei Säulen der Justiz – nämlich Oberster Gerichtshof, Justizministerium und Kammervereinigung, *Nichibenren* – verwirklicht werden können.

In der Praxis führte das später immer dazu, dass Angelegenheiten mit Bezug auf die Rechtsanwaltschaft Japans in der „Gemeinsamen Kommission der drei Judikativorgane", *Hôsô sansha kyôgi-kai*, ohne Zustimmung der Kammervereinigung nie verwirklicht werden konnten.

### *4. Ein langer Weg zur Erhöhung der Zahl der Rechtsanwalte*

Unter den geschilderten Umständen war das Streben zur Erhöhung der Zahl der Rechtsanwälte in einer misslichen Situation. Im Jahre 1991 hatte sich Kammervereinigung auf Druck der Öffentlichkeit zögernd damit einverstanden erklärt, die Zahl der zum Referendariat aufgenommenen Kandidaten auf 600 zu erhöhen. Im gleichen Jahr hat das Justizministerium einen „Ausschuss für die Reform der Juristenausbildung", *Hôsô yôsei seido nado kaikaku kyôgi-kai*, gebildet, der sich aus Vertretern der „Gemeinsamen Kommission der drei Judikativorgane" sowie aus Vertretern aus Wissenschaft, Wirtschaft und Massenmedien zusammensetzt. Dieser Ausschuss tagte vier Jahre, ohne zu einer Einigung zu kommen. 1995 veröffentlichte dieser Ausschuss einen Endbericht.

Die Mehrheit der Ausschussvertreter war der Meinung, dass eine Erhöhung der Zahl der Absolventen des Rechtsforschungsinstituts auf bis zu 1.500 pro Jahr sowie eine Verkürzung des Referendariats auf eineinhalb Jahre anzustreben sei. Eine Mindermeinung im Ausschuss, naturgemäß die Vertreter der Anwaltschaft, waren der Auffassung, dass eine Erhöhung der Absolventen auf bis zu 1.000 angemessen sei.

Inzwischen hatte *Nichibenren*, Kammervereinigung, sich auf Druck der Öffentlichkeit im Jahre 1993 bereits einverstanden erklärt, die Zahl der Aufgenommenen auf bis zu 700 jährlich zu erhöhen. Sodann hatte die japanische Regierung im Jahre 1995 eine „Kommission zur Reform der Verwaltung" (*Gyôsei kaikaku i'in-kai*) auf Kabinettsebene eingerichtet; dort wurde diese Frage ebenfalls diskutiert. Aus den Reihen der Kammervereinigung wurde diese Behandlung lautstark kritisiert. Diese argumentierte, dass das Problem der Erhöhung der Zahl der Juristen allein ein Problem der Justiz sei und dass es gegen das Grundprinzip der Unabhängigkeit der drei Gewalten im Staat verstoße, wenn sich die Verwaltung in derartigem Problem einmische.

Der Widerstand aus der Rechtsanwaltschaft gegen eine Erhöhung der Anzahl der Anwälte wurde extrem hartnäckig geführt. Mit der Zeit wurden dann aber auch innerhalb der Rechtsanwaltschaft Stimmen laut, die sich positiv für eine Erhöhung der Zahl der Rechtsanwälte aussprachen. Im Jahre 1997 hat sich Kammervereinigung schließlich dem immer stärker werdenden öffentlichem Druck gebeugt und sich darauf geeinigt, im Jahre 1998 erst einmal 800 erfolgreiche Absolventen – und ab dem Jahre 1999 sodann 1.000 – zuzulassen.

## *IV. Die Richterschaft*

Angehende Richter in Japan absolvieren ebenso das zweijährige Referendariat. Weist sich ein Referendar durch sehr gute Leistungen aus, wird er als Richter[13] aufgenommen. So wurden z.B. im Jahre 1999 von

13 Die ersten 10 Berufsjahre als *Hanji-ho*. Die Bezeichnung *Hanji-ho* kann man auch als etwa Richter-Anwärter übertragen, *Hanji* sind dann die eigentlichen Richter.

729 Absolventen 97 Referendare zum Richter ernannt.

### *1. Arbeitsbelastung der Richter*

In Japan gibt es (Stand 1998) 15 Richter beim Obersten Gerichtshof und bei den Oberlandesgerichten und Landgerichten etwa 2.100 ordentliche Richter, die bei Rechtsforschungsinstitut ausgebildet sind. Sodann sind ca. 800 Richter in der Eingangsinstanz, die in etwa den deutschen Amtsgericht entspricht (*Kan'i saibansho*), beschäftigt; diese sind nicht Absolventen des Rechtsforschungsinstituts.

Die Vereinigung der japanischen Rechtsanwaltskammern sieht die übermäßige Arbeitsbelastung der Richter als das Hauptproblem. Sie ist der Überzeugung, dass diese Arbeitsüberlastung ein wichtiger Grund für die Prozessverschleppung sei. Nach Meinung des Verfassers ist diese Beurteilung nicht treffend. Der Grund der Prozessverschleppung, das muss gesagt werden, liegt vielmehr hauptsächlich auf der Seite der Rechtsanwaltschaft. Die Auffassung der Rechtsanwaltskammer versucht, die Gründe der langsamen Prozessbearbeitung den Richtern aufzubürden. Wenn in der Zukunft in Japan noch mehr Prozesse vor die Gerichte kommen würden, würde die Frage mangelnder Arbeitskapazität sicher relevant. Aber unter den heutigen Umständen der „Zwanzig-Prozent-Justiz" ist die richterliche Arbeitskapazität sicher ausreichend. Diese Auffassung wird vom Obersten Gerichtshof und dem Justizministerium geteilt.

Die Rechtsanwaltskammer war sich dem Mangel der Anwaltschaften bewusst. Sie behauptete aber, dass die Kapazität des Richters gleich wie Kapazität des Rechtsanwalts klein ist und andeutet, dass die Anwaltskammer die Zahl der Anwaltschaft vergrößern würde, wenn die Zahl des Richters vergrößert werden würde. Im Hintergrund steht die Vermutung, dass der Oberste Gerichtshof nicht die Absicht hat, die Richterzahl zu erhöhen.

In Anbetracht der Gesamtbevölkerungszahl ist eine Erhöhung der Richterzahl aber nicht zwingend. Diese wurde nur zu einer erhöhten Steuerbelastung der Bevölkerung führen.

### *2. Der „bürokratische Charakter" der Richter*

Oft ist gesagt worden, dass Richter in Japan einen vorwiegend bürokratischen Charakter haben und danach handeln. Dabei werden folgende Fälle als Beweis aufgeführt: In Ausübung öffentlicher Gewalt ist Verwaltungsbehörden in Japan immer ein extrem weiter Spielraum eingeräumt. Kommt eine Verwaltungsstreitigkeit vor Gericht, entscheiden Richter immer günstig für die Verwaltung; auch in Fall, dass der Beamte, objektiv von Dritten betrachtet, im Unrecht war. Auch in Fällen, in denen um die Verfassungswidrigkeit eines Gesetzes oder einer Gesetzesnorm gestritten wird, gibt es fast keine gerichtliche Entscheidung, die das betreffende Gesetz oder die Vorschrift als verfassungswidrig erklärt hat.

Die Kritik, dass Richter eher den Charakter von Bürokraten besitzen, kann man eher als zutreffend bezeichnen. Die Kammervereinigung, *Nichibenren* hat das schon 1991 im Rahmen einer Justizreform erklärt und die Beseitigung der bürokratischen Justiz gefordert[14]. Aber der vorherrschend staatshörige Charakter der japanischen Richter ist unter dem heutigen System der japanischen Gerichtsbarkeit, die beim Obersten Gerichtshof zentralisiert angelegt ist, fast unvermeidlich: alle Referendare werden dort am Rechtsforschungsinstitut ausgebildet. Hat ein Referendar gute Noten und Beurteilungen, wird er zum Richter ernannt. Ein sehr gute Leistungen ausweisender Richter kann eine gute Karriere machen. Vor diesem Hintergrund ist es für einen Richter günstig, wenn er dem Obersten Gerichtshof „treu verbleibt", er also für den Staat, für die Verwaltung, entscheidet.

Um diesem Gefahr zu vermeiden, spricht sich die Kammervereinigung für einen Monismus der Juristen aus. Hierzu bietet das System von England, dass Richter der *bar association* unterstellt sind, womöglich ein ideales Vorbild. Eine japanische kommunale Rechtsanwaltskammer machte den Vorschlag, alle Referendare sollten zuerst allein Rechtsanwalt werden. Nach 10 Jahren könnte ein Rechtsanwalt dann zum Richter

14 Die Justizreform wurde 1990 von der Kammervereinigung, *Nichibenren* unter der Leitung des damaligen Präsidenten *Nakabo* erklärt. *Nakabo* hatte erkannt, dass die Verantwortlichkeit für die „Zwanzig-Prozent-Justiz" auch auf der Ebene der Juristen, Richter wie Rechtsanwälten, liege. Meinte aber, dass der tiefste Grund aus dem Rechtsbewusstsein der Bevölkerung komme, nämlich dass das Recht für den Staat, nicht die Bürger da sei.

ernannt werden. Dieses Vorbild wird von Kammervereinigung als ideal bezeichnet. Aber es ist sehr schwer, die heutige Position des Richteramtes, das sich schon über 100 Jahre auf dem bürokratischen Karrieresystem entwickelt hat, zu ändern und einen solchen Plan zu verwirklichen. Nach geltendem Recht kann sich ein Rechtsanwalt in Japan jederzeit entscheiden, Richter zu werden, wenn er die Qualifikation zum Richteramt hat. In dem Zeitraum von 1990 bis 1999 wurden so 39 Anwälte zum Richter.

Um die automatische Neigung der Richter, bürokratiefreundlich zu urteilen, zu beseitigen, sollte man einen anderen Weg suchen. Einmal besteht die Möglichkeit, den großen Spielraum, den für die Verwaltungsbehörde gegeben ist, gesetzlich zu beschränken, und der Weg, ein gesondertes System zu entwickeln, wie zum Beispiel eine Beteiligung von Schöffen. Die Reformkommission hat sich aber bisher über diesen Problemkreis noch keine Gedanken gemacht.

### *3. Mangel an Erfahrung der Richters*

Die Kammervereinigung hat in der Vergangenheit auch immer wieder hervorgehoben, dass es japanischen Richtern, insbesondere natürlich jungen Richtern, an Grunderfahrung zum Richteramt mangeln würde. Der Bericht der Reformkommission hat diesen Punkt berücksichtigt und unter anderem die Schaffung eines neues Instituts vorgeschlagen, um alle neu bestellten Richter über eine bestimmte Zeit praxisnaher und besser auf den Beruf als Richter auszubilden.

### *4. Berufliche Qualifikation der japanischen Richter*

In Allgemeinen kann man sagen, das der japanische Richter gut qualifiziert ist. Ein Indiz dafür ist, dass die Berufungsquote gegen Urteile der Landgerichte 20.1 Prozent (Deutschland 58.4 %) betragt; in 22.6 Prozent der Fälle (Deutschland 41.8 %) kommt es zu einer Abänderung des Urteils (Stand 1998)[15].

---

15 Vgl. Supreme Court of Japan, Annual Report of Judicial Statistics for 1998, Vol. 1, Civil Cases; Statistisches Bundesamt, Rechtspflege, Fachserie 10, Reihe 2, Zivilgerichte und Strafgerichte, 1998.

## V. Das neue System der Juristenausbildung

### 1. Juristen in Japan im 21. Jahrhundert

Seit Ende des Zweiten Weltkrieges sind mehr als 50 Jahre vergangen, in der sich die wirtschaftliche Situation sowie das gesellschaftliche Leben in Japan grundlegend geändert haben. Die japanische Gesellschaft, welche sich bis dahin unter der strengen Kontrolle der Staatsverwaltung entwickelte, ist unter dem Gesichtspunkte der Internationalisierung von eben dieser strengen Kontrolle befreit worden. Auch die Regeln der modernen japanischen Gesellschaft fordern heute einen weiteren und freieren Handlungsrahmen jedes einzelnen Bürgers. Für die kommenden Zeiten des nicht mehr – oder nicht mehr so stark – kontrollierten Gesellschaftslebens wird die Justiz eine zunehmend wichtigere Rolle spielen. Die Aufgabe des Rechtsanwalts wird nicht mehr allein darin zu sehen sein, als Vertreter einer Partei in einem Rechtsstreit zu agieren. Es ist zu fordern, dass er sich viel mehr als ein Träger einer „vorbeugenden Justiz“ und auch der ADR, Alternative Streitbeilegung, begreift. Um das Phänomen der „Zwanzig-Prozent-Justiz“ zu beseitigen und um diese neuen Aufgaben bewältigen zu können, erscheint eine Erhöhung der Anzahl von Juristen, insbesondere aber Rechtsanwälten, zwingend notwendig.

### 2. Erhöhung der Anzahl von Juristen

Wie viele Juristen, besonders Rechtsanwalte soll es aber geben? Darüber gehen die Meinungen naturgemäß auseinander. Darunter war eine Meinung recht stark, welche die Situation der Rechtsanwälte in Frankreich, das die geringste Pro-Kopf Zahl von Anwälten vorweist, als Kriterium für Japan ins Auge fasst. Danach (50 Anwälte für 100.000 Einwohner) sollte Japan dann etwa 63.000 Rechtsanwälte haben. Bei den Beratungen der Reformkommission ist diese Zahl dann zu einem groben Ziel erhoben worden.

Um diese – gemessen am jetzigen Stand von ca. 16.000 – relativ große Anzahl zu erreichen, erscheint das bisherige System der Staatsprüfung für Referendare nicht geeignet. Die Reformkommission hat, wie nachfolgend darstellt, beschlossen, von 2004 an ein neues Ausbildungssystem, *Law School* System, einzuführen. Die Reformkommission will die Zahl der Absolventen der Staatsprüfung unter dem bisherigen System, die zur Zeit (2001) bei 1.000 liegt, schubweise vergrößern; im Jahr 2004 soll die Zahl 1.500 erreicht sein.

Im Jahr 2004 soll sodann ein neues Ausbildungssystem im Sinne einer *Law School* eingeführt werden. Dieses soll von 2005 an eine neue Staatsprüfung für die Absolventen der *Law School* beginnen. Die bisherige Staatsprüfung wird in der alten Form noch weitere 5 Jahre, also bis 2010, durchgeführt werden. Die Reformkommission schlägt vor, die Gesamtzahl der Absolventen der neuen und alten Staatsprüfungen gegen 2010 auf 3.000 festzulegen. Sollten ab 2010 tatsächlich jedes Jahr 3.000 Juristen neu ausgebildet werden, dürfte die Zahl der Juristen, d.h. nicht nur der Rechtsanwälte, sondern auch der Richter und Staatsanwälte, im Jahr 2018 bei einer Zahl um 50.000 liegen.

### *3. Die Einführung des amerikanischen Law School Systems*

Die heutige Methode der Juristenausbildung ist offensichtlich ungeeignet, für die Zukunft Juristen in ausreichender Zahl zu schaffen. Die Institution der amerikanischen *Law School* wurde in Japan bereits als eine vortreffliche Methode der Juristenausbildung diskutiert. Im Lauf der Beratungen der Reformkommission hat diese Institution an Bedeutung gewonnen; auch viele Beteiligte an japanischen Universitäten haben dieser Methode zugestimmt. Die Gründe für die Einführung des *Law School* Systems liegen hauptsachlich in den folgenden zwei Punkten:

a) Heute besuchen zu viele Bewerber für die Staatsprüfung ein Repetitorium. Dort lehrt man aber nur die Prüfungstechnik und keine systematische Rechtswissenschaft. Es wurde schon berichtet, dass es oftmals eine Vielzahl gleicher Antworten bei den Examensfragen gibt, weil die Repetitorien die Probleme in den Prüfungsaufgaben voraussehen und den Teilnehmern die „ideale Antwort" lehren und diese jene Antwort unreflektiert widergeben. Viele Bewerber lernen überhaupt nur diese vorhergesehenen Themen und keine systematische Rechtswissenschaft. Für praktizierende Juristen ist aber eine systematische Forschung der Rechtswissenschaft, wie sie an *Law Schools* betrieben wird, notwendig.

b) Die Aufnahme- und Lehrkapazität des Rechtsforschungsinstituts, das bis heute alle Referendare besuchen müssen, ist auf maximal 1.500 Anwärter begrenzt. Das Institut ist demnach gar nicht geeignet, für die angestrebte und in der Zukunft erwartete große Zahl von Rechtsreferendaren, die nicht Richter werden wollen, ausreichend ausgestattet zu sein. Statt jenes Rechtsforschungsinstituts könnte und sollte die *Law School* künftig Praktiker ausbilden.

Nach sorgfältigen Beratungen hat die Reformkommission die Einführung des amerikanisch geprägten *Law School* Systems für die kommende Ausbildung der japanischen Juristen beschlossen. Im letzten Bericht der Reformkommission ist für die zukünftige Juristenausbildung der folgende Plan vorgestellt worden.

***Grundplan der Law School***

a) Es soll ein Juristenausbildungssystem begründet werden, welches das eigentliche Studium der Rechtswissenschaft, das erste Staatsexamen und die Ausbildung zum juristischen Praktiker in eine Einheit verbindet. Als Kern soll dazu eine *Law School* eingerichtet – und im April 2004 eröffnet – werden.

b) Die *Law School* soll einen besonderen Forschungskurs mehr im Sinn einer eigentlichen juristischen Universitätsausbildung anbieten, der die praktische Erziehung zum juristischen Praktiker ermöglichen soll[16].

c) Das Studium an *Law Schools* wird nicht nur Absolventen der juris-

16 Das japanische Schulsystem ist wie folgt: wenn ein Kind 6 Jahre alt wird kommt zum Grundschule für 6 Jahre, dann 3 Jahre Mittelschule, 3 Jahre Gymnasium und 4 Jahre Hochschule (Juristische Fakultät), darauf kommt die Stufe der *Law School*. In Japan gibt es etwa 93 Juristische Fakultäten. Studenten lernen dort Rechtswissenschaft, aber bekommen keine Erziehung für Praktiker wie in Deutschland. Jedes Jahr kommen etwa 47.000 Absolventen hinzu. Fast alle werden Beamten der Staats- oder Lokalselbstvewaltungsorgane, Angestellten der Banken, Handelsgesellschaften, Firmen usw. Etwa 20–30 Prozent der Studenten versuchen, die Staatsprüfung zu bestehen.

tischen Fakultäten, sondern auch für Absolventen anderer Fächer erlaubt. Die Studienzeit soll im Grund drei Jahre betragen; für Studenten, die bereits an einer Universität Jura studiert haben, soll das auf zwei Jahre verkürzt werden.

d) Die Einzelheiten über die angebotenen Studienfächer, Studienzeit usw. und Kriterien für die Gründung von *Law Schools* (die Zahl der Lehrkräfte, Studienfächer, Einrichtung des Forschungskurses, usw.) werden in Kurze durch das Erziehungs-Kultusministerium bestimmt.

e) Die Gründung von *Law Schools* durch bestimmte Organe, z.B. auch eine kommunale Rechtsanwaltkammer oder durch ein lokales Selbstverwaltungsorgan, das keine Beziehungen mit einer Universität hat, soll erlaubt werden, soweit die obigen Kriterien erfüllt sind.

f) Die Ausbildung der *Law School* soll so ausgerichtet werden, dass 70 bis 80 Prozent der Absolventen die neue juristische Staatsprüfung bestehen können[17].

Der Grundplan der *Law School* System ist damit festgelegt. Als die Reformkommission den Bericht der Regierung vorlegte, hat diese sofort erklärt, dass sie dem Plan neben der Verwirklichung einer Reform des Justizsystems den höchsten Stellenwert gebe und sich bemühen wollte, die notwendigen Maßnahmen vorzunehmen, um die Vorschläge in Realität umzusetzen. Die japanische Regierung hat danach vor, innerhalb von 3 Jahren die mit der Einführung der *Law Schools* im Zusammenhang stehenden notwendigen Maßnahmen zu treffen, insbesondere die bestehenden Gesetze, Vorschriften und Anordnungen anzupassen oder zu schaffen. Es ist vorgesehen, eine erste japanische *Law School* am 1.

17 Nach der Staatsprüfung werden alle Absolventen nach heutigem System bei dem Rechtsforschungsinstitut für eineinhalb Jahre ausgebildet. Nach dem neuen *Law School* System ist die Ausbildung durch das Rechtsforschungsinstitut nur für Kandidaten als Richter oder Staatsanwalt vorgesehen; für die Absolventen, die Rechtsanwalt werden, ist dies überflüssig. Während der Beratung der Reformkommission gab es eine Stimme, die Ausbildung durch Rechtsforschungsinstitut für Kandidat des Rechtsanwalts abzuschaffen. Diese Behauptung sei richtig. Aber die politische Macht des Obersten Gerichtshofs, der sein Erziehungsrecht für alle Juristen nicht verlieren möchte, war groß. Die Reformkommission hat beschlossen, dass die Ausbildung des Rechtsforschungsinstituts für alle Juristen weiter bleibt. Der Inhalt der Erziehung des Rechtsforschungsinstituts muss aber grundsätzlich geändert werden.

April 2004 zu eröffnen[18].

## VI. *Abschließende Bemerkungen*

Man muss klar sehen, dass bisher das wichtigste Hemmnis für eine effektive japanische Justizpraxis in Zivilsachen, eindeutig die Rechtsanwaltschaft selbst, vertreten durch die Kammervereinigung, war.

Bis zum Zweiten Weltkrieg hatte die japanische Rechtsanwaltschaft eine eher schwache Stellung[19]. Als Reaktion darauf bekam die Anwaltschaft aber nach dem Krieg umgekehrt eine wohl zu umfassende Macht zugesprochen. Dass Japan für die Anwaltschaft keine angemessen Positionierung finden konnte, war sicher ein schwerwiegender Fehler. Die Kammervereinigung, *Nichibenren* ist ein selbständiges, sich selbst verwaltendes Organ, das weder unter der Kontrolle des Obersten Gerichtshofs noch des Justizministeriums steht. Das führte zu dem gesetzlich nicht vorgesehenen Mechanismus der „Gemeinsame Kommission der drei Judikativorgane". Das wiederum hat *Nichibenren* auf Umwegen neben dem Obersten Gerichtshof und dem Justizministerium zur dritten grosen Macht in der japanischen Justiz gemacht.

Ob die japanische Kammervereinigung, *Nichibenren* wirklich die notwendige Qualität für diese Aufgabe besaß, erscheint zweifelhaft. Denn *Nichibenren* hat bisher viele Probleme nicht vom Standpunkt der japanischen Justiz, sondern allein vom Blickwinkel der Berufsgruppe der Rechtsanwälte her beurteilt. So hat sie sich jeglichen Gesetzesan-

18 Fast alle Universitäten, die eine juristische Fakultät besitzen, interessierten sich für die Begründung einer *Law School*. Aber die Gründung der *Law School* bedeutet eine große finanzielle Belastung für die Universität, und es ist auch gar nicht einfach, gut qualifizierte Praktiker, der als Lehrkraft einer *Law School* passt, zu finden. Es ist bis heute noch nicht klar, was für eine und wie viele *Law Schools* gegründet werden.

19 Die Staatsprüfung für Rechtsanwälte war lange Zeit gesondert von der Staatsprüfung für Richter und Staatsanwalt und etwas leichter als diese. Die Rechtsanwaltschaft steht unter der Aufsicht des Direktors der Staatsanwaltschaft von Landesgericht, später unter der Aufsicht des Justizministers. Die Rechtsanwaltskammer hatte kein Recht der Selbstverwaltung.

trägen, welche sich für die Rechtsanwaltschaft hätten ungünstig auswirken können, stets widersetzt. *Nichibenren* wurde so zu einer Bremse im Modernisierungsprozess des japanischen Justizsystems.

Die Kommission für die Reform des Justizsystems hat am Schluss ihres Berichtes recht deutlich ausgesagt, dass die Reform des japanischen Justizsystems über lange Zeit durch das gesetzfreie System der „drei Judikativeorgane" behindert wurde. Die Kommission fordert deshalb von den *Hôsô-sansha* eine Art Selbstprüfung und äußerte weiter, dass es nicht mehr hinnehmbar sei, dass Reformen oder Verbesserungen am Justizsystem allein durch die Belange dieser ungleichen Interessenvertretung bestimmt werden dürfen.

Die Reform der japanischen Justiz ist nun endlich in Gang gekommen. Sie hat aber noch einen langen Weg vor sich. Der Verfasser kann nur seiner Hoffnung Ausdruck geben, dass das japanische Justizsystem durch die Reform für die Bevölkerung auch einfacher und effizienter nutzbar werden wird.

# (5)

# *Jüngste Justizreformen in Japan*

## *Inhaltverzeichnis*



*Zuerst erschienen* in: Festschrift für Andreas Heldrich zum 70. Geburtstag, Stephan Lorenz u.a. (Hrsg.), München 2005.

## A. Einleitung

Die Japanische Regierung hat seit 1962 mehrmals Kommissionen für die Vorbereitung einer Verwaltungsreform eingesetzt und versucht, die Verwaltung zu rationalisieren. Die letzte dieser Kommissionen legte der Regierung im Dezember 1997 einen abschließenden Bericht vor, aufgrund dessen 1998 eine große Reform der Verwaltungsorgane verwirklicht wurde. Im Juli 1999 bildete die japanische Regierung nun eine Kommission für die Reformierung der Justiz und begann, das Justizsystem Japans vom Grund auf neu zu gestalten. Die Kommission hat nach zweijährigen intensiven Beratungen dem Kabinett im Juni 2001 eine schriftliche Meinungsäußerung vorgelegt. Unmittelbar danach, im Juli 2001, gründete das Kabinett ein Büro, das den Vorschlag der Kommission innerhalb von drei Jahren verwirklichen sollte. Unter der Leitung dieses Büros hat die Justizreform Japans in der letzten Zeit große Fortschritte gemacht. So wurde das bisherige Juristenausbildungssystem, das dem Muster des deutschen Systems folgte, völlig umgestaltet und neues Juristenausbildungssystem nach amerikanische Muster eingeführt. Auch die „Verfahrensordnung für familienrechtliche Sachen" und das „Schiedsrichterliche Verfahrensgesetz" wurden bereits geändert, die neue „Konkursordnung" wird bald veröffentlicht werden, die ZPO, das zivilrechtliche Vollstreckungsgesetz und viele andere Gesetze wurden teilweise geändert. Diese Reform ist eine der bedeutendsten Reformen, die Japan nach dem Zweiten Weltkrieg erlebte.

In diesem kleinen Beitrag wird der Verfasser versuchen, einen Überblick über Hintergrund, Verlauf und Ergebnis dieser Justizreform zu geben, wobei er sich allerdings auf die zivilrechtliche Seite beschränken wird.[1]

---

1 Der Verfasser hat bereits zwei Aufsätze zu diesem Thema veröffentlicht, die weitere Einzelheiten enthalten, siehe a) *Nakamura*, Die Rechtsanwaltschaft in Japan (1999), S.43-60 in diesem Band, und b) *Nakamura*, Justizreform in Japan – Insbesondere über die Träger des Justizsystems (2002), S.61-80 in diesem Band.

## *B. Hintergrund der Reform*

Bis zur Mitte der 19. Jahrhunderts bestanden noch die aus dem chinesischen Recht stammenden Rechtsinstitutionen. Seit dem Antritt der kaiserlichen *Meiji* Regierung 1868 übernahm Japan jedoch die europäische Kultur und auch das europäisches Recht. Dabei war der Einfluss des deutschen Rechts sehr groß. Die japanische ZPO, die 1890 veröffentlicht wurde, war grundsätzlich nach der deutschen CPO von 1877 gestaltet. Das bürgerliche Gesetzbuch, Gerichtsverfassungsgesetz usw. nahmen auch die deutschen Gesetze zum Vorbild. Das Erkenntnisverfahren der ZPO wurde 1926 aber unter dem Einfluss des österreichischen Rechts geändert, das damals modernste in Europa war. Nach dem zweiten Weltkrieg übte das amerikanische Recht einen großen Einfluss auf das japanische Recht aus. Das Verfassungsgesetz, die Strafprozessordnung usw. wurde ganz neu gefasst und auch andere Gesetze wurden teilweise geändert. Gleichwohl basiert auch heute die Grundstruktur des japanischen Rechts auf dem deutschen Rechts.

### *1. Zwanzig-Prozent-Justiz*

Als die radikale Unordnung nach dem Zweiten Weltkrieg vorbei war und das wirtschaftliche Leben wieder lebhafter wurde, wurde deutlich, dass das gerichtliche Verfahren in Japan unfähig war, die Streitigkeiten zu lösen. Es gab viele zivilrechtliche Streitigkeiten, doch kamen sie nicht vor die Gerichte. Man sprach seinerzeit von einer „Zwanzig-Prozent-Justiz", was bedeutete, dass nur etwa ein Fünftel aller Streitigkeiten in einem Prozessverfahren vor einem Gericht anhängig gemacht wurden.[2] Die Gründe hierfür waren unterschiedlicher Art. Der entscheidende Grund lag darin, dass gerichtliche Entscheidungen über lange Zeit in Anspruch nahmen und die Durchfühlung von Gerichtsver-

---

2 Zur eingehenden Darstellung der „Zwanzig-Prozent-Justiz", siehe *Nakamura*, Justizreform in Japan (2002), S.64 f. in diesem Band.

fahren für Bürger mit hohen Kosten verbunden war.[3]

## 2. *Reform der Zivilprozessordnung*

Seit den 1970er Jahren gab es in Japan eine Bewegung mit dem Ziel, die vor dem zweiten Weltkriege veröffentlichten Gesetze zu reformieren, um die veralteten Regelungen der gegenwärtige Lage anzupassen und gleichzeitig diese Texte, die in der alten japanischen Schriftsprache und mit heute nicht mehr gebräuchlichen chinesischen Zeichen und im japanischem Alphabet geschrieben waren, sprachlich zu modernisieren.[4]

1979 wurde ein Teil des sechsten Buches der ZPO, das das Zwangsvollstreckungsverfahren zum Inhalt hat, aus dem Gesetz ausgegliedert, und als „Zivilrechtliches Vollstreckungsgesetz" (*Minji-shikkô-hô*) selbständig neu geregelt. Der Abschnitt, „Arrest und einstweilige Verfügung" wurde etwas später (1989) reformiert und dann als „Zivilsicherungsgesetz" (*Minji-hozen-hô*) erlassen. Die ZPO regelte nun hauptsächlich das Erkenntnisverfahren. Dieser Teil war auf dem Stand von 1926 und sollte alsbald ebenfalls modernisiert werden.

Unter diesen Umständen wurde die Reform der ZPO im Zusammen-

---

3 Der Zeitraum von der Klageerhebung bis zum Urteil war in Japan viel zu lang. Während in Deutschland bestimmte Sachen in erster Instanz in einem Jahr entschieden sein können, braucht eine gleichartige Sache in Japan nach vorsichtiger Schätzung mindestens doppelt so lange (nach dem Stand bis 1999). Die Gründe dafür liegen in einer zu langsamen Bearbeitung der Fälle durch die Anwälte. Anwälte gibt es nur in geringer Zahl und deren arbeitsmäßige Belastung ist sehr hoch. Deshalb haben sie Zeitprobleme und können sich, so sagt man, nur ungenügend auf die einzelnen Fälle vorbereiten. Vgl. *Nakamura,* Die Rechtsanwaltschaft in Japan (1999), S.47 in diesem Band. Als hohe Prozesskosten sollen in diesem Zusammenhang nur die Anwaltskosten, nicht die Gerichtskosten angesprochen werden. Da es in Japan keinen Anwaltszwang gilt, werden die Anwaltskosten nicht als Prozesskosten angesehen. Das Honorar eines Rechtsanwalts wird auf Grund einer Vereinbarung zwischen dem Mandanten und dem Rechtsanwalt bestimmt. In der Praxis liegen Honorare sehr hoch und der Mandant bleibt bis zur Honorarvereinbarung über die Höhe des Honorars im Ungewissen. Vor diesem Hintergrund ist leicht verständlich, dass häufig trotz des Vorhandenseins eines Streits der Gang zum Anwalt unterbleibt. Vgl. *Nakamura,* Die Rechtsanwaltschaft in Japan (1999), S.47 in diesem Band.

4 Das ist mit der deutschen Situation vergleichbar, wo die alte deutsche Schrift, die bis in die 20er Jahren gebraucht wurde, später abgeschafft wurde.

hang mit dem Problem der „Zwanzig-Prozent-Justiz" rasch geplant. Weil die Rechtspflege immer mehr ihre Funktion zu verlieren drohte, bezeichneten die Gerichte und das Justizministerium diese Situation schon seit langen als ‚Krise'. Vor dem Hintergrund der langen Verfahrensdauer hat der Obersten Gerichtshof bereits seit 1970er Jahren Sonderkammern an den Landgerichten Tokio und Osaka eingerichtet und sich bemüht, Wege zur Prozessbeschleunigung zu finden. Nach langem Experiment beschloss das Justizministerium schließlich 1990 die Reform der ZPO. Ihr Ziel war selbstverständlich, unter Berücksichtigung des Ergebnisses des Experiments, das gerichtliche Verfahren zu vereinfachen und funktioneller zu machen und gleichzeitig den Gesetzestext sprachlich zu modernisieren, damit die Bevölkerung die verfahrensrechtlichen Regelungen verstehen könne. Im März 1996 wurde der Entwurf einer neuen ZPO dem Parlament vorgelegt. Dieser Entwurf wurde im Juni desselben Jahres zum Gesetz (Gesetz Nr.109/1996) und trat am 1. Januar 1998 in Kraft.[5]

Die neu gefasste ZPO hat zwar das gerichtliche Verfahren verbessert, weil aber das Problem der Träger des Justizsystems nicht berücksichtigt wurde, brachte sie nicht den angestrebten großen Erfolg. Man kann diese Reform aber als ersten Schritt der demnächst kommenden großen Justizreform betrachten.

## *C. Verlauf der Reformarbeit*

Die Verwaltungsreform, an der die Regierung lange Jahre gearbeitet hatte, kam 1998 endlich zum Abschluss und verwirklichte die große Reform der Verwaltungsorgane. Danach ging die Regierung dann an die Planung der grundlegenden Erneuerung der Justiz. Um einen Grundplan für die Justizreform zu erstellen, richtete die Regierung im Juli 1999 eine „Kommission für die Reform des Justizsystems" (*Shihôseido kaikaku shingi-kai*, nachfolgend „Reformkommission" genannt) unter

5 Zur neuen japanischen ZPO vgl. *H. Nakamura*, Die Reform der japanischen Zivilprozessordnung (1998), S.21-42 in diesem Band,

Leitung des Kabinetts ein. Die Besonderheiten dieser Reformkommission sind, dass a) sie nicht dem Justizministerium, sondern direkt dem Kabinett untersteht, weil das Kabinett die Probleme nicht nur als Probleme, die allein durch Justizministerium behandelt werden sollten, ansah, und b) die Reformkommission nicht wie bisher allein mit Juristen besetzt wurde. Sie setzt sich aus 13 Mitgliedern zusammen, die verschiedene Berufsbereiche vertreten.[6] Ein Arbeitsbüro mit 15 Beamten, die vom Justizministerium, anderen Ministerien, Gerichten und der Vereinigung der japanischen Rechtsanwaltskammer entsandt wurden, unterstützt die Kommission. Unter der Leitung der Kommission hat es zwei Jahre lang intensiv gearbeitet.

Die Kommission selbst hatte ebenfalls intensiv beraten: Sie veranstaltete 63 Sitzungen, zu der die Öffentlichkeit Zugang hatte und 4 öffentliche Versammlungen, um die Meinung der Bevölkerung zu hören. Im November 2000 veröffentlichte die Kommission einen Zwischenbericht und legte im Juni 2001 ihren Schlussbericht vor. Dieser Bericht enthielt neue und wichtige Vorschläge sowie Ansätze zur Verbesserung des Justizsystems Japans.

Der Bericht bezieht sich auf folgende drei Punkte:

- Verschiedene reformbedürftige Problembereiche, z.B. die gerichtlichen Institutionen und das gerichtliche Verfahren usw.
- Ausbau des Trägers des Justizsystems; Einführung eines neuen Systems der Juristenausbildung.
- Beteiligung der Bevölkerung an der Justiz; Einführung der Institution des Laienrichters in Strafsachen.

Um diese Vorschläge der Reformkommission zu verwirklichen, bildete das Kabinett ein „Hauptbüro für die Durchführung der Justizreform"

---

6 Die Kommission setzte sich aus folgenden Personen zusammen: 5 Universitätsprofessoren (3 Juristen und 2 Wirtschaftswissenschaftler), 3 Rechtsanwälte (1 ehemaliger Präsident der Vereinigung der japanischen Rechtsanwaltskammer, 1 ehemaliger Direktor des Oberlandesgerichts und 1 ehemaliger Direktor der Staatsanwaltschaft beim Oberlandesgericht), 3 Vertretern aus Wirtschaftkreisen (1 Fabrikdirektor, 1 Präsident einer Aktiengesellschaft und 1 Gewerkschaftsvertreter) und 2 Frauen (1 Schriftstellerin und 1 Vertreterin eines Frauenverbands).

(*Shihôseido kaikaku suishin-honbu,* nachfolgend „Hauptbüro der Justizreform“ genannt) mit dem Ziel, die Reform der Justiz innerhalb von drei Jahren zu bewirken. Direktor des Büros wurde der Ministerpräsident, 17 Minister der betroffenen Ministerien gehören als Vorstandsmitglieder dem Büro an. Weiterhin hat es 11 Forschungsgruppen,[7] die jede mit Experten der betreffenden Problemebereiche ausgestattet wurden. Jede Gruppe bearbeitet die Probleme ihres Gebiets und legt nach Abschluss der Beratungen einen Entwurf vor, den das Hauptbüro veröffentlicht, um die Meinung der Öffentlichkeit zu hören. Nach diesem Verfahren wird dann ein endgültiger Entwurf veröffentlicht. An das Büro wurden etwa 60 qualifizierte Beamte des Justizministeriums, anderer Ministerien, Gerichte usw. entsandt. Einige hohe Beamte erarbeiten sämtliche Pläne der Reform, andere Beamte arbeiten in der Praxis unter der Leitung der Forschungsgruppe, um die einzelnen Probleme zu untersuchen und um den Gesetzestext usw. zu entwerfen.

## D. Ergebnis der Reformarbeit

Die Ergebnisse der Reformarbeit waren beachtlich. Als größte und wichtigste Neuerung kann man den Ausbau der Träger des Justizsystems, also die Schaffung eines neuen Juristenausbildungssystems nennen. Um die Gründe für die Zwanzig- Prozent-Justiz zu beseitigen und eine Justiz, die für die Bevölkerung zugänglich ist, zu verwirklichen, wurde ein entsprechendes grundlegendes Gesetz erlassen und viele verschiedene geltende Gesetze teilweise oder völlig geändert

---

7 11 Forschungsgruppen bearbeiten folgende Themen: 1) Gegenmaßnahmen zur Arbeitsache, 2) Zugang zum Gericht, 3) Verbreitung von Alternative Dispute Resolution, 4) Schiedsrichterliche Verfahrensordnung, 5) Verwaltungsprozess, 6) Institution des Laienrichters, 7) Verteidigung in Strafsachen aus öffentlichen Mitteln, 8) Internationalisierung (betr. Zivilsachen, Strafsachen, Rechtsanwalt usw.), 9) Juristenausbildung, 10) Institution von Juristen, 11) Verfahren in Sachen des Geistigen Eigentums. An den Themen zur ZPO, Verfahrensordnung für familienrechtliche Sachen, Zwangsvollstreckungsordnung und Konkursordnung arbeitet bereits eine Forschungsgruppe, die zum Justizministerium gehört.

## *I. Ausbau der Träger des Justizsystems – Begründung eines neuen Systems der Juristenausbildung*

Es ist relativ deutlich zu sehen, dass die Ursache des Phänomens einer "Zwanzig-Prozent-Justiz" fast hauptsächlich im Bereich der Anwaltschaft zu suchen ist und dabei der Anwaltsmangel wohl als wichtigster Grund anzusehen ist.[8] Die Zahl der Rechtsanwälte in Japan ist äußerst niedrig. Nach dem Stand von 1997 hatte Deutschland mit ca. 82 Mio. Einwohnern etwa 85.000 Rechtsanwälte aufzuweisen. Dies bedeutet, dass es etwa 103 Anwälte pro 100.000 Einwohner gab. In Japan sind derzeit etwa 16.400 Rechtsanwälte zugelassen, was bei einer Einwohnerzahl von ca. 126 Millionen bedeutet, dass es pro Kopf für 100.000 Einwohner nur 13 Rechtsanwälte gibt.[9] Weil die Zahl der Anwälte so

---

8 Vgl. Fn. 3 und dessen Hauptsatz.

9 Warum ist die Zahl der Anwälte so gering? Diese Frage ist in Japan eng mit dem Thema der Juristenausbildung und der politischen Macht der Vereinigung der Rechtsanwaltskammern verbunden. Eingehende Darstellung bei *Nakamura,* Justizreform in Japan (2002), S.71 f. in diesem Band. Der Weg der Juristenausbildung ist dem deutschen sehr ähnlich. In Japan muss sich jeder, der Richter, Staatsanwalt oder Rechtsanwalt werden will, einer juristischen Staatsprüfung (vergleichbar dem Ersten Juristischen Staatsexamen in Deutschland) unterziehen. Besteht ein Bewerber diese Eingangsprüfung und hat danach zwei Jahre (seit 1999 nur eineinhalb Jahre) an einem Ausbildungslehrgang am „Rechtsforschungsinstitut", *shihô kenshu-sho* des Obersten Gerichtshofs als Referendar teilgenommen und sodann die dortige Abschlussprüfung bestanden, erlangt er einen Status vergleichbar der deutschen „Befähigung zum Richteramt". Das Hauptproblem des Anwaltmangels liegt in der Eintrittsprüfung des Instituts selbst. Die Zahl der erfolgreichen Absolventen dieses Eintrittsexamens wird im Vorhinein festgelegt. Im Jahre 1949 bestanden etwa 260 Personen diese Prüfung, seit 1959 waren es etwa 340 Absolventen. In den Jahren zwischen 1964 und 1990 waren es durchschnittlich etwa 500. Der Prozentsatz derjenigen, welche die Prüfung bestehen, beträgt etwa 2 Prozent, durchschnittliche Alter bei Abschluss ist 28 Jahre (Ausbildung an der Universität beendet man mit 23 Jahren). Die Anzahl der Rechtsanwälte im Jahre 1980 betrug etwa 11.760. (pro Kopf für 100.000 Einwohner nur 10 Rechtsanwälte). Diese Situation ist gar nicht in Ordnung.

Die Erhöhung der Anzahl der Absolventen war seit bereits in den 1980er Jahren Gegenstand der Diskussion, wurde aber nie geändert. Nach Ansicht der Vergering ist, können die Anwälte ihre Arbeit nicht bewältigen, was zu einer erheblichen Prozessverschleppung führt. Unter den wenigen Anwälte gibt es keine Konkurrenz, darum sind die Honorare sehr hoch. Um diese Situation zu verbessern, war es dringend notwendig, die Träger des Justizsystems, besonders die Zahl der Rechtsanwälte, zu vergrößern.

Der Kapazitätsausbau der Rechtsanwaltschaft war auch für die bereits angebrochenen ‚neuen Zeiten' in der Justiz sehr wichtig. Bis heute hat die Verwaltung nach verschiedenen Regeln unser Sozialleben in Ordnung gebracht, doch diese Vorherrschaft der Verwaltung geht zu Ende. Nun ist alles freier geworden; wenn ein Streit besteht, muss dieser nach den Regeln des Rechts erlediget werden. Hierfür werden mehr Juristen gebraucht.

### *1. Erhöhung der Juristenzahl*

Eine Erhöhung der Zahl der Juristen, insbesondere aber der Rechts-

---

einigung der japanischen Rechtsanwaltskammer, *Nichibenren* bedeutet jede Erhöhung der Zahl erfolgreicher Absolventen des Eintrittsexamens eine Verhärtung des Wettbewerbs im Rechtsanwaltsstand. Deshalb haben sich die Kammern schon seit langem einer Erhöhung dieser Zahl widersetzt. Dabei wirkte sich als nachteilig aus, dass die politische Macht der Rechtsanwaltskammern im Nachkriegsjapan immer zu groß war. In den 1970er Jahren bestand machtpolitisch eine Regel, nach der jegliche Änderungen bezüglich der Institutionen der Justiz nur aufgrund einer einheitlichen Meinung der drei Säulen der Justiz, also der „Gemeinsamen Kommission der drei Judikativorgane" (*Hôsô sansha kyôgi-kai*), – nämlich Oberster Gerichtshof, Justizministerium und Vereinigung der japanischen Rechtsanwaltskammern, verwirklicht werden können. Im Jahre 1991 hatte sich die Vereinigung auf Druck der Öffentlichkeit zögernd einverstanden erklärt, die Zahl der erfolgreichen Absolventen des Eintrittsexamens auf 600 zu erhöhen. Die Vereinigung hat dann im Jahre 1993 bis zu 700, im Jahre 1998 bis zu 800, und im Jahre 1999 bis zu 1.000 Anwälte examiniert. Die Gesamtzahl der Rechtsanwälte wurde aber im Jahre 1999 nur mit etwa 17.300 angegeben.

Es ist nicht zu leugnen, dass der Grund für die Unfähigkeit der Justiz hauptsächlich auf der Seite der Vereinigung der japanischen Rechtsanwaltskammer liegt. Die soziale Stellung des Rechtsanwalts war vor dem Kriege sehr niedrig. Nach dem Krieg wurde diese Stellung als Reaktion auf die Vorkriegszeit durch das neu geschaffene Anwaltsgesetz allzu hoch gehoben. Die Rechtsanwaltskammer hat nun eine große politische Macht und wurde zu einem Interessenvertreter des Berufsbandes der Rechtsanwälte, vgl. *Nakamura*, Die Rechtsanwaltschaft in Japan (1999), S.54 f. in diesem Band.

anwälte, ist dringend notwendig. Aber wieviele Juristen, besonders Rechtsanwälte, soll es geben?[10] Bei der Beratung der Reformkommission gingen die Ansichten darüber naturgemäß auseinander. Es gab eine recht starke Meinung, welche die Situation der Rechtsanwälte in Frankreich, das die geringste Pro-Kopf Zahl von Anwälten vorweist, als Kriterium für Japan ins Auge fasste. Danach (50 Anwälte für 100.000 Einwohner) sollte Japan dann etwa 63.000 Rechtsanwälte haben, eine Zahl, die die Reformkommission dann grob zum Ziel erhoben hat.

Um diese – gemessen am damaligen Stand (1998) von ca. 16.800 – relativ große Zahl zu erreichen, erscheint das bisherige System der Staatsprüfung für Referendare nicht geeignet. Die Reformkommission hat, wie nachfolgend dargestellt wird, beschlossen, von 2004 an ein neues Ausbildungssystem, das so genannte *Law School* System, einzuführen. Sie will die Zahl der Absolventen der Staatsprüfung unter dem bisherigen System, die im Jahre 2001 bei 1.000 lag, stufenweise vergrößern; im Jahr 2004 soll die Zahl von 1.500 geprüften Juristen erreicht sein.

Im Jahr 2004 soll sodann ein neues Ausbildungssystem im Sinne einer *Law School* eingeführt werden, das von 2006 an in eine neue Staatsprüfung für die Absolventen der *Law School* münden soll. Die bisherige Staatsprüfung wird in der alten Form noch weitere fünf Jahre, also bis 2010, durchgeführt werden. Die Reformkommission schlägt vor, die Gesamtzahl der Absolventen der neuen und alten Staatsprüfungen gegen 2010 auf 3.000 festzulegen. Sollten ab 2010 tatsächlich jedes Jahr 3.000 Juristen neu ausgebildet werden, dürfte die Zahl der aktiven Juristen, d.h. nicht nur der Rechtsanwälte, sondern auch der Richter und Staatsanwälte, im Jahr 2018 bei einer Zahl um 50.000 liegen.

### *2. Die Einführung des amerikanischen Law School Systems*

Die heutige Methode der Juristenausbildung ist offensichtlich ungeeignet, für die Zukunft Juristen in ausreichender Zahl zu gewährleisten. Die Institution der amerikanischen *Law School* wurde in Japan bereits als eine vortreffliche Methode der Juristenausbildung diskutiert. Im Lauf der Beratungen der Reformkommission hat diese Institution an Bedeu-

10 Eingehende Darstellung bei *Nakamura*, Justizreform in Japan (2002), S.75 f. in diesem Band.

tung gewonnen[11] und so beschloss die Kommission 2001 die Einführung des amerikanisch geprägten *Law School* Systems für die kommende Ausbildung der Juristen. Die Absolvierung einer *Law School* wurde zur Zulassungsbedingung für die Staatsprüfung in der Zukunft gemacht.

Nach dem Bericht der Reformkommission hat das Hauptbüro der Justizreform die mit der Begründung der *Law School* im Zusammenhang stehenden notwendigen Maßnahmen erarbeitet, wobei das Erziehungs- und Kultusministerium die Kriterien für die Gründung von *Law Schools* bestimmte. Juni 2003 wurden 72 Anträge auf Gründung einer *solchen Law School* an das Erziehungs- Kultusministerium gestellt, davon wurden 68 Anträge genehmigt.

### *3. Überblick über die Law School*

Es ist vorgesehen, am 1. April 2004 68 *Law Schools* in Japan zu eröffnen. Eine große *Law School* hat 300 Plätze für Studierende des ersten

---

11 Am Anfang der Beratungen der Reformkommission wurden folgende zwei Punkten als die Gründe für die Einführung des *Law School* Systems vorgestellt: a) Heute besuchen zu viele Bewerber für die Staatsprüfung ein Repetitorium. Dort lehrt man aber nur die Prüfungstechnik und keine systematische Rechtswissenschaft. Es wurde schon berichtet, dass es oftmals eine Vielzahl gleicher Antworten bei den Examensfragen gibt, weil die Repetitorien die Probleme in den Prüfungsaufgaben voraussehen und die Teilnehmer die "ideale Antwort" lehren und diese jene Antwort unreflektiert wiedergeben. Viele Bewerber lernen überhaupt nur diese vorhergesehenen Themen und keine systematische Rechtswissenschaft. Für praktizierende Juristen ist aber eine systematische Kenntnis der Rechtswissenschaft, wie sie an *Law Schools* betrieben wird, notwendig. b) Die Aufnahme- und Lehrkapazität des Rechtsforschungsinstituts des Obersten Gerichtshofs, das bis heute alle Referendare besuchen müssen, ist auf maximal 1.500 Anwärter begrenzt. Das Institut ist demnach gar nicht geeignet, für die angestrebte und in der Zukunft erwartete große Zahl von Rechtsreferendaren, die nicht Richter werden wollen, ausreichend ausgestattet zu sein. Statt jenes Rechtsforschungsinstituts könnte und sollte die *Law School* künftig Praktiker ausbilden.

Nach obiger Vorstellung sollte die Schulung durch das Rechtsforschungsinstitut abgeschafft werden. Doch diese Schulung ist am Ende der Beratung nach der bisherigen Praxis folgend geblieben. Der Absolvent der *Law School*, der bereits an der *Law School* die juristische Praxis gelernt hat, muss doch für ein Jahr das Rechtsforschungsinstituts besuchen, wenn er die Staatsprüfung besteht.

Studienjahrs, kleine Einrichtungen bieten 30 Plätze an.[12] Die Gesamtplatzzahl für Studierende des ersten Studienjahrs beträgt 6 000.

Die *Law School* ist eine Einrichtung zur Ausbildung juristischer Praktiker. Wünschenswert ist, dass dieser Praktiker nicht nur aus dem Kreis der Jurastudenten hervorgeht, sondern auch Studenten anderer Fachrichtungen sich dazu ausbilden lassen. Darum öffnet sich das Studium an der *Law School* nicht nur für Absolventen der juristischen Fakultäten, sondern auch für solche anderen Fächer. Etwa 30 Prozent Nichtjuristen ist als Ideal vorgesehen.

Die Einzelheiten über die angebotenen Studienfächer darf jede *Law School* selbst bestimmen. Die Studienzeit beträgt grundsätzlich drei Jahre, für Studenten, die bereits an einer Universität Jura studiert haben, verkürzt sich die Zeit auf zwei Jahre.

Die Kriterien für die Auswahl der Lehrkräfte an den *Law Schools* hat das Erziehungs-Kultusministerium bestimmt:

(1) Die Zahl der hauptamtlichen Professoren an einer *Law School* muss mindestens 12 betragen.

(2) Für 15 Studenten muss mindestens ein hauptamtlicher Professor vorhanden sein.

(3) Mindestens 20 Prozent der Lehrkräfte müssen Praktiker oder frühere Praktiker sein. Etwa ein Drittel der Praktiker müssen hauptamtliche Professoren sein.

Für den Betrieb der *Law School* werden auch Lehrkräfte aus dem Kreis der Richter und Staatsanwälte benötigt. Das Hauptbüro der Justizreform hat ein Gesetz vorbereitet, nach dem Richter und Staatsanwälte neben ihrem eigentlichen Dienst noch zeitweise an der *Law School* unterrichten können.

Weil dieses *Law School* System in Japan ganz neu ist, gibt es zahlreiche Probleme.[13] Wie man diese lösen soll und lösen kann, ist derzeit

---

12 3 Law Schools bieten 300 Plätze für Studierende zum ersten Studienjahr , 1 bietet 260 Plätze, 2 – 200 Plätze, 2 – 150 Plätze , 2 – 130 bzw.125, 10 – 100, 2 – 80 bzw.75, 2 – 70 bzw. 65, 11 – 60, 18 – 50, 5 – 40, 7 – 30 Plätze.

13 Zum Beispiel: a) Viele Universitäten, die eine juristische Fakultät haben, wollten eine *Law School* einrichten, um den Ruf der Fakultät zu heben. Zur Folge anbieten sie alles zusammen 6.000 Plätze für das erste Studienjahr. Die Reformkommission stellte sich vor, dass 70 bis 80 Prozent der Absolventen die neue juristi-

Gegenstand heißer Diskussionen.

## *II. Neue Gesetzgebung und Änderung der Gesetze*

Um sich in der Ziviljustiz von der Zwanzig-Prozent-Justiz zu befreien und um ein Justizsystem, das die Erwartungen der Bürger erfüllen kann, zu schaffen, wurde erneut ein grundlegendes Gesetz, „Gesetz über die Beschleunigung des gerichtlichen Verfahrens" erlassen, und auf dieser Grundlage wurden viele Gesetze teilweise oder völlig geändert.

### *1. Neuschaffung des Gesetzes zur Prozessbeschleunigung*

Das „Gesetz über die Beschleunigung des gerichtlichen Verfahrens" (*Saiban no jinsokuka ni kansuru hôritu*, Gesetz Nr.107/2003) wurde am 16. Juli 2003 veröffentlicht und trat am selben Tag in Kraft.

Die Beschleunigung des Prozesses war das größte Ziel der diesmaligen Justizreform. Das Gesetz regelt die Bedeutung, die Verantwortlichkeit des Staates und sonstige grundlegenden Punkte hinsichtlich der Prozessbeschleunigung mit dem Ziel, ein Justizsystem zu schaffen, das effiziente und rasche Prozesshandlungen vor Gericht ermöglicht. Grundgedanken im Hinblick auf Beschleunigung sind:

- Die gerichtliche Verhandlung in der ersten Instanz soll in möglichst kurzer Zeit innerhalb von zwei Jahren erledigt werden (§ 2 Abs.1);

---

sche Staatsprüfung bestehen können, andrerseits geht die Reformkommission von 3000 Absolventen der Staatsprüfung in einem Jahr aus. Es wird deutlich, dass es einen großen Unterschied zwischen der Vorstellung der Reformkommission und der Wirklichkeit gibt. Wie soll man diesen Unterschied überwinden?

b) Eine Law School zu gründen und zu unterhalten braucht viel Geld. Auch die Studenten benötigen Geld. Wie man diese Finanzfrage lösen kann, ist ein großes Problem.

c) Außerhalb der *Law School* bleiben die Forschungskurse der juristischen Fakultät die Master- und Doktorandenkurse bestehen. Wie wird dieser Forschungskurs laufen? Wie wird die Erziehung von Wissenschaftler betrieben?

d) Wenn die Ausbildung an der *Law School* in Gang kommt, wird die Struktur der bisherigen juristischen Fakultäten dadurch beeinflusst werden. Wie soll das Studium an der juristischen Fakultät in Zukunft aussehen? etc.

– Es ist Aufgabe des Staates, Institutionen zu schaffen, die die gerichtliche Verhandlung beschleunigen. Das Gesetz regelt die Verantwortung des Staates, die finanziellen und gesetzgebenden Maßnahmen zu treffen, um diese Aufgabe zu erfüllen (§§ 3, 4).
– Das Gesetz bestimmt, dass der Oberste Gerichtshof die Dauer des Prozesses, die Gründe der Prozessverschleppung, die Lage der Prozessbeschleunigung usw. unter verschiedenen Gesichtspunkten überprüft und seine Ergebnisse alle zwei Jahre der Öffentlichkeit vorlegt (§ 8).

### 2. Änderung der Gerichtsverfassungsgesetze

*a) Erweiterung der Zuständigkeit des Amtsgerichts.*

Die Amtsgerichte sind der Bevölkerung am nächsten. Damit die Bürger leichter Klage erheben können, wurde die amtgerichtliche Zuständigkeit erweitert. Sie waren bisher für Streitigkeiten, unter 900.000 Yen Streitwert zuständig; nunmehr wurde der Streitwert auf bis zu 1.400.000 Yen (etwa 13.000 US Dollar) angehoben (Gerichtsgesetz §33). Die Gebühren für die Klageerhebung wurden zum Teil reduziert.

*b) Begründung einer Institution des zeitweiligen Richters.*

Außerhalb des gerichtlichen Verfahrens gibt es in Japan eine eigene Institution für die Streitlösung, das so genannte Versöhnungsverfahren (*Chôtei-tetsuzuki*). *Chôtei* ist mit der Schlichtung im deutschen Recht vergleichbar; es handelt sich um die einverständliche Lösung der Konflikte der Parteien durch Vermittlung des Versöhnungsausschusses (*Chôtei-i'inkai*). (Statt des Ausdrucks „Versöhnung" wird oft auch das Wort „Schlichtung" gebraucht. Der Verfasser benutzt aber das Wort „Versöhnung", weil er dieses Wort für die Praxis dieses Verfahrens passender findet). Dieser Ausschuss besteht aus einem Richter und normalerweise zwei Laien, den Schlichtern. Nach Änderung der Gesetze über Versöhnungsverfahren in Zivilsachen (*Minji-chôtei-ho*) und familienrechtlichen Sachen (*Kaji-simpan-hô*) kann der Richter, der den *Chôtei*-Ausschuss leitet, durch einen zeitweiligen Richter ersetzt werden. Ein zeitweiliger Richter ist ein Rechtsanwalt, der vom Gericht beauftragt ist (Gesetze für Versöhnungsverfahren für Zivilsachen ‹*Min-*

*ji-chôtei-ho›* §§ 23-2 – 23-4, Gesetze für Versöhnungsverfahren familienrechtlichen Sachen *‹kaji-shinpan-hô›* §§26-2 – 26-4).

Auf diese Weise soll die Belastung der Richter etwas erleichtert werden und gleichzeitig die Beziehung zwischen Richterschaft und Rechtsanwaltschaft enger werden.

### *3. Änderung der ZPO*

Der gesamte Text der ZPO wurde 1998 neu bearbeitet und modernisiert.[14] Um die gerichtliche Verhandlung erneut zu beschleunigen, wurde die ZPO nochmals teilweise abgeändert (Gesetz Nr.108/2003, in Kraft ab 1.April 2004), indem einige neue Institutionen eingeführt und einige abgeändert wurden.

#### *a) Einführung der gerichtlichen Verhandlung nach dem Plan*

Bei umfangreichen Verfahren, wenn es z.B. viele Beteiligte gibt oder der Streit kompliziert ist oder es viele Streitpunkte gibt, würde sich die Verhandlung beschleunigen lassen, wenn für die Gerichtsverhandlung vorher ein ‚Ablaufplan' bestimmt wird und sich der Prozess nach diesem Plan abwickelt. Damit die Verhandlung befriedigend und zügig verläuft, bestimmt die abgeänderte ZPO, dass das Gericht in komplizierten Fällen mit beiden Parteien einen Verhandlungsplan vor Beginn der Verhandlung festlegen muss (ZPO § 147-3 Abs.1). Solch ein Plan muss die Fristen, in der die Streitpunkte der Sache geordnet und die Zeugenvernehmung durchzuführen ist, bestimmen. Außerdem muss der voraussichtliche Termin zum Abschluss der mündlichen Verhandlung und der Urteilsverkündung festgesetzt werden (ZPO §147-3 Abs.2).

#### *b ) Einführung der Teilnahme eines fachkundigen Mitglieds*

Bei einem Prozess, in dem eine technische Frage eine Rolle spielt, wie z. B. bei medizinischen Problemen, Bausachen usw. braucht das Gericht technische Kenntnisse. Die abgeänderte ZPO führte deshalb die Teilnahme eines „fachkundigen Mitglieds"(*Senmon-i'in*) ein (ZPO §§ 92-2 – 92-7).

---

14 Vgl. oben B.2.

Dieser Experte soll dem Richter fachliche Informationen geben. Wenn das Gericht bei der Anordnung der Streitpunkte oder bei der Beweisaufnahme usw. technisch-fachliche Kenntnisse für notwendig hält, kann das Gericht nach Anhörung beider Parteien ein fachkundiges Mitglied am Verfahren beteiligen. Bei der Ernennung eines fachkundigen Mitglieds muss das Gericht beide Parteien anhören, damit die Unparteilichkeit und Neutralität des Mitgliedes gesichert ist. Die Erklärungen des fachkundigen Mitglieds erfolgen mündlich im Verhandlungstermin, an dem beide Parteien erscheinen können, oder sonst schriftlich. Die Hinzuziehung eines fachkundigen Mitglieds wird damit beiden Parteien eröffnet, was ebenfalls die Unparteilichkeit und Neutralität des fachkundigen Mitglieds sicherstellen soll.

*c) Vorverlegung der Beweissammlung*

Nach der japanischen ZPO haben beide Parteien das Recht, *nach* der Klageerhebung über die Tatsachen, Beweise und Informationen, die die andere Partei besitzt und als notwendig ansieht, informiert zu werden (ZPO §163). Damit sich die gerichtliche Verhandlung planmäßig und zügig abwickeln lässt, wäre es zweckmäßig, wenn die Parteien bereits *vor* der Klageerhebung die notwendigen Beweismittel oder Informationen sammeln können. Die abgeänderte ZPO (ZPO §§132-2–132-9) regelt diesen Punkt folgendermaßen: Wer beabsichtigt, eine Klage zu erheben, kann dem Gegner die Klageerhebung schriftlich ankündigen. Ist diese schriftliche Ankündigung erfolgt, kann der Kläger vor Klageerhebung sich bei dem Gegner nach den notwendigen Informationen für die Vorbereitung der Klage erkundigen. Antwortet der Gegner hierauf, kann auch er die notwendigen Informationen fordern. Ist ein Beweismittel vorhanden, das für die künftige gerichtliche Verhandlung notwendig ist und ist es schwierig für den Antragsteller, selbst dieses Beweismittel zu sammeln, kann das Gericht nach Anhörung der Beteiligten entsprechende Maßnahmen treffen, wie z.B. den Besitzer einer Urkunde zu beauftragen, die Urkunde zu übersenden usw.

*d) Verbesserung der Vernehmung von Sachverständigen*

Die Vernehmung von Sachverständigen erfolgte bisher wie das Verfahren der Zeugenvernehmung, das nach der Methode des Kreuzverhörs durchgeführt wird, also in Form von Beantwortung von Fragen. Nach dieser Methode kann aber ein Sachverständiger, der ein Fachmann ist, über den Gegenstand des Sachverständigenbeweises keine ausreichende Meinung äußern. Nach den geänderten Vorschriften der ZPO gibt der Sachverständige am Anfang der Vernehmungsphase sein Gutachten ab. Danach können der Richter, die Partei, die den Antrag auf Erstattung des Gutachtens gestellt hat, und die andere Partei (in dieser Reihenfolge) ihre Frage an den Sachverständigen stellen (ZPO § 215-2).

*e) Besondere Behandlung in Sachen, die das geistige Eigentum betreffen*

Mit dem Fortschritt der Technik ist die Bedeutung des geistigen Eigentums stark gewachsen. Die Auswirkung eines Prozesses über das geistige Eigentum auf die Tätigkeit eines Unternehmens ist sehr groß und bezieht sich auf die Macht der Industrie und der staatlichen Wirtschaft. In solchen Streitigkeiten benötigt das Gericht fachliche Kenntnisse über den Gegenstand und ein besonderes Verhandlungssystem. Die geänderte ZPO hat hier folgende Neuerungen gebracht.

Bei den Landgerichten Tokio und Osaka bestehen bereits besondere Abteilungen für Streitigkeiten über geistiges Eigentum. Die geänderte ZPO bestimmte diese beiden Gerichte als ausschließlich zuständig für derartige Sachen und legte für die Berufung die ausschließliche Zuständigkeit des Oberlandesgerichts Tokio fest (ZPO §§ 6, 6-2).[15]

Ein Kollegialgericht des Landgerichts und des Oberlandesgerichts besteht normalerweise aus drei Richtern. Für die Verhandlung in Sachen, die das geistige Eigentum betreffen, kann das Kollegialgericht mit fünf Richtern besetzt werden (ZPO §269-2).

*f) Erweiterung der Funktion des Amtsgerichts*

*(1) Angelegenheiten mit geringem Streitwert:* Für Sache mit geringem Streitwert (unter 300.000 Yen) wurde durch ZPO 1998 bei den Amtsge-

---

15 Auf Verlangen von Wirtschaftskreisen wurde der Plan, die Abteilung für das Geistige Eigentum des Oberlandesgerichts von Tokio zu einem selbständigen Gericht, „Oberlandesgericht für Sachen des Geistigen Eigentums" zu gestalten, bereits ausgearbeitet. Ein entsprechender Gesetzesentwurf wurde im März 2004 dem Parlament vorgelegt.

richten ein besonderes Verfahren nach dem Vorbild des amerikanischen Rechts eingeführt. Weil sich diese Institution in der Praxis bewährt hat, wurde der Bereich dieses Verfahren auf Sachen mit einem Streitwert unter 600.000 Yen (etwa 5.500 US $) erweitert (ZPO § 368).

*(2) Ein neuer Beschluss statt eines gerichtlichen Vergleichs:* Ein gerichtlicher Vergleich kann nur unter Anwesenheit der beiden Parteien erfolgen. Die geänderte ZPO hat eine Ausnahmeregelung von dieser Praxis geschaffen. Wenn eine Streitsache am Amtsgericht anhängig ist, und der Beklagte die Behauptung des Klägers nicht bestreitet und keine Verteidigungsmittel vorträgt, kann das Amtsgericht unter Berücksichtigung der ökonomischen Lage der Beklagten nach Anhörung des Klägers einen Beschluss, der inhaltlich ein gerichtlicher Vergleich ist, erlassen. Erheben die Parteien keinen Einspruch, ist dieser Beschluss gültig (ZPO § 275-2).

### *g) Geplante weitere Änderungen*

Die beschriebenen Änderungen wurden bereits 2003 erlassen und sind am 1. April 2004 in Kraft getreten. Das „Hauptbüro der Justizreform" hat aber noch weitere Pläne für die Änderung der ZPO. Wichtig sind vor allem folgende Vorschläge;

(1) Der modernen Zeit des Internets Rechnung tragend, hat das Büro vor, die elektronische Schrift auch im Zivilprozess zu erlauben.[16]

(2) In Japan herrscht kein Anwaltszwang. Die unterliegende Partei braucht daher bis heute nicht die Anwaltskosten der obsiegenden Partei zu tragen. Nach dem Entwurf soll nun der Unterlegene zumindest einen Teil des gegnerischen Anwaltshonorars übernehmen.[17] Dieser Entwurf zur Änderung der ZPO wird in Kürze dem Parlament vorgelegt werden.

## *4. Änderung des zivilrechtlichen Vollstreckungsgesetzes*

---

15 Vorbild dieses Plans ist ein deutscher Gesetzesentwurf, der „Entwurf des Justizkommunikationsgesetzes" von 2003.

17 Dass der Unterlegene eines Prozesses soll das Anwaltshonorar des Gegners tragen soll, wäre ein normaler Gedanke. Trotzdem war die Vereinigung der japanischen Rechtsanwaltskammer immer gegen diesen Gedanken, mit der Begründung, dass der Berechtigte aus Furcht vor der eventuellen Belastung des Anwaltshonorars des Gegners seine Klage nicht erhebt. In der Wirklichkeit fürchtete sie die Einführung von gesetzlichen Regelungen des Anwaltshonorars.

Das zivilrechtliche Vollstreckungsgesetz, das seinen Ursprung im „Achten Buch, Zwangsvollstreckung" der deutschen CPO von 1877 hat, wurde 1979 erlassen. Es wurde entsprechend der wirtschaftlichen Situation der Bürger bereits abgeändert. Bei Gelegenheit der Justizreform wurde es nun, um die Wirksamkeit der Vollstreckung zu steigern, erneut teilweise geändert.

(1) Bei der Zwangsvollstreckung in das unbewegliche Vermögen ergeben sich häufig Störungen gegen die Vollstreckung, zum Beispiel durch den Besitz des Gegenstandes eines Dritten. Um diese Situation zu vermeiden, ist eine Sicherungsverfügung rechtswirksam. Die Voraussetzungen für den Erlass eines Sicherungsverfügungsbefehls, die bisher streng waren, wurden nunmehr etwas gelockert (ZVG §55-2).

(2) Um die Versteigerung des unbeweglichen Vermögens wirkungsvoller zu machen, wurde die persönliche Ansicht des Gegenstands vor der Versteigerung erlaubt (ZVG § 64-2).

(3) Eine Handlung, die durch einen Dritten nicht vorgenommen werden kann, kann durch Zwangsgeld erzwungen werden. Die abgeänderte Vorschrift hat diese Methode des Zwangsgeldes auch auf bestimmte andere Handlungen, die durch einen Dritten vorgenommen werden können, erstreckt (ZVG §173).

(4) Es gibt manchmal den Fall, dass das Vermögen des Schuldners unklar ist und dadurch die Vollstreckung des Berechtigten in das Vermögen des Schuldners schwierig ist. Japan hatte bei der Übernahme der deutschen CPO die Institution des Offenbarungseids (ZVG §899) nicht übernommen. Nun hat das abgeänderte zivilrechtliche Vollstreckungsgesetz eine ähnliche Institution der Öffentlichmachung des Vermögens des Schuldners geschaffen (ZVG §§196–203).

(5) Wegen einer noch nicht gerichtlich entschiedenen Schuld hat das abgeänderte zivilrechtliche Vollstreckungsgesetz eine vorläufige Beschlagnahme für einen bestimmten Fall erlaubt, wie zum Beispiel bei Vollstreckung des Unterhalts eines Kindes (ZVG §151-2).

Um die Wirksamkeit der Vollstreckung zu heben, wurden noch zahlreiche Punkte abgeändert.

### *5. Änderung der Verfahrensordnung für familienrechtliche Sachen*

Die erste japanische Verfahrensordnung für familienrechtliche Sache von 1898, die nach dem zweiten Weltkrieg stark geändert wurde, erfuhr bei der diesmaligen Justizreform erneut wesentliche Änderungen. Weil der Text des bisherigen Gesetzes altmodisch war, wurde das bisherige Gesetz abgeschafft und ein neues in heutiger Sprache abgefasstes Gesetz als „Verfahrensordnung für familienrechtliche Sachen" (*Jinji-soshô-hô*, insgesamt 44 Vorschriften) erlassen (Gesetz Nr.109/2003). Sie tritt am 1. April 2004 in Kraft.

*a) Bisherige Behandlung der familienrechtlichen Sachen*

Japan führte 1949 das Familiengericht im Rang eines Landgerichts ein. Es ist ein Gericht der freiwilligen Gerichtsbarkeit und zuständig für Beschlusssachen wie z.B. Entmündigungs- und Versöhnungssachen. Versöhnung (*Chôtei*) ist die einverständliche Konfliktlösung der Parteien durch Vermittlung des Versöhnungsausschusses (*Chôtei-i'inkai.*). Der Versöhnungsausschuss besteht aus einem Familienrichter und normalerweise zwei Laien, den Schlichtern (*Chôtei-i'in*) (Vgl. IV-2-b-ii). Alle familienrechtlichen Streitsachen müssen zuerst beim Familiengericht als Versöhnungssache (nicht als Streitsache) verhandelt werden. (Grundsatz des obligatorischen Versöhnungsversuchs). Wenn die Versöhnung nicht klappt, kommt die Sache als Streitsache zum Landgericht.

Diese Lösung, eine Sache zuerst als Versöhnungssache beim Familiengericht, und erst wenn die Versöhnung nicht möglich ist, als Streitsache beim Landgericht zu verhandeln, ist zwar unter dem Gesichtspunkt der juristischen Struktur richtig, jedoch vom Standpunkt des Bürgers eher unverständlich und auch hinsichtlich der Leistungsfähigkeit des Gerichts bedenklich.

*b) Neue Behandlung von unversöhnbaren Familiensachen*

Die neue Verfahrensordnung für familienrechtliche Sache hat diesen Punkt geändert. Nunmehr liegt die erstinstanzliche Zuständigkeit der Familiensache, für die keine Versöhnung zustande kam, nicht beim Landgericht, sondern bei dem Familiengericht. Dadurch wird das Gericht für die Bürger leichter zugänglich. Dies bringt folgende Vorteile:

(1) Da das Familiengericht ein Gericht der freiwilligen Gerichtsbarkeit ist, finden sich dort eigene Hilfsorgane wie Untersuchungsbeamte am Familiengericht (*Katei-saibansho-chôsakan*), Fachkräfte für Psychologie, Soziologie, ökonomische Probleme usw. Es ist von Vorteil,

dass das Familiengericht auch bei der Verhandlung einer Streitsache die Unterstützung der Untersuchungsbeamten des Familiengerichts haben kann (Neue Verfahrensordnung für familienrechtliche Sachen § 34).

(2) Am Familiengericht gibt es den sogenannten Gerichtsrat, eine geprüfte Fachkraft (*Sanyoin*). Er ist bei Behandlung der Beschlusssache zugegen, um das Vertrauen der Bürger in die gerichtliche Entscheidung zu garantieren. Nach der neuen Verfahrensordnung für familienrechtliche Sachen kann der Richter, wenn er dies für zweckmäßig hält, einen Gerichtsrat auch bei streitigen Verhandlungen hinzuziehen und nach dessen Anhörung die Sache entscheiden (Neue Verfahrensordnung für familienrechtliche Sachen § 9).

*c) Sonstige Änderungen*

Die geänderte Verfahrensordnung für familienrechtliche Sachen hat noch verschiedene Abänderung des Verfahrens gebracht. Das Öffentlichkeitsprinzip der gerichtlichen Verhandlung wurde in Japan wegen der verfassungsrechtlichen Bestimmung streng eingehalten. Weil die Verhandlung einer Familiensache eng mit der Privatsphäre der Beteiligten zusammenhängt, gab es bereits Stimmen, die Öffentlichkeit der Verhandlung in Familiensachen einzuschränken. Die geänderte Verfahrensordnung für Familiensachen hat die Beschränkung der Öffentlichkeit bei der Zeugen- und Parteivernehmung in bestimmtem Umfang eingeführt (Neue Verfahrensordnung für familienrechtliche Sache § 22).

### *6. Änderung des schiedsrichterlichen Verfahrensgesetzes*

Die Vorschrift über das schiedsrichterliche Verfahren, die eine fast genaue Übersetzung des Zehntes Buchs, Schiedsrichterlichen Verfahrens (§§ 851–872) der Deutschen CPO von 1877 war und bis heute noch gültig ist, wurde zuerst in der modernen ZPO von 1890 geregelt. Weil in Japan ein dem schiedsrichterlichen Verfahren ähnliches Institut, die Versöhnung (*Chôtei*) von alters her Bedeutung hat, wurde das schiedsrichterliche Verfahren nur wenig praktiziert. Dieses Verfahren war eher unbequem in der Anwendung. Nach langjährigen, immer wieder aufgeschobenen Reformversuchen hat sich die Justizreform nun mit diesem Thema befasst.

Inhaltlich hat das neue Gesetz des schiedsrichterlichen Verfahrens das

Modellgesetz für internationale handelsrechtliche schiedsrichterliche Verfahren von UNCITRAL 1985 zum Muster genommen. Dieses Mustergesetz betrifft hauptsächlich die internationale und handelsrechtliche Schiedsgerichtsbarkeit. Das neue Gesetz (insgesamt 55 Vorschriften) enthält für die allgemeine Schiedsgerichtsbarkeit, entsprechend der besonderen Gegenstände, einige besondere Vorschriften. Es wurde am 1. August 2003 veröffentlicht (Gesetz Nr.138/2003) und am 1. März 2004 in Kraft getreten.

### 7. Änderung der Konkursordnung

Die geltende Konkursordnung wurde 1922 erlassen und mehrmals geändert. Ihre Reform ist seit langem geplant, verzögerte sich aber wegen des weiten Gebiets, das betroffen war, immer wieder. Durch die schlechte ökonomische Gesamtsituation in den letzten zehn Jahren wuchs jedoch das dringende Bedürfnis nach einer neuen Regelung. 1999 wurde eine Insolvenzordnung des wiederherstellenden Typs für die Bürger als „Zivilsanierungsordnung“ (*Minji-saiseihô*) und für Unternehmen 2002 als „Unternehmenssanierungsordnung“ (*Kaisha-kôseihô*) erlassen. An der Änderung der eigenen Konkursordnung, die zum Liquidationstyp gehört, wurde in der letzten Zeit intensiv gearbeitet. Im September 2003 wurde eine Grundkonzeption der neuen Konkursordnung veröffentlicht. Der Entwurf der neuen Konkursordnung (insgesamt 277 Vorschriften) wurde im Februar 2004 dem Parlament vorgelegt.

## III. Sonstige Reform

Außer den beschriebenen Reformen im Bereich der Ziviljustiz beschäftigen gegenwärtig noch folgende Themen das Parlament:

### 1. Einfühlung von Laienrichtern im Strafprozess

In Deutschland gibt es das Schöffengericht und in den USA das Jurysystem. Japan kennt diese Beteiligung von Laien am Strafverfahren bisher nicht. Trotz einiger befürwortender Stimmen – u.a von Seiten der Rechtsanwaltskammer – für die Einführung einer solchen Institution war die Resonanz nicht allzu groß. Die gerichtliche Urteilsfindung ist generell befriedigend und eine Belastung der Bürger bei Einführung dieser Verpflichtung wäre nicht zu umgehen. Im Zivilprozess ist die Einführung der Gedanke der Teilnahme von Laien bereits gescheitert, dennoch entwickelt die Rechtsanwaltskammer diese Idee mit Hartnäckigkeit für den Strafprozess.

Die zuständige Forschungsgruppe des Hauptbüros der Justizreform versuchte diese Angelegenheit in folgende Richtung zu lenken: Die Verhandlung großer und wichtiger Fälle, in denen z. B. die Verhängung der Todesstrafe droht, wird von drei Berufsrichtern und sechs Laienrichtern (*Saiban-in*), die aus der Liste der Wahlberechtigten gewählt werden, geführt. Die Laienrichter haben die gleiche Stellung wie die Berufsrichter. Dieser Gesetzesentwurf wurde im März 2004 dem Parlament vorgelegt. Wenn er zum Gesetz wird, sollen diese Laienrichter von 2009 an eingesetzt werden.

### 2. *Reform des Verwaltungsprozesses*

Vor dem Krieg gab es in Japan bereits ein Verwaltungsgericht. Es gehörte zur Verwaltung und hatte nur die Aufgabe der Kontrolle von Verwaltungsakten der Verwaltungsorgane. Nach dem Krieg änderte sich diese Situation. Die Handlungen der Verwaltungsorgane werden nun wie eine Zivilsache durch ordentliche Gerichte entschieden (Verfahrensordnung für Verwaltungssache (*Gyôseijiken-soshôhô*), Gesetz Nr.139/1962). Die Zahl der Verwaltungsklagen war im Vergleich mit dem Ausland jedoch sehr gering und nur wenige Kläger gewannen ihren Rechtsstreit. Eine Reform dieser Situation wurde von den Bürger seit langem gewartet. Ziel der Reform ist es,

- den Bereich des Gegenstandes des Verwaltungsprozesses auszudehnen,
- die Klagebefugnis auszuweiten;
- Stärkung der gerichtlichen Verhandlung für Verwaltungssachen, und
- Vereinfachung der Klageerhebung beim zuständigen Gericht usw.

Ein Entwurf der teilweisen Änderung der Verfahrensordnung für Verwaltungssachen wurde im März 2004 dem Parlament vorgelegt.

### 3. *Reform des Arbeitprozesses*

Eine arbeitsrechtliche Streitigkeit mit einer gerichtlichen Entscheidung zu erledigen, braucht viele Zeit. Zur Vermeidung dieser Schwierigkeiten hat die zuständige Forschungsgruppe des Hauptbüros der Justizreform bereits verschiedene Methoden geprüft. Sie kam unter Berücksichtigung der deutschen arbeitsgerichtlichen Regelung, die den Berufsrichter, Vertreter des Unternehmers und des Arbeitnehmers vorsieht, zu einem Plan für die Lösung des Problems. Danach verhandeln ein Berufsrichter, ein Vertreter des Unternehmers und ein Vertreter des Arbeitnehmers die Sache und einigen sich anschließend auf einen „Lösungsplan", der durch „Beschluss" (*Shimpan*) ergeht. Ein entsprechender Gesetzesentwurf wurde in März 2004 dem Parlament vorgelegt.

## E. Abschließende Bemerkung

Dieser hier gegebene Überblick beschreibt den Stand der Justizreform in Japan, die 1999 begonnen hat, für den Monat März 2004. Ein großer Teil der gesetzlichen Vorarbeiten für die geplante Reform ist bereits abgeschlossen. Es bleiben nur noch wenige Angelegenheiten übrig, die aber bis Ende November 2004 abgeschlossen werden soll.

Der Bereich der Reform war sehr weit und ihre Bedeutung ist groß. Viele Gesetze wurden teilweise oder völlig geändert und einige neue Institutionen wurden geschaffen. Diese Reform wurde in kürzester Zeit durchgeführt, was bereits zu Zweifelsfragen führte, die in naher Zukunft diskutiert und verbessert werden müssen. Über diese Punkte würde der Verfasser gerne bei anderer Gelegenheit berichten, hier will er nur auf folgenden Punkt aufmerksam machen:

Die Besonderheit der aktuellen Reform ist, dass sie nicht unter Leitung des Justizministeriums, sondern unter der Leitung des Kabinetts mit verschiedenen Kräfte geleistet wurde. Juristen wissen schon lange, dass der entscheidende Grund der Entwicklung unserer Justiz zu einer so genannten Zwanzig-Prozent-Justiz bei der Vereinigung der Rechtsanwaltskammer liegt.[18] Die Meinung von Personen außerhalb der

18 Vgl. Fn.3 und dessen Hauptsatz.

Rechtsanwaltskammer wurde wegen der starken politischen Macht der Vereinigung, also durch die „Gemeinsame Kommission der drei Judikativorgane“ (*Hôsô sanscha kyôgi-kai*)[19] ständig ausgeschlossen.[20] Die Reformkommission hat jedoch diese Tatsache an die Öffentlichkeit gebracht. Es war besonders erfreulich, dass die Zahl der Träger des Justizsystems, d.h. der Rechtsanwälte, in Zukunft erhöht werden wird.

Um diesem Bedarf an mehr Anwälten gerecht zu werden, wurde die Einführung des amerikanischen *Law School* Systems beschlossen, deren erste Institution nun am 1. April 2004 eröffnet wird. In letzter Zeit wurden die Probleme des *Law School* Systems intensiv diskutiert und Seminare an der *Law School,* die bald ihre Tätigkeit aufnehmen werden, wurden unter der Leitung von Justizministerium und anderen Kennern des Systems durch Lehrkräfte der *Law School* nach amerikanischem Vorbild vorbereitet. Das amerikanische Erziehungssystem bietet viele günstige Seiten, die in Japan fehlten.[21] Wir müssen aber besonders daran denken, dass Japan ein Land des civil-law Systems mit kodifiziertem Recht ist, während die USA zum common-law System gehören, dort also Fallrecht die herrschende Rolle spielt; das Rechtsdenken im kontinental-europäischen Rechtskreis und im angloamerikanischen Rechtskreis ist also grundsätzlich unterschiedlich. Auf diesen Unterschied ist großer Wert zu legen. Nach gründlicher Überlegung sollte man also nur die günstigen Aspekte der amerikanischen *Law School* in Japan einführen.

---

19 Vgl. Fn.9.

20 Es gab auch keine harte Kritik der öffentlichen Meinung gegen die Vereinigung der Rechtsanwaltskammer, weil alle Richter, Staatsanwälte und auch Universitätsprofessoren, die den Übelstand der Anwaltskammern kannten, diesen Zustand nicht kritisieren wollten, da sie später Rechtsanwalt werden wollten.

21 Als gute Methode, die in Japan nicht üblich ist, wird die *Case method, Socrates method* usw. genannt, Diese Methoden passen im wesentlichen in die USA, wo die Methode des Fallrechts gilt, aber nicht für die kontinental-europäischen Länder, wo positives Recht gilt. – Über den Unterschied zwischen angloamerikanischen Recht und kontinental-europäischen Recht, siehe *Nakamura,* „Der Einfluss des amerikanischen Rechtsdenkens auf die japanische Zivilprozessrechtswissenschaft“ (2001), S.147-160 in diesem Band. und *Nakamura* „Der Einfluss des amerikanischen Rechts auf den japanischen Zivilprozess und seine Begrenzung“ (2003), S.161-183 in diesem Band.

In Zusammenhang mit der Einführung des amerikanischen *Law School* Systems treten viele Probleme auf.[22] Wie man diesen Problemen begegnet, ist ein großes Thema in Japan. Ob die Justiz eines Landes gut funktioniert oder die Qualität der Justiz angemessen ist, hängt nicht nur von der Institution der Justiz ab, sondern auch von den Trägern der Justiz. Wie die Einführung des *Law School* Systems gelingt, wird die zukünftige Qualität der Justiz bestimmen. Alle Juristen beobachten mit großem Interesse die weitere Entwicklung dieser neuen ausländischen Ausbildungseinrichtung im japanischen Kontext.

– Stand: März 2004 –

— *Nachtrag* —

Nach der Fertigstellung dieses Aufsatzes wurden die darin erwähnten mehreren Gesetzesentwürfe, die zum Zweck der Justizreform ausgearbeitet und dem Parlament vorgelegt worden waren, mit folgenden Ausnahmen Gesetz: Die unter D, II, 3, g) dargestellten geplanten Änderungen der ZPO konnten aufgrund der zu knappen Beratungszeit des Parlaments nicht verwirklicht werden.

Die neue Konkursordnung wird am 1. Januar 2005 in Kraft treten, die teilweise geänderte Verfahrensordnung für Verwaltungssachen am 1. April 2005. Das Oberlandesgericht für Sachen des Geistigen Eigentums wird am 1. April 2005 seinen Dienst beginnen. Ein Gesetz für Strafverfahren, an dem Laienrichter teilnehmen, wurde am 28. Mai 2004 veröffentlicht. Dieses Gesetz wird innerhalb von 5 Jahren ab Veröffentlichung an einem noch durch Kabinettorder zu bestimmenden Tag in Kraft treten. Auch wurde ein Gesetz für Streitlösung für Arbeitsache durch Beschluss am 12. Mai 2004 veröffentlicht. Dieses Gesetz wird innerhalb von 2 Jahren ab Veröffentlichung an einem noch durch Kabinettorder zu bestimmenden Tag in Kraft treten.

– 15. November 2004 –

22 Vgl. Fn.13.

# (6)

# *Neues Juristenausbildungssystem*

## *— Justizreform in Japan —*

## *Inhaltverzeichnis*



*Zuerst erschienen* in: DIKE International 2006, Oktober, unter dem Titel „Die Justizreform in Japan – Insbesondere das neue Juristenausbildungssystem“

## *I. Einleitung*

Von 1999 bis 2004 hat Japan eine Justizreform bisher nicht erreichten Ausmaßes erlebt. Bis zur Mitte der 19. Jahrhunderts existierten in Japan noch Rechtsinstitute, die aus dem chinesischen Recht stammten. Seit dem Antritt der kaiserlichen *Meiji* Regierung 1868 übernahm Japan jedoch die europäische Kultur und auch das europäische Recht. Dabei war insbesondere der Einfluss des deutschen Rechts sehr groß. Das japanische Justizsystem konnte beinahe als Nachahmung des deutschen Justizsystems bezeichnet werden. Nach dem zweiten Weltkrieg übte dann das amerikanische Recht einen großen Einfluss auf das japanische Recht aus. Diese Veränderung des Rechtssystems ging mit der Veränderung des politischen Einflusses auf Japan einher. Für die jetzige große Justizreform besteht ein Bedürfnis in der japanischen Justiz selbst. In diesem Aufsatz möchte der Verfasser die Gründe für die Reform (II) sowie den Verlauf der Reformarbeit (III) erläutern.; außerdem soll der wichtigste Grund für die Justizreform, nämlich der Anwaltsmangel (IV) beleuchtet werden; schließlich soll ein Kernstück der Reform, die Einführung des *Law School* Systems (V) erläutert und ein Überblick über dieses neue Ausbildungssystem (VI), dessen Problempunkte (VII) gegeben werden.

Obwohl sich die Justizreform auch im Strafrecht auswirkt, soll in diesem Aufsatz nur die zivilrechtliche Seite betrachtet werden.

## *II. Die Notwendigkeit der Reform*

Seit 1890 galt in Japan eine europäisch geprägte Zivilprozessordnung, welche die deutsche Civilprozessordnung von 1877 zum Vorbild hatte. Das Erkenntnisverfahren dieses Gesetzes wurde 1926 revidiert (alte ZPO). Diese ZPO galt lange Zeit und überdauerte sogar den Zweiten Weltkrieg. Als die radikale Unordnung nach dem Zweiten Weltkrieg vorbei war und das wirtschaftliche Leben wieder lebhafter wurde, wurde deutlich, dass das gerichtliche Verfahren gemäß der alten ZPO nicht in der Lage war, die Streitigkeiten zu lösen. Es gab viele zivilrechtliche

Streitigkeiten, doch kamen sie nicht vor die Gerichte. Man sprach seinerzeit von einer „Zwanzig-Prozent-Justiz", was bedeutete, dass nur etwa ein Fünftel aller Streitigkeiten in einem Prozessverfahren vor einem Gericht anhängig gemacht wurden.[1] Die Gründe hierfür waren unterschiedlicher Art; der entscheidende Grund lag darin, dass gerichtliche Entscheidungen überlange Zeit in Anspruch nahmen und die Durchführung von Gerichtsverfahren für die Bürger mit hohen Kosten verbunden war.

Der Zeitraum von der Klageerhebung bis zum Urteil dauert in Japan noch immer viel zu lang. Während in Deutschland bestimmte Sachen in erster Instanz in einem Jahr entschieden sein können, braucht eine gleichartige Sache in Japan nach vorsichtiger Schätzung mindestens doppelt so lange (nach dem Stand bis 1999). Die Gründe dafür liegen in einer zu langsamen Bearbeitung der Fälle durch die Anwälte. Denn die Anzahl der Anwälte ist im Vergleich zu Deutschland verschwindend gering, und ihre Arbeitsbelastung ist sehr hoch. Deshalb haben sie Zeitprobleme und können sich, so sagt man, nur ungenügend auf die einzelnen Fälle vorbereiten.[2] Als hohe Prozesskosten sollen in diesem Zusammenhang nur die Anwaltskosten, nicht die Gerichtskosten angesprochen werden. Da es in Japan keinen Anwaltszwang gilt, werden die Anwaltskosten nicht als Prozesskosten angesehen. Das Honorar eines Rechtsanwalts wird auf Grund einer Vereinbarung zwischen dem Mandanten und dem Rechtsanwalt bestimmt. In der Praxis liegen Honorare sehr hoch und der Mandant bleibt bis zur Honorarvereinbarung über die Höhe des Honorars im Ungewissen. Vor diesem Hintergrund ist leicht verständlich, dass häufig trotz des Vorhandenseins eines Streits der Gang zum Anwalt unterbleibt.

Weil die Rechtspflege immer mehr ihre Funktion zu verlieren drohte, bezeichneten die Gerichte und das Justizministerium diese Situation schon seit langen als „Krise". Vor dem Hintergrund der langen Verfahrensdauer hat der Oberste Gerichtshof bereits seit den 1970er Jahren Sonderkammern an den Landgerichten Tokio und Osaka eingerichtet

---

1 Zur eingehenden Darstellung der „Zwanzig-Prozent-Justiz", siehe *Nakamura*, Justizreform in Japan (2002), S.66 f. in diesem Band.

2 Vgl. *Nakamura*, Die Rechtsanwaltschaft in Japan (1999), S.48 f. in diesem Band, und *Nakamura*, Justizreform in Japan (2002), S. 64 f. in diesem Band,

und sich bemüht, Wege zur Prozessbeschleunigung zu finden. Nach langen Untersuchungen beschloss das Justizministerium schließlich 1990 die Reform der ZPO. Ihr Ziel war selbstverständlich, unter Berücksichtigung des Ergebnisses dieser Untersuchungen, das gerichtliche Verfahren zu vereinfachen, funktioneller zu gestalten und gleichzeitig den Gesetzestext sprachlich zu modernisieren,[3] damit die Bevölkerung die verfahrensrechtlichen Regelungen verstehen kann. Im März 1996 wurde der Entwurf einer neuen ZPO dem Parlament vorgelegt. Dieser Entwurf wurde im Juni desselben Jahres zum Gesetz (Gesetz Nr.109/1996) und trat am 1. Januar 1998 in Kraft.[4]

Die neu gefasste ZPO hat zwar das gerichtliche Verfahren verbessert, weil aber das Problem der Träger des Justizsystems nicht berücksichtigt wurde, brachte sie nicht den angestrebten großen Erfolg. Man kann diese Reform aber als ersten Schritt der demnächst kommenden großen Justizreform betrachten.

## *III. Der Verlauf der Reformarbeit*

Nach Abschluss der Arbeit an der Verwaltungsreform 1998 begann die japanische Regierung mit der Planung der grundlegenden Erneuerung der Justiz. Um einen Grundplan für die Justizreform zu erstellen, richtete die Regierung im Juli 1999 eine Kommission für die Reform des Justizsystems (*Shihôseido kaikaku shingi-kai*, nachfolgend „Reformkommission" genannt) unter Leitung des Kabinetts ein. Die Besonderheiten dieser Reformkommission sind, dass sie ***a***) nicht dem Justizministerium, sondern direkt dem Kabinett untersteht, weil das Kabinett die Probleme nicht nur als Probleme, die allein durch Justizministerium behandelt werden sollten, ansah, und ***b***) die Reformkommission nicht wie bisher allein mit Juristen besetzt wurde. Sie setzt sich aus 13

3 Die Gesetzestexte, die in der *Meiji*- und *Taishô* -Zeit kodifiziert wurden, waren in der alten japanischen Schriftsprache, die heute z.T. nicht mehr gebräuchliche Zeichen (*Kyu-kanji*) und „*Katakana*" Silben geschrieben. Unter diesem Gesichtspunkt war es notwendig, die alten Texte zu modernisieren.

4 Zur neuen japanischen ZPO vgl. *Nakamura,* Die Reform der japanischen Zivilprozessordnung (1998), S.21 ff. in diesem Band.

Mitgliedern zusammen, die verschiedene Berufsbereiche vertreten.[5] Ein Arbeitsbüro mit 15 Beamten, die von Justizministerium, anderen Ministerien, Gerichten und der Vereinigung der japanischen Rechtsanwaltskammer entsandt wurden, unterstützte die Kommission. Unter der Leitung der Kommission hat es zwei Jahre lang intensiv gearbeitet.

Die Kommission selbst hat ebenfalls tüchtig gearbeitet: Sie veranstaltete 63 Sitzungen, zu der die Öffentlichkeit Zugang hatte und vier öffentliche Versammlungen, um die Meinung der Bevölkerung zu hören. Im November 2000 veröffentlichte sie einen Zwischenbericht und legte im Juni 2001 ihren Abschlussbericht vor. Dieser Bericht enthielt neue und wichtige Vorschläge und Ansätze zur Verbesserung des Justizsystems Japans.

Der Bericht bezieht sich auf folgende drei Punkte.

— Verschiedene reformbedürftige Problembereiche, z.B. die gerichtlichen Institutionen und das gerichtliche Verfahren usw.
— Ausbau des Trägers des Justizsystems; Einführung eines neuen Systems der Juristenausbildung.
— Beteiligung der Bevölkerung an der Justiz; – Einführung der Institution des Laienrichters in Strafsachen.

Um diese Vorschläge der Reformkommission zu verwirklichen, bildete das Kabinett ein „Hauptbüro für die Durchführung der Justizreform"[6] (*Shihôseido kaikaku suishin-honbu,* nachfolgend „Hauptbüro der

---

5 Die Kommission setzte sich aus folgenden Personen zusammen: fünf Universitätsprofessoren (drei Juristen und zewi Wirtschaftswissenschaftler), drei Rechtsanwälte (ein ehemaliger Präsident der Vereinigung der japanischen Rechtsanwaltskammer, ein ehemaliger Direktor des Oberlandesgerichts und ein ehemaliger Direktor der Staatsanwaltschaft beim Oberlandesgericht), drei Vertretern aus Wirtschaftkreisen (ein Fabrikdirektor, ein Präsident einer Aktiengesellschaft und ein Gewerkschaftsvertreter) und zwei Frauen (einer Schriftstellerin und einer Vertreterin des Frauenverbands).

6 Direktor des Büros wurde der Ministerpräsident, 17 Minister der betroffenen Ministerien gehören als Vorstandsmitglieder dem Büro an. Weiterhin unterhält es elf Forschungsgruppen, die mit Experten der betreffenden Problemebereiche ausgestattet wurden. Jede Gruppe bearbeitet die Probleme ihres Gebiets und legt nach Abschluss der Beratungen einen Entwurf vor, den das Hauptbüro veröffentlicht, um die Meinung der Öffentlichkeit zu hören. Nach diesem Verfahren wird dann ein endgültiger Entwurf veröffentlicht. An das Büro wurden etwa 60 tüchtige

Justizreform" genannt) mit dem Ziel, die Reform der Justiz innerhalb von drei Jahren umzusetzen. Zu diesem Zweck wurde ein entsprechendes grundlegendes Gesetz erlassen und viele verschiedene geltende Gesetze teilweise oder völlig geändert. Als größte und wichtigste Neuerung kann man den Ausbau der Träger des Justizsystems, also die Schaffung eines neuen Juristenausbildungssystems nennen.

## IV. Der Ausbau der Träger des Justizsystems

### 1. Die Notwendigkeit der Vergrößerung der Anzahl der Rechtsanwälte

Es ist relativ deutlich zu sehen, dass die Ursache des Phänomens einer „Zwanzig-Prozent-Justiz" fast hauptsächlich im Bereich der Anwaltschaft zu suchen und dabei der Anwaltsmangel wohl als wichtigster Grund anzusehen ist. Die Zahl der Rechtsanwälte in Japan ist äußerst niedrig. Nach dem Stand von 1997 hatte Deutschland mit ca. 82 Mio. Einwohnern etwa 85.000 Rechtsanwälte vorzuweisen. Dies bedeutet, dass es etwa 103 Anwälte pro 100.000 Einwohner gab. In Japan sind derzeit etwa 16.400 Rechtsanwälte zugelassen, was bei einer Einwohnerzahl von ca. 126 Millionen bedeutet, dass es pro Kopf für 100.000 Einwohner nur 13 Rechtsanwälte gibt. Weil die Zahl der Anwälte so gering ist, können die Anwälte ihre Arbeit nicht in angemessener Zeit bewältigen, was zu erheblicher Prozessverschleppung führt. Unter den wenigen Anwälten gibt es keine Konkurrenz, darum sind die Honorare sehr hoch. Um diese Situation zu verbessern, war es dringend notwendig, die Träger des Justizsystems, besonders die Zahl der Rechtsanwälte, anzuheben.

### 2. Gründe für die geringe Anzahl an Rechtsanwälten in Japan

Warum ist die Zahl der Anwälte so gering? Diese Frage ist in Japan

Beamten des Justizministeriums, anderer Ministerien, Gerichte usw. entsandt. Einige hohe Beamte erarbeiten sämtliche Pläne der Reform, andere Beamte arbeiten in der Praxis unter der Leitung der Forschungsgruppe, um die einzelnen Probleme zu untersuchen und um den Gesetzestext usw. zu entwerfen.

eng mit dem Thema der Juristenausbildung und der politischen Macht der Vereinigung der Rechtsanwaltskammern verbunden.[7] Der Weg der Juristenausbildung ist dem deutschen sehr ähnlich. In Japan muss sich jeder, der Richter, Staatsanwalt oder Rechtsanwalt werden will, einer juristischen Staatsprüfung (vergleichbar dem Ersten Juristischen Staatsexamen in Deutschland) unterziehen. Besteht ein Bewerber diese Eingangsprüfung und hat danach zwei Jahre (seit 1999 anderthalb Jahre, von 2007 ab nur ein Jahr) an einem Ausbildungslehrgang am "Rechtsforschungsinstitut" (*Shihôkenshu-sho*) des Obersten Gerichtshofs als Referendar teilgenommen und sodann die dortige Abschlussprüfung bestanden, erlangt er einen Status vergleichbar der deutschen "Befähigung zum Richteramt". Das Hauptproblem des Anwaltmangels liegt in der Eintrittsprüfung des Instituts selbst. Die Zahl der erfolgreichen Absolventen dieses Eintrittsexamens wird im Vorhinein festgelegt. Im Jahre 1949 bestanden etwa 260 Personen diese Prüfung, seit 1959 waren es jährlich etwa 340 Absolventen, in den Jahren zwischen 1964 und 1990 durchschnittlich etwa 500. Der Prozentsatz derjenigen, welche die Prüfung bestehen, beträgt etwa 2 Prozent. Das durchschnittliche Alter bei Abschluss ist 28 Jahre. Im Gegensatz dazu ist ein Universitätsabsolvent in Japan in der Regel nicht älter als 23 Jahre. Die Anzahl der Rechtsanwälte im Jahre 1980 betrug etwa 11.760 (pro Kopf für 100.000 Einwohner nur 10 Rechtsanwälte). Diese Situation ist völlig unhaltbar.

Die Erhöhung der Anzahl der Absolventen war bereits in den 1980er Jahren Gegenstand der Diskussion, wurde aber nie geändert. Nach Ansicht der Vereinigung der japanischen Rechtsanwaltskammer (*nichibenren*) bedeutet jede Erhöhung der Zahl erfolgreicher Absolventen des Eintrittsexamens eine Verschärfung des Wettbewerbs im Rechtsanwaltsstand. Deshalb haben sich die Kammern seit langem einer Erhöhung dieser Zahl widersetzt. Dabei wirkte sich als nachteilig aus, dass die politische Macht der Rechtsanwaltskammern im Nachkriegsjapan immer zu groß war. In den 1970er Jahren bestand machtpolitisch die Regel, dass jegliche Änderungen bezüglich der Institutionen der Justiz nur aufgrund einer einheitlichen Meinung der drei Säulen der Justiz, also der „Gemeinsamen Kommission der drei Judikativorgane" (*Hôso sansha kyôgi-kai*) – nämlich Oberster Gerichtshof, Justizministerium

7 Eingehende Darstellung vgl. *Nakamura*, Justitreform in Japan (2001), S.69 f. in diesem Band.

und Vereinigung der japanischen Rechtsanwaltskammern – verwirklicht werden können. Im Jahre 1991 hatte sich die Vereinigung auf Druck der Öffentlichkeit zögernd damit einverstanden erklärt, die Zahl der erfolgreichen Absolventen des Eintrittsexamens auf 600 zu erhöhen. Die Vereinigung hat dann im Jahre 1993 bis zu 700, im Jahre 1998 bis zu 800, und im Jahre 1999 bis zu 1.000 Anwälte examiniert. Dennoch wurde die Gesamtzahl der Rechtsanwälte im Jahre 1999 nur mit etwa 17 300 angegeben.

Es ist nicht zu leugnen, dass die Ursache für die Unfähigkeit der japanischen Justiz hauptsächlich bei der Vereinigung der japanischen Rechtsanwaltskammer liegt. Die soziale Stellung des Rechtsanwalts war vor dem Kriege sehr niedrig. Nach dem Krieg wurde diese Stellung als Reaktion auf die Vorkriegszeit durch das neu geschaffene Anwaltsgesetz allzu hoch gehoben. Die Rechtsanwaltskammer hat seitdem eine große politische Macht und wurde zu einem Interessenvertreter des Berufsbandes der Rechtsanwälte.[8]

### 3. *Die Erhöhung der Anzahl der Juristen*

Der Kapazitätsausbau der Rechtsanwaltschaft war auch für die bereits angebrochenen „neuen Zeiten" in der Justiz sehr wichtig. Bis heute hat die Verwaltung nach verschiedenen Regeln unser Sozialleben in Ordnung gehalten, doch diese Vorherrschaft der Verwaltung geht zu Ende. Nun ist alles freier geworden; wenn ein Streit besteht, muss dieser nach den Regeln des Rechts erledigt werden. Hierfür werden mehr Juristen als bisher benötigt.

Eine Erhöhung der Zahl der Juristen, insbesondere aber der Rechtsanwälte, ist dringend notwendig. Aber wie viele Juristen, besonders Rechtsanwälte, soll es geben? Bei der Beratung der Reformkommission gingen die Ansichten darüber naturgemäß auseinander. Es gab eine recht starke Meinung, welche die Situation der Rechtsanwälte in Frankreich, das – abgesehen von Japan – die geringste Pro-Kopf-Zahl von Anwälten vorweist, als Kriterium für Japan ins Auge fasste. Danach (50 Anwälte für 100.000 Einwohner) sollte Japan dann etwa 63.000 Rechtsanwälte haben, eine Zahl, die die Reformkommission grob zum Ziel erhoben hat.

8 Vgl. *Nakamura*, Die Rechtsanwaltschaft in Japan (1999), S.54 ff. in diesem Band.

### *4. Die Neigung zur Einführung des Law School Systems*

Wie aber sollte man diese – gemessen am damaligen Stand (1998) von ca. 16.800 – relativ große Zahl an Anwälten erreichen? Diese Frage wurde kontrovers diskutiert. Eine Ausbildungsreform sollte durchgeführt werden. Weil das bisherige System der Staatsprüfung einen schlechten Ruf hatte (vgl. unten 5. erster Absatz), wurde die Einführung des US-amerikanischen *Law School* Systems ins Gespräch gebracht. Nach der anderen Ansicht sollte das bisherige System mit Verbesserungen beibehalten werden.

Es gab kontroverse Diskussionen, und es fanden mehrere Symposien zu diesem Thema statt. Die Institution der amerikanischen *Law School* wurde in Japan bereits als eine vortreffliche Methode der Juristenausbildung diskutiert und die Stimmen, welche die Einführung von *Law School* System für die Problemlösung für besser geeignet hielten als die Verbesserung der Juristenausbildung auf Grundlage des bestehenden Systems, wurden immer lauter. Im Lauf der Beratungen der Reformkommission hat diese Idee an Bedeutung gewonnen, und im Juni 2001 beschloss die Kommission die Einführung des amerikanisch geprägten *Law School* Systems für die künftige Ausbildung der Juristen. Der Abschluss der Ausbildung an einer *Law School* wurde zur Zulassungsbedingung für die künftige Staatsprüfung gemacht.

Die Reformkommission wollte die Zahl der Absolventen der Staatsprüfung unter dem bisherigen System, die im Jahre 2001 bei 1.000 lag, schubweise anheben; 2004 sollte die Zahl von 1.500 geprüften Juristen erreicht sein. Im selben Jahr (2004) sollte sodann ein neues Ausbildungssystem im Sinne einer *Law School* eingeführt werden, das von 2006 an in eine neue Staatsprüfung für die Absolventen der *Law School* münden soll. Die bisherige Staatsprüfung wird in der alten Form noch weitere fünf Jahre, also bis 2010, durchgeführt werden. Die Reformkommission schlägt vor, die Gesamtzahl der Absolventen der neuen und alten Staatsprüfungen gegen 2010 auf 3.000 festzulegen. Sollten ab 2010 tatsächlich jedes Jahr 3.000 Juristen neu ausgebildet werden, dürfte die Zahl der aktiven Juristen, d.h. nicht nur der Rechtsanwälte, sondern auch der Richter und Staatsanwälte, im Jahr 2018 bei etwa 50.000 liegen.

### 5. *Die für die Einführung des Law School Systems vorgebrachten Gründe*

Die für die Einführung des *Law School* Systems vorgebrachten Gründe wurzeln vor allem in der Kritik des bisherigen Systems der Staatsprüfungen. Die bisherige Staatsprüfung wird meistens in der Weise durchgeführt, dass ein Aufsatz über ein juristisches Thema zu fertigen ist (z.B.: Was ist die Verhandlungsmaxime? Was ist der Unterschied zwischen Ungültigkeit und Widerruf? usw.) Heute besuchen viele Bewerber für die Staatsprüfung ein Repetitorium. Dort lehrt man aber nur die Prüfungstechnik und keine systematische Rechtswissenschaft. Es wurde sogar berichtet, dass es oftmals eine Vielzahl gleicher Antworten bei den Examensfragen gibt, weil die Repetitorien die Probleme in den Prüfungsaufgaben voraussehen und die Teilnehmer die "ideale Antwort" lehren, welche diese unreflektiert wiedergeben. Viele Bewerber lernen überhaupt nur diese vorhergesehenen Themen und keine systematische Rechtswissenschaft. Für praktizierende Juristen ist aber eine systematische Kenntnis der Rechtswissenschaft notwendig. Denn der Jurist muss sich auf neue Gesetze einstellen und in fremde Rechtsmaterien einarbeiten können. Das eingepaukte Prüfungswissen hilft da oft nicht weiter. Die Idee des *Law School* Systems ist die Erziehung zu systematisch denkenden Juristen. Dabei wird nicht auf vorübergehenden Prüfungskenntnissen, sondern auf eine länger angelegte Erziehung gesetzt.

Als Grund für die Einführung des *Law School* Systems in Japan wurde auch die auf maximal 1.500 Anwälte begrenzte Lehrkapazität des Rechtsforschungsinstituts des Obersten Gerichtshofs, das alle Referendare besuchen müssen, genannt. Das Institut sei demnach gar nicht geeignet, die angestrebte und in der Zukunft erwartete große Zahl von Rechtsreferendaren auszubilden, die nicht Richter werden wollen. Statt jenes Rechtsforschungsinstituts könnte und sollte die *Law School* künftig Praktiker ausbilden. Allerdings wurde diese Ansicht nur zu Beginn der Debatte geäußert. Später wurde diese Behauptung zurückgezogen, denn die Leute der Gerichte sehen die Ausbildung der Rechtsreferendare weiterhin als ihr Recht an (Vgl. VII. c. Doppelte Praxisschulung).

Ein weiterer Grund, der nicht öffentlich besprochen wurde aber sehr wichtig ist, ist folgender: Der größte Teil der Juristen, die die Staatsprüfung in der Vergangenheit erfolgreich bestehen konnte, bestand hauptsächlich aus Absolventen einiger weniger Universitäten[9]. Mit der Einführung des *Law School* Systems erhoffen sich auch andere Universitäten, ihre Absolventen im Bereich der Justiz schicken zu können. Dieser Punkt wurde zwar von niemandem offiziell angesprochen, war aber ein wichtiger Grund, der die Neigung zum *Law School* System verstärkte.

## *V. Die Einführung des amerikanischen Law School Systems*

### *1. Vorbereitung der Einführung des Law School Systems*

2001 hat die Reformkommission beschlossen, von 2004 an ein neues Ausbildungssystem, das so genannte *Law School* System, einzuführen. Nach dem Bericht der Reformkommission hat das Hauptbüro der Justizreform die mit der Errichtung der *Law School* im Zusammenhang stehenden notwendigen Maßnahmen erarbeitet. Das System selbst steht unter der Zuständigkeit des Kultusministeriums. Das Hauptbüro der Justizreform schuf für das Kultusministerium den notwendigen gesetzlichen Rahmen, um das *Law School* System zu begründen. Ferner hat das Kultusministerium die bisherigen Vorschriften über das Institut des Postgraduiertenstudiums geändert. Bis dahin gab es an den Hochschulen in Japan nur ein Institut für Postgraduiertenstudium „*Daigakuin*" für Wissenschaftler. Das Kultusministerium hat nun die Schaffung eines *Daigakuin*, das für die Ausbildung von hochqualifizierten Personen des jeweiligen Berufszweigs bestimmt ist, geregelt, damit die *Law School* als ein Institut des Postgraduiertenstudiums der Universität ermöglicht wird. Im März 2003 legte das Kultusministerium die Kriterien für die *Law School*s fest.

### *2. Überblick über die Kriterien der Law School*

---

9 Die Universitäten Waseda, Tokio, Keio, Kyoto und Chuo sind in den letzten zehn Jahren die besten Universitäten gewesen. Im Jahre 2005 bestanden 1454 Bewerber die erste Staatsprüfung. Darunter waren 228 Absolventen der Waseda Universität, 226 der Tokio Univ., 128 der Keio Univ., 120 der Kioto Univ., 118 der Chuo Universität. Das sind zusammen 820. Die restlichen 634 verteilen sich auf die übrigen 84 Universitäten.

Diese Kriterien sind folgende;

*a) Studienzeit*

Die Studienzeit beträgt grundsätzlich drei Jahre. Für Studenten, die bereits an einer Universität Jura studiert haben, verkürzt sich die Zeit auf zwei Jahre.

*b) Lehrkräfte*

Für die Auswahl der Lehrkräfte an der *Law School* gelten folgende Kriterien:

i) Die Zahl der vollamtlichen Professoren an einer *Law School* muss mindestens 12 betragen.

ii) Für 15 Studenten muss mindestens ein vollamtlicher Professor vorhanden sein.

iii) Mindestens 20 Prozent der Lehrkräfte müssen Praktiker oder frühere Praktiker sein. Etwa ein Drittel der Praktiker müssen vollamtliche Professoren sein.

*c) Studierende*

Die *Law School* ist eine Einrichtung zur Ausbildung von juristischen Praktikern. Wünschenswert ist, dass diese Praktiker nicht nur aus dem Kreis der Jurastudenten hervorgehen, sondern auch Studenten anderer Fachrichtungen sich juristisch ausbilden lassen. Daher öffnet sich das Studium an der *Law School* nicht nur für Absolventen der juristischen Fakultäten, sondern auch für solche anderen Fächer. Eine Zahl von etwa 30 Prozent Nichtjuristen ist als Ideal vorgesehen.

Jeder Bewerber muss vor der Aufnahmeprüfung der *Law School* eine Prüfung über seine oder ihre Eignung als Jurist (Eignungstest, also japanischer LSAT), die seitens eines öffentlichen Organs durchgeführt wird, versuchen und bestehen.

Wenn der Studierende die *Law School* absolviert, kann er innerhalb von fünf Jahren nach dem Abschluss an der *Law School* drei Mal die Staatsprüfung versuchen.

*d) Lehrinhalte und Methode*

Die Lehrinhalte der *Law School* sind folgende;

i) Grundfächer (Fächer, die sich auf Verfassungsrecht, Verwaltung recht, Bürgerliches Recht, Handelsrecht, Zivilprozessrecht, Strafrecht,

Strafprozessrecht beziehen)

ii) Basisfächer für die juristische Praxis, z.B. Moral der Juristen, Untersuchung der juristischen Information usw.

iii) Grundrechtswissenschaft und ihre Nachbarwissenschaften, z.B. Rechtsphilosophie, Rechtsgeschichte, Wirtschaftslehre usw.

iv) Spitzenrechtswissenschaft, z.B. Recht des Geistigen Eigentums, Internationales Handelsrecht usw.

Nach obigem Maßstab darf jede *Law School* die angebotenen Studienfächer selbst bestimmen und die Einzelheiten über den Lehrinhalt, die Lehrmethode usw. müssen für jedes Jahr im Voraus festgelegt werden

Als Form der Lehrveranstaltung soll das Gespräch (Diskussion) zwischen der Lehrkraft und einem kleinen Teilnehmerkreis von Studierenden oder der Studierenden untereinander im Mittelpunkt stehen.

In Vorbereitung ist ein drittes Organ, das die Qualität jeder *Law School* beurteilt. Dieses Organ besteht aus drei Mitgliedern, wie Professoren, Rechtsanwälten usw. und beurteilt die Qualität der *Law School.* Dieses Organ kann evaluieren und Ratschläge geben, aber ist nicht dazu berechtigt, die jeweilige *Law School* abzuschaffen.

## *VI. Überblick über das Law School System*

### *1. Gründung einer Law School*

Jede Universität, die eine Juristische Fakultät besitzt, wollte ihre eigene *Law School* einrichten, um den Ruf der Fakultät zu heben. Als obige Kriterien durch das Kultusministerium veröffentlicht wurden, haben 71 Universitäten und ein provinziell Rechtsanwaltskammer bis Juni 2003 Anträge auf Gründung einer solchen *Law School* für etwa 6000 Studierende an das Kultusministerium gestellt.

Als die Reformkommission das *Law School* System geplant hat, beurteilte sie die Resonanz auf die Pläne nicht so überwältigend. Im letzten Bericht der Reformkommission aus dem Jahre 2001 stellte sie als Ziel heraus, dass die Zahl der erfolgreichen Teilnehmer an der Staatsprüfung pro Jahr 3000 betragen solle. Und es soll eine so ausreichende Ausbildung an der *Law School* angeboten werden, dass 70 bis 80 Prozent der Absolventen die Staatsprüfung bestehen können. Die Konzeption der Reformkommission über das *Law School* System ging vermutlich von ungefähr 15 bis 20 *Law Schools* mit etwa 3000 Plätze für die Studierenden aus (diese Zahl wurde nicht veröffentlicht).

Die Zahl der Anträge auf Gründung einer *Law School* war also viel größer als von der Reformkommission bzw. dem Kultusministerium vermutet. Wenn der Antrag die Kriterien erfüllt, muss ihn das Ministerium genehmigen. Das Kultusministerium hat also 68 Anträge genehmigt. Für das erste Studienjahr an der *Law School* (2004) wurden 68 *Law Schools* in Japaneingerichtet.[10] Die Gesamtplatzzahl für Studierende des ersten Studienjahrs beträgt 5600.

Nach der Genehmigung des Kultusministeriums führte jede *Law School* eine Aufnahmeprüfung durch. Dabei war die Gesamtzahl der Bewerber 72 800 von denen bestanden 5767 die Prüfung. Die Zahl der Nicht-Jurastudierenden betrug dabei 34,5 Prozent aller Studierenden.

Viele Bewerber, die den Bericht der Reformkommission von 2001 gelesen hatten, dachten, dass sie nach dem Abschluss an der *Law School* leicht die Staatsprüfung bestehen können. Im März 2006 absolvierten 2125 Studierende, die bereits Jura studiert hatten, eine *Law School.* In Mai dieses Jahres ist die Staatsprüfung für diese Personengruppe vorgesehen. Für das Jahr 2006 bleibt es noch bei der alten Institution der Staatsprüfung. Wie viel Bewerber als Absolventen der *Law School* diese Prüfung bestehen können, ist noch nicht klar. In jedem Fall ist es unmöglich, dass es 70 bis 80 Prozent der Absolventen der *Law School* sein werden.[11]

10 3 Law Schools bieten 300 Plätze für Studierende im ersten Studienjahr, 1 bietet 260 Plätze, 2 – 200 Plätze, 2 – 150 Plätze, 2 – 130 bzw.125, 10 – 100, 2 – 80 bzw.75, 2 – 70 bzw. 65, 11 – 60, 18 – 50, 5 – 40, 7 – 30 Plätze.

11 Es wird vermutet, etwa 1000 neue Absolventen der Law Schools, und etwa 500 auf dem bisherigen Prüfungssystem die Staatsprüfung bestehen können. 1000 erfolgreiche Kandidatenbilden etwa 50 Prozent von sämtlicher Absolventen des Jahres 2006. Diese 50 Prozent liegen unter der Vorstellung der Reformkommission von 2001. Die Bewerber von 2006 haben aber Glück, weil im Jahre 2007 etwa 5000 Neuabsolventen der Law School und weiterhin etwa 1000 Durchgefallene Kandidaten aus dem Jahre 2006, zusammen etwa 6000 Bewerber die

Im Jahre 2005 wurden weitere 6 *Law Schools* neu genehmigt[12] (also zusammen 74 *Law Schools*). Als jedoch deutlich wurde dass der Weg zur Staatsprüfung gar nicht leicht ist, verringerte sich die Gesamtzahl der Bewerber an der *Law School* um etwa 40 Prozent im Vergleich zu 2004.

2006 wurden es noch weniger Bewerber, etwa nur die Hälfte im Vergleich zu 2004. Einige kleinere *Law Schools* bekamen nicht genügend Bewerber und sind schon in finanzielle Not geraden. Es wird bald der Zusammenschluss oder die Abschaffung der *Law School* ins Gespräch kommen.

Wie die Institution der *Law School* sich weiter entwickeln werden wird, ist noch nicht vorhersehbar.

## *2. Lehrveranstaltungen an der Law School*

Japan hat die amerikanische *Law School* zum Vorbild genommen. Juristen, die in den USA studierten oder praktizierten, stellten das amerikanische Modell in Japan gründlich vor. Auch reisten vor Eröffnung einer *Law School* viele Beteiligte der japanischen *Law School* in die USA und haben dort *Law Schools* besichtigt. Auch viele Kollegen amerikanischer Institutionen sind auf Einladung der Japanischen Seite nach Japan gekommen und haben die amerikanische *Law School* vorgestellt. Darum ist die japanische *Law School* fast eine Nachahmung der amerikanischen *Law School.*

### *a) Lehrinhalte*

Zweck der *Law School* ist die Ausbildung des juristischen Praktikers. Darum ist es sehr richtig, dass es viele praktische Lehrfächer gibt und genügend Stunden zur Übung in der Praxis vorgesehen ist (Vgl. V. 2. d, Lehrinhalte). Viele *Law Schools* bereiten sog. *„law-clinics“* vor, in der die Studierenden die echte Praxis erfahren können.

### *b) Lehrmethode*

---

Staatsprüfung versuchen. Wenn 2000 Bewerber die Staatsprüfung bestehen dürfen, sind dies nur 30 Prozent sämtlicher Bewerber.

12 1 Law School bietet 60 Plätze für Studierende im ersten Studienjahr, 2– 40 Plätze, 3 – 35 bzw.30 Plätze. Also die Gesamtplatzzahl für Studierende des ersten Studienjahrs beträgt 5 835.

Die Lehrveranstaltung geht immer vom Rechtsfall aus, dort steht die sog. *Sokratesmethode* oder Fallmethode (*case method*) im Mittelpunkt. Das Gespräch (Diskussion) zwischen der Lehrkraft und einem kleinen Teilnehmerkreis von Studierenden oder der Studierenden untereinander wird für sehr wichtig gehalten. An der juristischen Fakultät war diese Form der Lehrveranstaltung nicht die Hauptmethode. Das Studium der Rechtswissenschaft vom Rechtsfall aus zu entwickeln, ist eine interessante Methode, die im kontinentaleuropäischen Rechtskreis nicht häufig eingesetzt wird. Es ist aber sehr fraglich, ob wir diese Fallmethode in allen Bereichen weiter entwickeln sollen. Nach Meinung des Verfassers ist diese Methode im angloamerikanischen Rechtskreis richtig, aber für den kontinentaleuropäischen Rechtskreis ist es nicht die einzig richtige Methode.

Die grundlegenden Elemente von Prozessen oder gerichtlichen Entscheidungen sind Tatsachen und die Normen. In angloamerikanischen Ländern, die kein positives Recht besitzen, findet man das Recht (Gerechtigkeit) im geschehenen Fall. Diese Urteile wurden zum Fallrecht im angloamerikanischen Recht. Hier ist die Fallmethode (*case method*) sehr wichtig. Es ist aber in den kontinentaleuropäischen Ländern ganz anders. Die Rechtsregel steht bereits vor dem Fall fest. Man sieht den Fall vom bereits vorhandenen Recht aus. Der Ausgangspunkt der Rechtswissenschaft ist ganz anders als im amerikanischen Recht.[13] Hier muss nicht immer nach der amerikanischen Methode, sondern es muss eine eigene dem kontinentaleuropäischen Recht angepasste Studienmethode entwickelt werden.

### *3. Unterstützung*

Die *Law School* ist für Japan ein neues Institut; deshalb braucht es viel Unterstützung, um dieses Institut zu behalten und zu entwickeln.

#### *a) Personelle Unterstützung*

Hauptaufgabe der *Law School* ist die Ausbildung von Praktikern. Man benötigt viele Lehrkräfte, wie Praktiker (Richter, Staatsanwälte

---

13 Über den Unterschied zwischen kontinentaleuropäischen und angloamerikanischen Zivilprozess, Vgl. *Nakamura*, Die zwei Typen des Zivilprozesses, in: *Nakamura*, Japan und das deutsche Zivilprozessrecht, 1996 Tokio, S. 87 ff.

oder Rechtsanwälte) oder Personen, die eine entsprechende Erfahrung besitzen. Nach den Kriterien zur Gründung einer *Law School* muss ein Drittel der beruflichen Lehrkräfte aus der Praxis kommen oder entsprechende Erfahrungen besitzen. Das Hauptbüro der Justizreform hat ein „Gesetz betreffend der Abordnung von Richtern und Staatsanwälten an die *Law School*" (Gesetz Nr. 2000/138) ausgearbeitet und auch die Abordnung von staatlichen Beamten an die *Law School* ermöglicht.[14] 2005 arbeiteten etwa 60 Richter und 21 Staatsanwälte als ehren Professor an einer *Law School.*

Viele Rechtsanwälte wurden seit Eröffnung der *Law Schools* dort als Lehrkräfte aufgenommen. Die Gestaltung der Arbeit ist unterschiedlich. Einige tüchtige Rechtsanwälte, die auch eine Befähigung als Universitätsprofessor besitzen, wurden nach dem Vertrag zum Professor ernannt, bzw. sind je nach der Befähigung auch Assistenzprofessor geworden. Und viele Rechtsanwälte arbeiten stundenweise als Dozent an einer *Law School.* Die Gesamtzahl der Rechtsanwälte beträgt etwa 500.

Der Ruf von Rechtsanwälten als Lehrkraft ist im Allgemeinen nicht besonders hoch. Sie haben wenig Talent als Lehrer. Mit Stolz erzählen sie von ihrer gut gehenden Praxis, haben aber häufig sonst nicht viel vorzuweisen.

*b) Finanzielle Unterstützung*

Die Gründung und Unterhaltung einer *Law School* benötigt enorme finanzielle Mittel. Das Kultusministerium hat viel Geld zur deren Gründung an privaten Universitäten als finanzielle Unterstützung ausgegeben (2500 Millionen Yen, etwa 21 Millionen Doller). Auch für das Projekt zur Festlegung des Inhalts, der Methoden usw. des Unterrichts an einer *Law School* wurde viel Geld (1500 Millionen Yen, etwa 12.5 Millionen Doller) ausgegeben.

Für das Studium brauchen Studierende viel Geld. Nur die Studierenden, die über finanzielle Mittel verfügen, können eine *Law School* besuchen, für andere ist das Studium zu kostspielig. Eine solche Diskrimi-

---

14 Die Bedingung der Abordnung an die Law School ist für Richter und Staatsanwalt etwas unterschiedlich. Ein Richter kann nur stundenweise an der Law School arbeiten, ein Staatsanwalt kann seine ganze Arbeitzeit an der Law School erbringen. Der Richter bekommt ein Gehalt vom Staat, aber kein Honorar von der Law School. Die Law School bezahlt das Honorar an die Staatkasse. Ein Staatsanwalt bekommt sein Honorar von der Law School usw.

nierung sollte unbedingt vermieden werden. Es gibt viele Institutionen, die den Studenten ein Stipendium anbieten, doch reicht dies nicht immer aus. Das Kultusministerium hat im Rahmen einer öffentlichen Stiftung eine große Summe (6800 Millionen Yen, etwa 56.6 Millionen Doller) für Stipendien für 3500 Studierende an den *Law Schools* bereitgestellt.

### 4. Problem

Es ist schon vorherzusehen, dass viele Absolventen der *Law School* die Staatsprüfung nicht bestehen können. Das dreijährige Studium kostet viel Geld und Zeit. Wenn es nach dem Abschluss an der *Law School* gar keine Berufsaussichten gibt, stellt dies ein großes Problem dar. Wie diese Personen, die nach Abschluss an einer *Law School* die Staatsprüfung nicht bestanden haben, behandelt werden sollen, ist ein Thema, über das noch nachzudenken ist. Ob eine neue Institution oder eine neue Berufkarriere, die nicht die des Rechtsanwalts ist, sondern ein etwas niedrigerer Zweig sein könnte, geschaffen werden sollte, ist noch zu überlegen.

Wie man die genannten Probleme lösen soll und lösen kann, ist gegenwärtig ein heißer Diskussionsgegenstand.

## VII. Abschließende Bemerkung

Japan hat das *Law School* System eingeführt. Schon zu Beginn der Überlegungen, ob wir dieses System einführen sollten, tauchten Zweifel auf. Nach Meinung des Verfassers hätten wir dieses System nicht einführen sollen. Es macht aber heute, nachdem wir dieses System haben, keinen Sinn, dieses Thema zu erläutern. Vielmehr sollte man prüfen, ob das *Law School* System, dessen praktische Gestaltung durch das Hauptbüro der Justizreform geregelt wurde, befriedigend ist. Leider muß man sagen, dass das aktuelle System sehr problematisch ist. Als die Reformkommission auf die Idee kam, das *Law School* System in Japan einzuführen, gab es nur das Vorbild der USA. Man nahm sich seinerzeit nicht genügend Zeit, um ein unserem eigenen Erziehungssystem angepasstes *Law School* System zu schaffen. Darum kann man sagen, dass die heutigen Mängel das selbstverständliche Resultat der einfachen Nachahmung des amerikanischen Vorbilds war. Unten werden die Problempunkte des geltenden japanischen *Law School* Systems angegeben werden.

### *a) Falsche Vorstellung, dass etwa 30 Prozent der Studierende der Law School nicht Absolventen der juristischen Fakultäten sein soll.*

Die Fehler des japanischen *Law School* Systems stammen aus der Vernachlässigung, der Forschung über die grundlegenden Unterschiede der Erziehungssysteme Japans und der USA. Ein großer Unterschied, ist darin zu sehen, dass in Japan juristische Fakultäten als Vorstufe für die *Law School* vorhandensind, während es keine solche in den USA gibt. In Japan studieren Studenten Jura an der juristischen Fakultät der Universität. In den USA studieren Studenten an der Universität nur *liberal art*, Jura erst an der *Law School*. Die Studenten an der *Law School* in den USA sind nicht nur von Anfang am Recht interessiert, sondern auch an verschiedenen anderen Fächern. Das Kultusministerium hielt diese Mischung für interessant für unsere zukünftigen Juristen. Deshalb bestimmte das Ministerium, dass etwa 30 Prozent der Studierenden an der *Law School* Nichtjuristen und etwa 70 Prozent Absolventen der juristischen Fakultäten sein sollen. Die Studienzeit beträgt für Nichtjuristen drei Jahre und für Jurastudenten zwei Jahre.

Es gibt nun an der *Law School* in Japan zwei Arten von Studierenden; solche, die bereits auf der juristische Fakultät drei Jahre Jura studiert haben und danach zwei Jahre auf der *Law School* die Praxis erlernt, und andere, die auf der *Law School* erst das Recht und dann die Praxis lernen.

Nach dem Abschluss der *Law School* müssen die Studierenden die Staatsprüfung, die sich hauptsächlich auf juristische Probleme bezieht, bestehen. Ob ein Studierender, der das Studium nicht an einer juristischen Fakultät absolvierte, nach dreijährigem Studium an der *Law School* die gleichen Kenntnisse und Fähigkeit besitzt wie jemand, der sein Studium an einer juristischen Fakultät absolviert hat, ist es sehr fraglich.

Ein Student, der keine juristische Fakultät besucht hat, wird erst 2007 die *Law School* absolviert haben und die Staatsprüfung versuchen. Es gibt darum diesbezüglich noch keine Erfahrungen. Nach der Ansicht des Verfassers, der schon lange Jurastudenten ausgebildet hat, ist es fast unmöglich, dass ein Student, der kein Absolvent der juristischen Fakultät ist, nach dreijährigem Studium an der *Law School* im Wettbewerb mit Absolventen der juristischen Fakultät die Staatsprüfung bestehen kann. In der nahen Zukunft wird sich zeigen, dass es sehr schwierig ist, einen Nichtjurastudenten in drei Jahren soweit zu bringen, dass er die Staatsprüfung besteht. In der Zukunft werden deshalb nur wenige Nichtjurastudenten, (bestimmt unter 10 Prozent der gesamten Bewerber), eine *Law School* besuchen wollen.

***b) Verachtung der Bedeutung des Daseins der Juristischen Fakultät***

Das System der Hochschule in Japan folgt im Grunde genommen schon lange dem deutschen System. Nach dem Studium am Obergymnasium studieren Studenten Jura an der juristischen Fakultät. Wenn man dort drei Jahre studiert hat[15], können die Absolventen in Banken, Versicherungen, Firmen oder auch in der Verwaltung zuerst als Angestellte arbeiten; je nach den individuellen Fähigkeiten können sie es mit der Zeit bis zum Vorstand bringen. Sie sind nicht Jurist in eigentlichen Sinn, aber ein großer Teil von ihnen hat Fähigkeiten als Jurist. Diese Personen haben es heute zu großem Wohlstand in Japan gebracht. Die Institution und Ausbildung an der juristischen Fakultät sollte also auch in der Zukunft nicht geändert werden.

Unter dem Einfluss der USA gibt es bereits die Ansicht, dass die Ausbildung an der Universität wie in den USA nur als Studium von *liberal art* konzipiert werden sollte. Diese Meinung ist für uns in Japan irrig. Warum studieren die Studenten in den USA an der Universität nur *liberal art*, nicht Jura? Sie studieren Rechtswissenschaft erst an der *Law School*. Die Aufgabe des Richters ist es, das Recht in den Fällen zu finden. In den USA gilt zudem das Jury-System, bei dem kein Jurist als Richter fungiert. Unter diesen Umständen sollte der Richter in den USA ein Mann mit gesundem Menschenverstand sein, aber es ist nicht nötig, dass er unbedingt Jurist ist. In den kontinentaleuropäischen Ländern herrscht das positive (gesetzte) Recht[16]. Dort muss man unbedingt

---

15 Die Studienzeit der Studenten an der juristischen Fakultät beträgt vier Jahre. Davon müssen sie ein bis anderthalb Jahre *liberal art* studieren. Die Studienzeit für Rechtswissenschaft beträgt zweieinhalb bis drei Jahre.

16 Über Unterschied zwischen angloamerikanischen und kontinentaleuropäischen Recht, Vgl. Fn. 13.

Rechtswissenschaft studieren. Deshalb gibt es juristische Fakultäten in den kontinentaleuropäischen Ländern. Das Jurastudium an der Universität hat anders als in den USA auch bei uns eine große Bedeutung.

### *c) Doppelte Praxisschulung*

Die *Law School* bezweckt Praktiker zu erziehen. Als die Begründung der *Law School* in der Reformkommission diskutiert wurde, wurde behauptet, die Kapazität des Rechtsforschungsinstituts der Obersten Gerichts, an dem die Referendare die juristische Praxis lernen sollen, ist zu klein, wenn es jedes Jahr etwa 3000 Referendar ausbilden muss. Darum sollte das *Law School* System begründet werden (Vgl. IV. 5 zweiter Abschnitt). Nach der Kontroverse, als die Einführung des *Law School* Systems beschlossen wurde, haben die Angehörigen der Gerichte und des Justizministeriums behauptet, dass die Gerichtspraxis doch durch das Rechtsforschungsinstitut gelehrt werden soll. Die Angehörigen der staatlichen Seite sind der Meinung, dass die Ausbildung der Referendare ihr Recht ist, und möchten dies nicht abgeben. Das Praxisstudium ist nun doppelt[17]. Wenn die *Law School* die Gerichtspraxis lehren soll, ist die Ausbildung am Rechtsforschungsinstitut nicht mehr notwendig. Wenn das Rechtsforschungsinstitut weiter für die Gerichtspraxis zuständig sein sollte, ist die *Law School* überflüssig. Es muss gesagt werden, dass dieser Zeitverlust für die jungen Juristen vermieden werden sollte.

### *d) Fehlende Ausbildung der Wissenschaftler*

Vor der Einführung der *Law School* boten fast alle juristischen Fakultäten der Universitäten *Daigakuin* Master- und Doktorandenkurse für Wissenschaftler an. Als das *Law School* System eingeführt wurde, wurden die meisten *Daigakuin* zu *Law School*s umgewandelt. Nur wenige Universitäten unterhalten beides, eine *Law School* und auch die bisherige *Daigakuin* für Master- und Doktrandenkurse.

Wie die Ausbildung der Wissenschaftler in der Zukunft gestaltet werden wird, ist ein großes Problem. Vor dem Kriege gab es den Usus, dass nur eine Person, die die Staatsprüfung bestanden hat, Assistent an

---

17 Allerdings wurde die Zeit als Referendar zu einem Jahr (vorher anderthalb Jahr) verkürzt.

der Universität werden konnte. Dieser Brauch ist verschwunden, weil die Staatsprüfung zu hart war, er könnte aber wieder belebt werden. In der Zukunft werden die meisten Jurastudenten zuerst die *Law School* besuchen und nach deren Abschluss die Staatsprüfung versuchen. Und nach dem Bestehen der Staatsprüfung werden sie die *Daigakuin* für Doktorandenkurse besuchen, oder nach Absolvierung des Rechtsforschungsinstituts, als Praktiker die *Daigakuin* für Doktorandenkurse besuchen.

*Daigakuin*-Doktorandenkurs existiert heute nur an wenigen Universitäten. Die Forschung an den *Daigakuin*-Doktorandenkursen wird immer schwieriger werden. In den USA gibt es viele Praktiker aber nur wenige Rechtswissenschaftler. Es wird auch vermutet, dass es in Japan in der Zukunft nur wenige Rechtswissenschaftler geben wird.

## — *Zum Schluss* —

Das *Law School* System als eine Methode für Juristenausbildung zu benutzen, ist auch eine Idee. Das heute in Japan geltende *Law School* System ist aber nur eine Nachahmung des amerikanischen *Law School* Systems. Wie bereits oben dargestellt, hat Japan und die USA ein anderes Konzept des Rechts und auch Erziehungssystems an der Universität. Nur eine Nachahmung des amerikanischen Law School Systems passt nicht für Japan. Wenn wir weiter das *Law School* System durchführen sollten, müssen wir dieses System gründlich geändert werden.

(7)

# *Der Einfluss des fremden Rechts auf das japanische Recht*

## *Inhaltsverzeichnis*



Dieser Aufsatz ist Wiedergabe des Vortrags, den der Verfasser am 7. Oktober 1996 zum Anlass der Erreichung des Ehrendoktors von Athener Universität in Aula der Universität Athen gehalten hat.

## Vorwort

Japan war von 1587 bis 1856, etwa 300 Jahre lang von der Welt isoliert. Vor etwa 140 Jahren eröffnete Japan seine Türen nach außen und führte die europäische Kultur ins Land ein. Seit dieser Zeit stehen alle bedeutenden Gebiete wie z.B. das des Rechts, der Politik, der Ökonomie, der Medizin, der Technologie, der Erziehung u.a. unter dem entscheidenden Einfluss der europäischen Kultur. Auch der Lebensstil, z.B. die Kleidung, das Wohnen, das Essen wurde europäisiert. Weil Griechenland die Quelle der europäischen Kultur ist, freue ich mich besonders, dass ich gerade von Ihrer weltberühmten, höchst verehrten Universität den Titel von Doktor honoris causa verliehen bekam. Das ist für mich eine große Ehre, und ich bedanke mich sehr herzlich für die Freundschaft von Professor Beys und die Kollegen der Universität.

Heute möchte ich etwas auf die jüngere japanische Rechtsgeschichte eingehen.

## I. Einleitung

Japan stand in neuerer Zeit zweimal unter großem Einfluss des fremden Rechts. Bis zur Mitte des 19. Jahrhundert besaß Japan eine aus dem chinesischen Recht stammende feudale Rechtsordnung. Im Jahre 1868, als das *Tokugawa-shôgunat* zusammengebrochen war und die Kaiserliche *Meiji*-regierung herrschte, wurde die Rechtsordnung nach dem Vorbild des europäischen Rechts umgewandelt. Das zweite Ergebnis war die Übernahme von USAmerikanischen Recht nach dem Zweiten Weltkrieg.

Diese zwei Ergebnisse haben in der Geschichte der japanischen Kultur eine große Bedeutung. Ich werde in diesem kleinen Vortrag versuchen zu erklären, warum Japan vor einem Jahrhundert das europäisches Recht und dabei gerade das deutsches Recht übernommen hat. Mit der Einführung des deutschen Rechts haben wir unsere Rechtsinstitution und unsere Rechtswissenschaft auf der Grundlage der deutschen

Rechtsinstitution und deutschen Rechtswissenschaft aufgebaut. Nach dem Zweiten Weltkrieg wurde Japan von USA besetzt und erhielt in verschiedener Hinsicht eine starken Einfluss von den USA. Ich möchte daher auch auf die Frage eingehen, was für einen Einfluss das japanische Recht von dem angloamerikanischen Recht erhalten hat. Als Zivilprozessrechtler möchte ich diese Fragen hauptsächlich vom Standpunkt des Zivilprozessrechts aus erläutern. Und zum Schluss möchte ich kurz die zukünftige Richtung der japanischen Zivilprozessrechtswissenschaft schildern

## *II. Einführung des fremden Rechts vor 100 Jahren*

Rezeptionsvorganges empfiehlt es sich zuerst, einen kurzen Überblick über die Situation Japans vor der *Meiji*-Zeit zu geben. Kaiser *Meiji* der 1868 an die Regierung kam, war seit vielen Jahrhunderten wieder der erste Kaiser, der die Macht wieder selbst ausübte. Bis dahin war die Herrschaft beim *Shôgun* gelegen, dessen Amt erblich war. Das *Shôgunat* beruhte im Innern auf einem ausgeprägt strengen Feudalsystem, das dem *Shôgun* die Herrschaft bis in die letzten Winkel des Reiches ermöglichte. Nach außen hatte das *Shôgunat* aus Gründen der inneren Sicherheit eine Politik der Abschließung betrieben, die Japan fast 300 Jahre von der Welt isolierte, Mit China hatte allerdings eine gewisse Verbindung weiter bestanden; ebenso mit den Niederlanden, wodurch Japan einen Ausschnitt aus der Vielfalt der europäischen Kultur kennen lernte. Als sich Japan um die Mitte des Jahrhunderts noch unter dem *Tokugawa Shôgunat* nach außen öffnete, vertiefte und erweiterte sich die Kenntnis europäischer Kultur. Von nun ab studierten japanische Gelehrte in Europa, vornehmlich in Frankreich, zu dem das *Tokugawa Shôgunat* enge politische Beziehungen aufgenommen hatte.

### *1. Gründe für die Einführung des europäischen Rechtssystems*

Seit dem Erlöschen des *Tokugawa-Shôgunats* im Jahre 1868 regierte Kaiser *Meiji* über ganz Japan; unter ihm schlug Japan den Weg zum modernen Staat ein. Was das Recht anlangt, so war die *Meiji*-Regierung sehr bemüht, ein neues Rechtssystem nach europäischem Stil zu schaffen. Damit entsprach sie den Forderungen von fortschrittlich denkenden Kräften, die sich nach der Regierungsübernahme durch Kaiser *Meiji* gegen alle für kurze Zeit unternommenen Versuche gewehrt hatten, wieder an die Traditionen der alten Kaiserzeit anzuknüpfen, und die mit Nachdruck eine Modernisierung des japanischen Staates forderten. Diese Kreise waren sich darüber im klaren, dass sich Japan unter dem alten Feudalsystem nicht mehr weiterentwickeln konnte und dass die vortreffliche militärische Macht der europäischen Länder, die Japan bedrohte, nicht nur auf der modernen Technik beruhte, sondern auch ein Ergebnis ihrer kapitalistischen Gesellschaftsordnung war. Um die Selbständigkeit Japans vor dem ausländischen Druck zu sichern, wollte man daher Japan möglichst schnell nach europäischem Vorbild zu einem modernen kapitalistischen Staat umformen. Zu diesem Zweck sollte die staatliche und gesellschaftliche Ordnung Japans durch die Einführung europäischen Rechts modernisiert werden.

Japan war im Übrigen auch gezwungen, sein Recht zu modernisieren, wenn es auf der Ebene des Völkerrechts Gleichberechtigung mit Amerika und den europäischen Machten erlangen wollte. Nachdem sich die USA unter militärischen Drohung Zugang zu japanischen Häfen verschafft hatten, kam es zu einem Vertrag, in dem die ausländischen Machte Exterritorialität und den Verzicht Japans auf eigene Zollhoheit durchsetzten; vor allem die Exterritorialität wollten die ausländischen Mächte so lange nicht aufgeben, als Japan seinem alten schwerfälligen und komplizierten Rechtssystem verhaftet blieb.

### 2. *Der französische Einfluss zu Beginn der Meiji-Zeit*

Angesichts obiger Situation beabsichtigte die *Meiji*-Regierung, so schnell wie möglich moderne Gesetzbücher nach europäischem Muster zuschaffen. Die *Meiji*-Regierung setzte zunächst die noch in den letzten Jahren der *Tokugawa*-Zeit eingeleitete Kulturpolitik fort; das bedeutete, dass die kulturelle Ausrichtung nach Frankreich bestehen blieb. Als Vorbild boten sich daher zunächst die französischen Kodifikationen Napoleons an. Die Gründe sind folgende;

a) Die französische Kultur war seit dem Ende der *Tokugawa*-Zeit in Japan bekannt geworden, und die Beamten, die mit der Gesetzgebung befasst waren, waren schon mit den Grundzügen der französischen Kultur vertraut.

b) Die Gesetzbücher Napoleons, die am Anfang des 19. Jahrhunderts veröffentlicht wurden und später zahlreichen europäischen Gesetzgebungen als Vorbild dienten, standen damals trotz ihres relativen Alters in Europa in hohem Ansehen.

c) Die napoleonischen Kodifikationen umfassten alle wichtigen Gesetze, und zwar das bürgerliche Recht, Handelsrecht, Strafrecht, die Zivil- und Strafprozessordnung. Sie sind systematisch aufgebaut und für Anfänger im Studium des europäischen Rechts leicht verständlich.

Dagegen ist das angloamerikanische Recht ein Fallrecht, also kein kodifiziertes und daher ein schwer überschaubares Recht. Es war für Fremde naturgemäß schwer verständlich. Die deutschen Kodifikationen, die später auf das japanische Recht großen Einfluss ausüben sollten, existierten zu dieser Zeit noch nicht.

Aus obigen Gründen beschloss die *Meiji*-Regierung, die Gesetzbücher Napoleons für das neue japanische Recht als Vorbild heranzuziehen. Im Jahre 1869 beauftragte die Regierung den Gelehrten *Mizukuri*, der einer Delegation des *Tokugawa-Shôgunats* nach Frankreich angehört hatte, mit der Übersetzung des französischen Rechts in das Japanische.

Japan hatte zum Ziel, die Exterritorialitätsrechte, die sich einige Westmächte eingeräumt hatte, möglichst schnell abzuschaffen. Eine erste Gelegenheit bot sich mit einer Vertragsänderung zum Jahre 1872. Daher war die Schaffung moderner Gesetze die vordringlichste Aufgabe der Regierung. Der Damalige Justizminister *Eto* dachte ernsthaft daran, diese Übersetzung sofort als geltendes japanisches Recht zu veröffentlichen. *Eto* beschleunigte *Mizukuri* die japanische Übersetzung des französischen Rechts. Wenn die Übersetzung einer Seite fertig war, brachte eine Angestellte diese Übersetzung zu *Eto*, der im nebenan liegenden Zimmer war, und *Eto* und einige Kollege verbesserten diese Übersetzung. Die Übersetzung war dringend. Es ist ein Ausspruch von ihm überliefert, der berühmt wurde und noch heute bekannt ist, der lautet:, „Die Übersetzung darf ruhig etwas falsch sein, sie muss aber so schnell wie möglich angefertigt werden“.

Als *Etos* Plan, die Gesetzübersetzungen sogleich als geltendes japanisches Recht zu veröffentlichen, sich nicht verwirklichen ließ, und als bei der Arbeit einer daraufhin eingesetzten Gesetzgebungskommission große Schwierigkeiten auftragen, berief die *Meiji*-Regierung zu Anfang der 70er Jahre zwei französische Juristen, den Pariser Rechtsanwalt *Bousquet* und den Universitätsprofessor *Boissonade*, um diese an der Kodifikation mitwirken zu lassen.

*Boissonade* machte sich zuerst an den Entwurf des Strafrecht und des Strafprozessrechts. Beide Entwürfe wurden später durch eine Kommission geprüft und als Gesetz (StGB: im Jahre 1881, StPO: im Jahre 1880) verkündet. Er arbeitete weiter vermögensrechtlichen Teil des Zivilgesetzbuchs. Der von ihm bearbeitete Entwurf wurde 1890 als Gesetz (dies nennt man alte BGB) verkündet, trat aber dennoch nicht in Kraft. Inzwischen war nämlich ein Machtkampf zwischen der französischen Schule und englischen Schule in Japan entbrannt, wobei die englische Schule verhindern wollte, dass die Kodifizierungen ausschließlich nach dem Vorbild des französischen Rechts vorgenommen werden. *Boissonade* arbeitete bereits den Entwurf der Zivilprozessordnung, die jedoch nur Entwurf blieb.

## *III. Die Rezeption des deutschen Rechts*

### *1. Hintergrund der Rezeption des deutschen Rechts*

In der Zeit als dieser „Kodifikationsstreit" geführt wurde, gewann das deutsche Recht immer mehr an Einfluss.

Als Deutschland im Jahre 1870 den Krieg gegen Frankreich gewonnen hatte, erweckte Deutschland das Interesse vieler Japaner. So rückte auch die deutsche Rechtskultur in das Blickfeld japanischer Gelehrter. Zu der Zeit stand die japanische Regierung vor der großen Aufgabe, eine Verfassung zu schaffen. Die Regierung schickte dafür im Jahre 1875 eine große Delegation nach Europa, die der Botschafter *Iwakura* leitete, um europäische Verfassungen zu studieren. Dieser Delegation gehörte u.a. auch *Ito,* der später Verfasser der japanischen Verfassung wurde, an. Die Delegation kam zu dem Ergebnis, dass die preußische Verfassung die ideale Vorlage für Japan wäre. Da das Verfassungssystem Preußens dem Monarchen umfassenden Einfluss sicherte, musste es für die traditionelle Staatsform Japans am geeignetsten erscheinen.

Die japanische Regierung hat den japanischen Botschafter in Deutschland angewiesen, einen deutschen Gelehrten des öffentlichen Rechts für die Arbeit in Japan zu gewinnen. Die deutsche Regierung empfahl daraufhin den Rostocker Professor *Roesler*, der 1878 nach Japan kam, wo er etwa fünfzehn Jahre blieb und in dieser Zeit zahlreiche enge Beziehungen mit hohen Beamten der japanischen Regierung unterhielt. *Roesler* übte auch großen Einfluss auf die japanische Politik aus. Vornehmlich auf *Roesler* geht es zurück, dass Japan sein Recht weitgehend nach deutschem Vorbild kodifizierte.

## *2. Gesetzgebung nach dem deutschen Vorbild*

Als *Roesler* nach Japan kam, war es noch nicht entschieden, ob sich Japan dem deutschen Recht zuwenden würde. Nachdem jedoch auf Anregung *Iwakuras* 1881 beschlossen worden war, die japanische Verfassung nach dem Vorbild der preußischen zu entwerfen, war die Entscheidung zugunsten des deutschen Rechts gefallen, zumal auch die kurz zuvor in Deutschland ergangenen Reichsjustizgesetze in Japan große Beachtung fanden. Als Ergebnis dieser Hinwendung zum deutschen Recht erging nicht nur die Verfassung 1889 nach deutschem Vorbild, sondern kurz darauf auch das Gerichtsverfassungsgesetz, die Zivilprozessordnung und das Bürgerliches Gesetzbuch.

Für die Neuschaffung des Gerichtsverfassungsgesetzes hatte die japanische Regierung ebenfalls einen Deutschen, *Otto Rudorff*, der gerade zu der Zeit Rektor der Sprachlehre an der Tokio Universität war, beauftragt, dieses Gesetz zu entwerfen. Er hat 1888 einen Entwurf für das Gerichtsverfassungsgesetz vor der Regierung vorgelegt, der dem deutschen Gerichtsverfssungsgesetz von 1877 stark beeinflusst ist. Dieser trat 1890 im Gesetzeskraft und war gültig bis zum Inkrafttreten des neuen Gerichtverfassungsgesetzes, das nach dem zweiten Weltkrieg geschaffen wurde.

Für die Schaffung einer Zivilprozessordnung hat die japanische Regierung im Jahre 1884 den preußischen Regierungsrat *Techow* als Beirat des Staatsministeriums gewonnen und ihn mit dem Entwurf beauftragt. Er hat 1886 dem Justizminister den Entwurf einer Zivilprozessordnung vorgelegt, der die deutsche Zivilprozessordnung von 1877 zum Vorbild hatte. Nach eingehender Beratung wurde die Zivilprozessordnung 1890 als Gesetz verkündet und erlangte am 1. Januar 1891 Gesetzeskraft. Diese heute so genannte „alte" Zivilprozessordnung wurde 1926 umfassend novelliert.

Wie bereits erwähnt, war das sog. „alte" BGB, das auf dem Boden des französischen Rechts stand, als Gesetz verkündet worden aber hatte niemals Gesetzeskraft erlangt. Im Jahre 1896 entwarf eine neu einberufene Kommission den Allgemeinen Teil, das Sachenrecht und das Schuldrecht hauptsächlich nach dem ersten Entwurf des deutschen BGB. Das Familien- und Erbrecht hat man nach dem überlieferte „Sitten" selbst entworfen. In Deutschland arbeitete man zu der Zeit noch an dem zweiten und dritten Entwurf des BGB. das BGB trat in Deutschland dann am 1. Januar 1990 in Kraft. Da in Japan war die Neuschaffung der Gesetze die vordringlichste Aufgabe der Regierung war, hatte man bereits den ersten Entwurf des deutschen BGB zum überwiegenden Vorbild für das japanische genommen, so dass das japanische BGB zwei Jahre vor dem deutschen BGB, am 16. Juli 1898 in Kraft trat.

Das erste Handelsgesetzbuch teilte das Schicksal des alten Bürgerlichen Gesetzbuches. Es beruhte auf französischem Recht und wurde zeitgleich mit dem „alten" BGB 1890 veröffentlicht, trat jedoch ebenfalls nicht in Kraft. Das „neue", überwiegend von deutschem Recht beeinflusste Handelsgesetzbuch von 1899 ist, wenn es auch inzwischen wesentliche Abänderungen erfahren hat, heute noch in Geltung.

### 3. *Die Folgen der Rezeption des deutschen Rechts im Bereich des Zivilrechts*

In der soeben geschilderten Weise hatte Japan nun modernen Gesetzen im europäischen Stil geschaffen. Das Ergebnis der Rezeption war interessant. Die Regierung hatte ihr Ziel, die Abschaffung der Exterritorialitätrechte erreicht, doch war dem Bürger das neu geltende Recht noch fremd. Bei Rechtstreitigkeiten wandten sich die Bürger nicht an die Gerichte, die nach diesem neuen Recht entschieden, sondern lieber an eine einflussreiche Persönlichkeit der Gegend, z.B. den

an eine einflussreiche Persönlichkeit der Gegend, z.B. den Bürgermeister, Priester, Schuldirektor, Grundstückbesitzer usw. Diese Persönlichkeiten hörten sich die Behauptungen der Parteien an und versöhnten dann die Streitsache. Diese Form der Streitlösung ist der Vorgänger des heutigen Versöhnugsverfahrens *Chôtei.* Das neu geschaffene Recht fußte nur allmählich Fuß in Japan.

Mit den neuen Gesetzen erlebte die deutsche Rechtswissenschaft in Japan einen großen Aufschwung. An der ersten Zeit (d.h. der *Meiji*-Zeit) gab es nur wenige des europäischen Rechts kundige Rechtswissenschaftler. Im Bereich des Zivilrechts arbeiten sie aber hauptsächlich im materiellen Recht und nicht im Prozessrecht. Mit dem Prozessrecht befasste nur einige Praktiker, die die ausländische Sprache beherrschten. Sie übersetzten die deutsche Literatur und kommentierten das neu geschaffene Verfahrensrecht. Sehr beliebt waren damals die Lehrbücher von *Puchert, Fitting, und Seufert,* denen später das Lehrbuch *Hellwigs* und der Kommentar von *Stein* folgten. Das war die Zeit der Übersetzungsrezeption. Die japanische Schrift wird von oben nach unten geschrieben. Daher bezeichnet man diesen Zeitraum der damaligen Rechtswissenschaft als „die Zeit, in der man eine wagrechte Schrift in eine senkrechte transformierte". Die weitere Entwicklung sowohl in Deutschland als auch in Österreich wurde ebenfalls aufmerksam verfolgt.

Erst in der *Taishô*-Periode (1912-1926) gab es die ersten Wissenschaftler für Prozessrecht. und in der ersten Hälfte der *Shôwa*-Periode (1927-1945) gab es etwa zehn Prozessrechtler. Die Wissenschaftler begründete 1935 zusammen mit Praktikern, eine wissenschaftliche Vereinigung für Prozessrecht. Auf diese Weise entwickelte sich die japanische Rechtswissenschaft auf der Grundlage der deutschen Rechtswissenschaft und wurde allmählich selbständiger.

## *IV. Der amerikanische Einfluss nach dem zweiten Weltkrieg*

Nach dem Ende des zweiten Weltkrieges wurde Japan durch die Siegermacht USA besetzt und die japanische Kultur wurde von Amerika vielseitig beeinflusst. Im Bereich des Rechts hat das amerikanisches

Recht eine entscheidenden Einfluss ausgeübt: Die noch stark konservative *Meiji*-Verfassung wurde 1946 von einer neuen, amerikanisch beeinflussten Verfassung abgelöst, die ganz auf dem Boden des Demokratieprinzips stand. In Übereinstimmung mit der neuen Verfassung wurden die Gerichtverfassung und der Strafprozess völlig neu gestaltet. Das Familien- und Erbrecht wurde ebenfalls reformiert. Die bislang durch die Inquisitionsmaxime gekennzeichnete Strafprozessordnung wurde nun mehr unter dem Zeichen des Schutzes des Angeklagten und der Hinwendung zum Parteiprozess völlig reformiert. Im Gegensatz zu der Strafprozessordnung erfuhr die Zivilprozessordnung keine derart umfassenden Änderungen, weil sie ihrem Wesen nach bereits das Prinzip der Parteiherrschaft verwirklichte. In einigen Bestimmungen wurde sie dennoch geändert. 1948 wurde eine Novelle veröffentlicht, die die japanische Zivilprozessordnung teilweise geändert hat.

Der wichtigste Einfluss des amerikanischen Rechts im Bereich des Zivilprozessrechts ist die Denkweise des angloamerikanischen Rechts, d.h. welche Bedeutung man dem Prozess bzw. der gerichtlichen Entscheidungen beimisst. Bei der Betrachtung des Prozesses oder der gerichtlichen Entscheidung bilden die *Norm* und die *Tatsache* die grundlegenden Elemente. In den kontinental-europäischen Ländern sieht man den Prozess vor allem von der Norm aus. Dagegen sieht man in den Ländern, die zum angloamerikanischen Rechtskreis gehören, den Prozess in erster Linie von den Tatsachen aus.

Nach meiner Ansicht stammt diese verschiedene Denkweise ursprünglich aus dem römischen Recht und dem germanischen Recht. Im römischen Recht herrschte das Aktionen-System. Wo eine aktio, eine Norm vorhanden war, konnte man eine Klage erheben. Im Prozess geht es darum zu entscheiden, ob das vom Kläger behauptete Recht vorhanden ist oder nicht. Im römischen Recht denkt man den Prozess zuerst von der Norm aus (von der Norm ausgehender Typ). Diese Institution und diese Denkweise wurde die Grundlage des kontinentaleuropäischen, besonders des deutschen Zivilprozesses.

Der andere Typ des Zivilprozesses entstammt dem germanischen Recht. Dort gab es vor dem Prozess keine actio, aber dort herrschte nomos. Das Recht, nomos, sollte in den Tatsachen gefunden werden. Der Prozess hat die Funktion, das Recht, das im Streit gelten soll, in den

Tatsachen zu finden. Hier ging der Prozess von den Tatsachen aus (von den Tatsachen ausgehender Typ). Diese Institution und Denkweise wurde Grundlage des angloamerikanischen Zivilprozesses.

Der Unterschied der beiden Typen wird zum Beispiel am folgenden Beispiel deutlich: A hat eine Ware von B gekauft. Weil B den Ware an A nicht übergab, klagte A gegen B auf Übergabe der Ware. Falls B noch keine Bezahlung erhalten hat, kann B gegen A eine Gegenklage auf Bezahlung des Preises erheben. In dem kontinental-europäischen Rechtskreis besteht keine Verpflichtung zu einer Gegenklage. B kann später eine Klage getrennt von der Hauptklage erheben. In dem amerikanischen Zivilprozess *muss* B die Gegenklage erheben. Dies bedeutet, dass B sonst das Recht verliert, die Bezahlung zu fordern. Dieser Unterschied erklärt sich daraus, dass der kontinental-europäische Prozess den Zweck hat, darüber zu entscheiden, ob das vom Kläger behauptete Recht gegeben ist oder nicht. Dagegen hat der Prozess in den USA das Ziel, das Recht, das in dem streitigen Fall gelten soll, erst zu finden. Die amerikanische Methode hat den Vorteil, dass der Streit mit einem Urteil endgültig gelöst werden kann. Der Nachteil der Methode ist, dass B seinen Anspruch verlieren wird, wenn er keine Gegenklage erhebt. Bei dem kontinental-europäischen Prozess wird der Streit zwar möglicherweise erst durch zwei Prozesse endgültig beigelegt, aber die Gegenforderung von B bleibt auch bestehen, wenn er im ersten Prozess keine Gegenklage erhebt.

Weil die beiden Prozessarten einmal von der Norm und einmal von den Tatsachen aus konstruiert wurden, haben sie jeweils andere Vor- und Nachteile, wobei die Vorteile des einen die Nachteile der anderen sind. Japan hat das deutsche Rechtssystem übernommen, so dass die japanische Zivilprozessrechtswissenschaft, grundsätzlich von der Norm ausgehende Denkweise aufgebaut ist. Diese wissenschaftliche Denkweise wurde nahezu vollständig konsequent angewandt. Es sind jedoch einige Probleme, die durch überlieferte Theorien nicht zufrieden stellend gelöst werden können. Dazu zählt z.B. die Lehre von dem Umfang des Streitgegenstandes, der Parteien, der Rechtskraft usw. Man hat sich allmählich bewusst geworden, dass solche Probleme eventuell leichter von dem amerikanischen Standpunkt, also von den Tatsachen ausgehend, als von dem traditionellen Standpunkt – von der Norm ausgehend – gelöst werden können. Die junge Generation der Wissenschaftler, die in den USA studierten, vertreten in letzter Zeit häufig Lösungen nach angloamerikanischer Denkweise für die Probleme. Dies wurde aber nur als wissenschaftliche Lehre behauptet. Die gerichtliche Praxis wird grundsätzlich nach der traditionellen Lehre ausgeübt.

Es gibt vom angloamerikanischen Recht viel zu lernen. In Ostasien gibt es einen Überlieferten Gedanken: „Das Schönste liegt in der Mitte zwischen beiden Polen". Es könnte die beste Prozessinstitution gerade in der Mitte zwischen der kontinental-europäischen und angloamerikanischen Prozessinstitution gelegen sein. Wenn wir aber die langen Geschichte des Prozessrechts seit der römischen und germanischen Zeit zurückbetrachten, ist es fast unmöglich, die vorteilhafteste Prozessinstitution in der kürzen Zukunft zu finden. Im Moment können wir das Problem nur wie folgt behandeln.

Die Institution des Zivilprozesses ist das Ergebnis einer langen geschichtlichen Entwicklung. Der japanische Zivilprozess gehört zum römischen, deutschen Rechtskreis. Deshalb sollte die überlieferte Theorie, die von der Norm ausgeht, grundsätzlich beibehalten werden. Um den ungenügenden Teil dieser Lehre zu ergänzen, ist es allerdings eine Frage des Ermessens, die von den Tatsachen ausgehende angloamerikanische Theorie mit zu berücksichtigen. Wo, inwieweit und wie dann die neue angloamerikanische Auffassung eingesetzt werden kann, ist die Aufgabe der heutigen Zivilprozessrechtswissenschaft.

## *Zum Schluss*

Die griechische Zivilprozessordnung und Rechtswissenschaft, ähnlich wie das japanische Recht und die japanische Rechtswissenschaft, sind von der deutschen Gesetzgebung und Literatur stark beeinflusst worden. Wir Japaner haben sehr viel von Griechenland zu lernen und ich hoffe, dass die Griechen auch von uns etwas lernen können. Wegen der sprachlichen Schwierigkeiten haben wir leider voneinander lange nur geringe Kenntnisse über die jeweils andere Rechtskultur gehabt. Seit ich 1987 zu eine internationalen Kongress für Prozessrecht in Nauplion eingeladen worden bin, und durch die seit dieser Zeit gewachsene langjährige Freundschaft mit Herrn Kollegen *Beys* konnten wir diese Lücke etwas ausfüllen.

Es ist für mich wirklich eine große Ehre und Freude, dass ich für den wissenschaftlichen Austausch zwischen Griechenland und Japan den Titel des Doktor honoris causa von Ihrer Hochverehrten Universität verliehen bekommen habe. Auf dem Weg der Wissenschaft gibt es kein Ende. Ich werde weiter versuchen, unsere Freundschaft zu vertiefen und das Niveau unserer Wissenschaft zu erhöhen.

Ich danke Ihnen, sehr verehrte Rektor der Universität, für Ihre ehrenvolle freundliche Überreichung des Doktortitels, und bedanke mich noch einmal für die Freundschaft von Professor *Beys* und die Kollegen der Universität.

(8)

# *Der Einfluss des amerikanischen Rechtsdenkens auf die japanische Zivilprozessrechtswissenschaft*

## *Inhaltsverzeichnis*



*Zuerst erschienen* in: Dike International, Band 32 Heft 2. (Athen, 2001).

## *I. Einleitung*

Bis zur Mitte des 19. Jahrhunderts bestand in Japan eine dem chinesischen Recht nachgebildete feudale Rechtsordnung. Erst nach dem Zusammenbruch des *Tokugawa*-Schogunats und der *Meiji*-Restauration im Jahre 1868 wurde die Rechtsordnung nach dem Vorbild des europäischen Rechts – und hier insbesondere des deutschen Rechts – umgewandelt. Das japanische Rechtssystem sowie die japanische Rechtswissenschaft entwickelten sich in dieser Zeit unter dem großen Einfluss des deutschen Rechts.

Die Besetzung Japans durch die USA nach dem Zweiten Weltkrieg führte dazu, dass die japanische Kultur von der amerikanischen stark beeinflusst wurde. Das japanische Verfassungsgesetz und die japanische Strafprozessordnung wurden unter dem großen Einfluss amerikanischer Gesetze geändert.

Die Vorschriften des Zivilprozesses dagegen wurden nur teilweise geändert. Trotzdem hat die amerikanische Denkweise über den Zivilprozess nach und nach in die japanische Zivilprozesswissenschaft Einzug gehalten.

Mit dem vorliegenden Aufsatz versucht der Verfasser deutlich machen, worin die Besonderheiten des amerikanischen Rechtsdenkens über den Zivilprozess liegen, bei welchen Problemstellungen es eine Einfluss des amerikanischen Rechtsdenkens gegeben hat und wie dieser Einfluss zu beurteilen ist.

## *II. Besonderheiten des amerikanischen Rechtsdenkens über den Zivilprozess*

Die Besonderheiten des amerikanischen Rechtsdenkens sind vom Verfasser bereits in einem anderen Aufsatz erläutert worden[1]. Sie sollen

1 *Nakamura*; Japan und das deutsche Zivilprozessrecht (1996), S.83 ff.

hier also nur kurz geschildert werden.

Die grundlegenden Elemente bei der Betrachtung von Prozessen oder gerichtlichen Entscheidungen sind die *Tatsache* und die *Norm*. In den zum kontinental-europäischen Rechtskreis gehörenden Ländern mit einem positiv verfassten Recht begreift man den Prozess in erster Linie von der Norm aus. In den zum angloamerikanischen Rechtskreis gehörenden Ländern, welche im Grunde kein positiv verfasstes Recht haben, sieht man den Prozess in erster Linie von den Tatsachen aus. Nach Ansicht des Verfassers geht die Unterscheidung dieser zwei verschiedenen Denkweisen auf das römische und das germanische Recht zurück.

Im römischen Recht herrschte das Aktionen-System vor. Die Möglichkeit der Klageerhebung war vom Vorhandensein einer *actio*, d.h. einer Norm, abhängig. Im Prozess ging es dann darum, zu entscheiden, ob das vom Kläger behauptete Recht vorhanden ist oder nicht. Daraus folgt, dass das römische Recht den Prozess grundsätzlich von der Norm ausgehend begreift (*von der Norm ausgehender Typ)*. Diese Institution und diese Denkweise bilden die Grundlage des kontinentaleuropäischen, insbesondere des deutschen Zivilprozessrechts.

Der andere Typ des Zivilprozesses hat seine Wurzeln im germanischen Recht. Dort gab es vor dem Prozess keine actio, es herrschte die Idee des *nomos*. Das Recht, nomos, sollte in den Tatsachen gefunden werden. Der Prozess hatte die Funktion, das für den Streit geltende Recht oder die Gerechtigkeit in den Tatsachen zu finden. Der Prozess ging also von den Tatsachen aus (*von den Tatsachen ausgehender Typ*). Diese Institution und diese Denkweise bilden die Grundlage des angloamerikanischen Zivilprozesses.

Der Unterschied zwischen dem kontinental-europäischen und dem angloamerikanischen Ansatz tritt nach außen hin dadurch zu Tage, dass der kontinental-europäische Prozess das streitige Verfahren und die freiwillige Gerichtsbarkeit unterscheidet, wohingegen der amerikanische Zivilprozess eine solche Unterscheidung nicht kennt.

Japan hat die deutschen Rechtsinstitutionen übernommen, so dass die japanische Zivilrechtswissenschaft ebenso wie die deutsche grundsätzlich auf der von der Norm ausgehenden Denkweise aufgebaut wurde. Erst nach dem II. Weltkrieg studierte man in Japan angloamerikanische Rechtsinstitutionen und die amerikanische Rechtswissenschaft. Die von den Tatsachen ausgehende, amerikanische Denkweise gab der japanischen Zivilrechtswissenschaft viele neue Ideen und Denkanstöße.

Im Folgenden soll erläutert werden, inwieweit die amerikanische Denkweise in die japanische Zivilprozessrechtswissenschaft eingedrungen ist und welche Themen im Licht dieser Denkweise diskutiert wurden.

## *III. Das amerikanische Rechtsdenken im Zusammenhang mit dem Problem des Zwecks des Zivilprozesses*

Erstmalig trat das amerikanische Rechtdenken in der japanischen Zivilprozessrechtswissenschaft nach dem Zweiten Weltkrieg im Zusammenhang mit dem Problem des Prozesszwecks in Erscheinung.

Das amerikanische Recht ist Fallrecht. Das heißt vor dem Prozess besteht kein positiv gesetztes Recht. Das Recht soll vielmehr erst im Streit gefunden werden. Der Prozess hat dabei die Funktion, das für den betreffenden Fall geltende Recht zu finden. Aus diesem Grund wurde von Teilen der US-amerikanischen Literatur die Konfliktlösung als Zweck des Prozesses angesehen[2].

Kurz nach dem II. Weltkrieg wurde diese Meinung durch Professor *Kaneko* von der staatlichen Universität Tokio vertreten[3]. Vor dem Krieg vertrat *Kaneko*, der damals in Deutschland herrschenden Theorie folgend, die Meinung, dass der Zweck des Zivilprozesses nicht im Schutz der subjektiven Rechte Einzelner sondern im Schutz der Rechtsordnung des Staates zu suchen sei. Nach dem Krieg musste er feststellen, dass diese Theorie vom Schutz der Rechtsordnung des Staates, welche in enger Verbindung zur NS-Ideologie stand, nicht mehr aufrechtzuerhalten war. Gleichwohl wollte er aber nicht zur von ihm vorher verneinten Lehre vom Schutz der subjektiven Rechte Einzelner zurückkehren. Deshalb stellte er als eine dritte Lehre die Theorie von der Konfliktlö-

---

2 *Field & Kaplan*, Materials for a Basic Course in Civilprocedure 1-2 (3. ed, 1973), *James & Hazard*, Civil Procedure 2 (2. ed., 1977).

3 *Kaneko*, Minji-soshô no shuppatsuten ni tachiatte (Sich auf den Ausgangspunkt des Zivilprozesses zurückbesinnen, erste Veröffentlichung, 1947) in *Kaneko*, Minjihô kenkyu, Bd.1. (1950) S.475 ff.

sung als Zweck des Zivilprozesses auf.

*Kaneko* beschränkte sich mit seiner Theorie auf die rechtsphilosophische Frage des Zwecks des Zivilprozesses. Er hat seine Theorie aber nicht in einem Zusammenhang mit einzelnen konkreten Problemen des Zivilprozesses, wie z.B. dem Streitgegenstand oder der Prozesspartei nachgewiesen.

In einem von der Norm ausgehenden Zivilprozessrechtssystem, muss der Zweck des Prozesses richtigerweise aber, wie es auch der in Deutschland herrschenden Lehre entspricht, im Schutze subjektiver Rechte gesehen werden. Die Lehre von der Konfliktlösung ist folglich für den japanischen Zivilprozess nicht zutreffend. Dieser Fehler ist aber, aufgrund der Tatsache, dass *Kaneko* seine Lehre nur im Zusammenhang mit der philosophischen Frage des Zwecks des Zivilprozesses vertreten hat, nicht bemerkt worden. Vielmehr ist die Lehre, weil sie von einem führenden Zivilprozessualisten vertreten wurde und eine neue Idee in die Zivilprozesswissenschaft einbrachte, von vielen Wissenschaftlern unterstützt worden. Die Lehre von der Konfliktlösung wurde dann nicht nur philosophisch sondern auch im Zusammenhang mit konkreten Themen, wie z.B. dem Streitgegenstand, der Prozesspartei usw., erörtert. Die Lehre von der Konfliktlösung ist zwar falsch, gleichwohl brachte sie aber frischen Wind in die Zivilprozessrechtswissenschaft und machte diese damit interessanter.

## *IV. Amerikanisches Rechtsdenken in Bezug auf den Streitgegenstand*

Die These, der Zweck des Prozesses liege in der Konfliktlösung, wurde wenig später durch *Mikazuki, Koyama* und andere Schüler *Kanekos* im Zusammenhang mit dem Problem des Streitgegenstands erörtert.

In Bezug auf das Wesen des Streitgegenstandes herrschte in Japan seit langem die traditionelle materiellrechtliche Theorie. Als in den 50er Jahren die Monographien von *Schwab* und *Habscheid* veröffentlicht wurden, gewann die von ihnen vertretene prozessrechtliche Theorie in Deutschland an Einfluss und wurde schließlich die herrschende Meinung. In der Folgezeit gewann diese Theorie auch in Japan großen Einfluss. *Mikazuki, Koyama*[4] und andere folgten in den wesentlichen Punkten dieser Theorie. Die prozessrechtliche Streitgegenstandtheorie verneint es, den Streitgegenstand vom Standpunkt des materiellen Rechts zu betrachten. Dies bedeutet, dass sie der amerikanischen Theorie, den Prozess nicht von der Norm sondern von den Tatsachen aus zu betrachten, wesensgleich ist. Ihre Theorie haben *Mikazuki* und *Koyama* „*neue Streitgegenstandstheorie*" betitelt. Zur Begründung ihrer Theorie haben sie sich auf die amerikanische Prozessrechtslehre, die den Zweck des Zivilprozesses in der Konfliktlösung findet berufen. Die neue Streitgegenstandtheorie wurde in der japanischen Rechtsliteratur bald zur herrschenden Meinung.

Nach der Meinung des Verfassers sollte der Streitgegenstand in einem von der Norm ausgehenden Prozesstyp, wesentlich vom materiellen Recht her gesehen werden. Daher war es sehr richtig, dass die gerichtliche Praxis in Japan unverändert bei der materiellrechtlichen Streitgegenstandstheorie geblieben ist. Auch die Wissenschaft besinnt sich in letzter Zeit wieder auf die materiellrechtliche Theorie[5].

Die den Zweck des Prozesses in der Konfliktlösung sehende These, bezieht sich aber nicht nur auf die Definition des Streitgegenstandes, sondern darüber hinaus noch auf weitere Probleme. Seit den 60er Jahren, als die amerikanische Zivilprozessrechtsforschung durch eine jüngere Generation von Wissenschaftlern durchgeführt wurde, wurden verschiedene Probleme nach dem amerikanischen Muster untersucht.

### *1. Teilklage*

In den USA sieht man in der geschehenen Tatsache den Streitgegenstand. Aus diesem Grund ist eine Teilklage im amerikanischen Recht nicht anerkannt (Sec. 54 © Federal Rules Civil Procedure). Diese, eine Teilklage nicht zulassende Lehre, wurde auch in Japan durch einige Wissenschaftler vertreten[6]

---

4 *Mikazuki*, Minji soshôhô (Zivilprozessrecht), 1959, S.80 ff., *Koyama*, Minji soshôhô (Zivilprozessrecht), 1962, S.100 ff.

5 *Ito*, Minji soshôhô (Zivilprozessrecht), 1998 S.162 ff.

6 Die Lehre, welche die Teilklage nicht erlaubt, war in Japan auch aus anderem

### 2. Zwangsweise Gegenklage

Auch eine Einführung einer dem amerikanischen System folgenden „zwangsweisen Gegenklage" (compulsory counterclaims, sec. 13 (a) Federal Rules CP) – d.h. der Verpflichtung für den Beklagten bei Vorhandensein eines Gegenanspruchs, der auf der beklagten Tatsachen beruht, diesen mit einer Gegenklage geltend zu machen – wurde von einigen japanischen Wissenschaftlern gefordert[7].

### 3. Rechtskraft

Entsprechend der Forderung nach einer Erweiterung des Umfangs des Streitgegenstandes wurde auch eine Ausdehnung der Grenzen der Rechtskraft verlangt. Nach Ansicht einiger japanischer Autoren erwächst aus dem Prozess nicht nur eine Entscheidung über den prozessualen Anspruch in Rechtskraft sondern auch die über andere Streitpunkte. Autoren dieser Richtung meinen, dass über die Punkte, die von den Parteien in ausreichendem Maße angegriffen und verteidigt wurden bzw hätten werden können, rechtskräftig entschieden sei. Der amerikanische Zivilprozess kennt das Prinzip der „Garantie des Verfahrens" (due process of law). *Shindo* behauptet, dass die Rechtskraft überall da wirke, wo das Verfahren im ausreichenden Maße durchgeführt wurde. Verschiedene japanische Autoren versuchen nun den Grund der Rechtskraft im amerikanischen Prinzip der Garantie des Verfahrens zu finden[8].

Die ersten beiden der oben dargestellten Meinungen bleiben bisher auf den Bereich der Wissenschaft beschränkt, währenddessen die Behauptungen zur Rechtskraft schon in Entscheidungen einiger Untergerichte Berücksichtigung fand. Bislang liegt aber dazu noch keine höchstrichterliche Entscheidung vor.

---

Grund als Mindermeinung bereits vorhanden. *Kaneko* war Vertreter dieser Lehre. *Mikazuki* folgte dieser Lehre, verstärkte aber seine Lehre nun mit der amerikanischen Lehre, die die Teilklage nicht erlaubt. (*Mikazuki*, Minji soshôhô ‹Zivilprozessrecht› 1979, S.123).

7 *Shindo*, Minji soshôhô (Zivilprozessrecht), 1974, S.464.

8 *Shindo*, Minji soshôhô (Zivilprozessrecht), 1974, S.425.

## V. *Amerikanisches Rechtsdenken in Bezug auf die Prozesspartei*

Das Problem der Prozesspartei wurde etwa zehn Jahre nach der Kontroverse über den Streitgegenstand durch eine jüngere Generation japanischer Wissenschaftler nach dem Vorbild des amerikanischen Prozessrechts untersucht.

Nach der von der Norm ausgehenden, kontinental-europäischen Denkweise ist die Prozesspartei grundsätzlich das Subjekt des im Prozess behaupteten Rechts oder Rechtsverhältnisses. Für die von den Tatsachen ausgehende amerikanische Denkweise gilt etwas anderes. In Bezug auf die folgenden Themenbereiche tauchte die amerikanische Lehre auch in Japan auf:

### *1. Prozessführungsrecht*

Im amerikanischen Zivilprozess, kann eine Person, die in praktischer, tatsächlicher Hinsicht mit dem Streit in Beziehung steht, Prozesspartei sein, auch wenn sie kein materielles Recht an dem Streitgegenstand hat. Unter dem Einfluss dieser Auffassung entstand auch in Japan eine Auffassung, die behauptet, dass jede Person, die mit dem Konflikt in einer irgendwie gearteten Beziehung steht und ihn praktisch verwaltet, richtige Prozesspartei sein kann[9].

### *2. Mangelnde Unterscheidung zwischen Kläger und Beklagtem.*

Ziel des amerikanischen Zivilprozesses ist es, dass Recht, welches im streitigen Fall gelten soll, in den Tatsachen zu finden. Hierfür ist es wichtig, dass alle Streitbeteiligten vor Gericht erscheinen. Ob eine Partei dabei als Kläger oder Beklagter auftritt ist von geringem Belang. Wenn jemand, der einer an sich notwendigen Streitgenossenschaft angehört, es ablehnt als Partei dieser Streitgenossenschaft Klage zu erheben, besteht

---

9 *Ito*, Minjisoshô no tôjisha (Partei des Zivilprozesses), 1978, S.119 ff.

die Möglichkeit, dass der andere Streitgenosse gegen ihn Klage erhebt (sec. 19 (a) Federal Rules CP). Diese Auffassung wurde auch in Japan von einigen Autoren vertreten[10]. Kürzlich lag eine entsprechende Fallkonstellation dem Obersten Gerichtshof vor, welcher den Fall als Angelegenheit der freiwilligen Gerichtsbarkeit betrachtete und die oben aufgeführte Auffassung für diesen Fall anerkannte[11].

### *3. class action*

Im Rahmen der Fragen zur Prozesspartei wurde auch die Einführung der Institution der *class action* lebhaft diskutiert. Diese Institution wurde intensiv untersucht und ein Vorschlag zu einem Gesetzentwurf von einer Forschungsgruppe von Wissenschaftlern veröffentlicht[12]. Der Plan ist gleichwohl gescheitert. Der wichtigste Grund dafür ist darin zu sehen, dass diese Institution mit dem traditionellen Justizsystem, welches dem von der Norm ausgehenden Typ angehört, nicht vereinbar ist.

## *VI. Amerikanisches Rechtsdenken im Bereich des Beweisrechts*

Die Denkweise des von den Tatsachen ausgehenden amerikanischen Zivilprozessrechts bringt auch eine besondere Theorie im Bereich des Beweisrechts mit sich.

### *1. Beweislast*

Die in Japan sowohl in Literatur als auch Rechtsprechung vorherrschende Theorie zur Beweislast ist die Normentheorie. Diese Theorie weist aber, insbesondere im Zusammenhang mit den so genannten *Prozessen des modernen Typs*, d.h. zum Beispiel Umwelthaftungsverfahren

---

10 *Shindo*, Minji soshôhô (Zivilprozessrecht), 1974, S.474.

11 Urteil des ersten Senats des Obersten Gerichtshofs vom 9. November 1999, Saikô-saibansho minji-saibanrei-shu, 53 Bd. S.1421.

12 *Class Action Rippou-Kenkyu-Kai*, Daihyo tôjisha soshôhô sian (Ein Versuchsplan über den repräsentativen Prozess) Jurist, Nr.672 (1978), S.16 ff.

oder Arzthaftungsverfahren, gelegentliche Schwächen auf. Aus diesem Grunde wird von einigen Autoren mittlerweile die Auffassung vertreten, dass die Beweislastverteilung nicht mehr, wie heute gültig, nach der Sachstruktur der Normen, sondern nach Wahrscheinlichkeitsüberlegungen, der Entfernung vom Beweis, Treu und Glauben oder ähnlichen Gesichtspunkten bestimmt werden sollte[13]. Diese aus dem amerikanischen Rechtsdenken stammende Theorie fand sowohl bei Teilen der Literatur als auch in der untergerichtlichen Rechtsprechung schon Zustimmung.

### 2. *Überwiegende Wahrscheinlichkeit*

In der japanischen Wissenschaft wie auch in der Rechtssprechung gilt grundsätzlich folgendes: Das Gericht kann eine das Begehren des Klägers anerkennende Entscheidung nur treffen, wenn es sich durch die vorgebrachten Beweise von der Richtigkeit, der vom Kläger vorgetragenen und von der Rechtsnorm vorausgesetzten Tatsachenbehauptung überzeugt hat.

Für den amerikanischen Zivilprozess gilt etwas anderes. Hier ist es die Aufgabe der gerichtlichen Entscheidung, das Recht, welches für den konkreten Streitfall gelten soll, zu finden. Beide Parteien bringen in die Verhandlung Tatsachen und ihre Beweise ein.

Daraus findet das Gericht die gerechte Lösung für den Einzelfall. Das Gericht vergleicht die von den Parteien vorgebrachten Beweise und erkennt diejenige Behauptung an, welche besser durch Beweise belegt ist. Das heißt, das Gericht muss nicht zu einer vollen Überzeugung der Richtigkeit der vom Kläger behaupteten Tatsachen gelangen, es genügt vielmehr, dass eine überwiegende Wahrscheinlichkeit für die Behauptungen des Klägers spricht.

Bislang besteht noch kein japanischer Präzedenzfall, in dem ein Gericht bei einer überwiegenden Wahrscheinlichkeit der Behauptung des Klägers stattgegeben hat. Gleichwohl gibt es jedoch, soweit der Verfasser informiert ist, in der Praxis einige Fälle, insbesondere bei den Prozessen des modernen Typs, in die die Lehre der überwiegenden Wahrscheinlichkeit aufgenommen wurde.

---

13 *Ishida*, Shôkohô no saikôsei (Rekonstruktion des Beweisrechts) 1975.

## *VII. Amerikanisches Rechtsdenken in Bezug auf die Aufgabe des Gerichts*

Auch die Frage, in welchem Umfang das Gericht seine Funktion ausüben kann, wird im angloamerikanischen Zivilprozess anders beantwortet als im kontinental-europäischen. Der angloamerikanische Zivilprozess, welcher den Prozess von den Tatsache ausgehend begreift und den Zweck des Prozesses darin sieht, das Recht, welches im Streit gelten soll aus den Tatsachen zu finden, sieht den Geltungsbereich der Gerichtsbarkeit sehr weit. Dies soll an einem Bespiel verdeutlicht werden.

In Japan kommt es gelegentlich zu Prozessen über die Ungültigkeit von Wahlen. Diesen Prozessen liegt folgende Konstellation zugrunde: Die Zahl der Abgeordneten für jeden Wahlbezirk wurde vor 40 Jahren per Gesetz bestimmt. Durch Veränderungen in den Einwohnerzahlen der einzelnen Bezirke, durch zum Beispiel Landflucht und ähnliche Ursachen, ist die Proportion der für einen Sitz notwendigen erreichten Stimmen nicht mehr gewahrt. Das Parlament, welches das Gesetz den neuen Gegebenheiten anpassen sollte, bleibt untätig. Den Gerichten werden nun Klagen vorgelegt mit der Begründung, dass die Ungültigkeit der Wahlen festgestellt werden sollte, da diese auf einem verfassungswidrigen Gesetz beruhen, da die Unterschiede in der Gewichtung der Stimmen in den einzelnen Bezirken zu groß seien und die Verfassung die Gleichheit eines jeden Bürgers festlegt. Neben der Forderung nach einer Ungültigkeitserklärung der Wahlen fordern die Kläger, die Zahl der Abgeordneten im entsprechenden Bezirk zu ändern. Die Entscheidung über erstgenante Forderung liegt dabei unstreitig im Bereich der Justiz. Die zweite Forderung wird aber im kontinental-europäischen Prozess als nicht zum Aufgabenbereich der Justiz gehörend abgelehnt, wohingegen sie in den USA als zulässig gilt, weil der amerikanische Prozess seine Aufgabe darin sieht im Streit das Recht (- die Gerechtigkeit) zu finden.

Unter dem Einfluss der amerikanischen Praxis wird nun auch in Japan die Auffassung vertreten, dass eine solche Klage in Japan geltend gemacht werden könne[14]. Diese Auffassung bleibt aber vorerst eine Mindermeinung

## *VIII. Abschließende Bemerkungen*

Es gibt zwei verschiedene Typen des Zivilprozesses, den von der Norm ausgehenden kontinental-europäischen (deutschen) Zivilprozess und den von den Tatsachen ausgehenden angloamerikanischen Zivilprozess, die verschiedenen Denkweisen folgen. Beide Prozessformen und Denkweisen haben bestimmte Vor- und Nachteile.

Die japanische Zivilprozessrechtswissenschaft entwickelte sich nach dem deutschen Muster und gehört zum von der Norm ausgehenden Typ. Der amerikanische Zivilprozess, der nach dem Zweiten Weltkrieg einen großen Einfluss auf den japanischen Zivilprozess hatte, gehört zum von den Tatsachen ausgehenden Typ und fasst den Prozess von einem ganz anderen Standpunkt her auf, als der japanische Prozess. Darum bietet die amerikanische Zivilprozesswissenschaft neue Ideen für den japanische Wissenschaft und sehr interessante Vorschläge zur Lösung von Problemen, die mit der von der Norm ausgehenden Denkweise nicht so leicht lösbar sind.

Nach dem II. Weltkrieg studierten viele Wissenschaftler die amerikanische Prozesswissenschaft. Es ist folglich leicht verständlich, dass sie Probleme des japanischen Zivilprozesses von der amerikanischen, von den Tatsachen ausgehenden Denkweise her betrachtet haben und dabei versuchten neue Theorien zu begründen. Wie oben dargestellt, gibt es heute viele Theorien, die der amerikanischen Lehre folgend konstruiert sind. Große Teile dieser neuen Behauptungen bleiben aber Literaturmeinungen. Der Grund dieses Misserfolgs ist das Nichterkennen des Vorhandenseins der zwei Grundtypen des Zivilprozesses. Diese beiden Typen sind aber so grundsätzlich wesensverschieden, dass die Lehren des einen Typs nicht ohne weiteres auf den anderen angewendet werden könne.

---

14 *Tanaka*, Eibeihô kenkyu (Studium des angloamerikanischen Rechts) Bd.1. (1988) S.211 f.

Der japanische Zivilprozess gehört dem kontinental-europäischen (deutschen) Rechtskreis an. Deshalb sollte die Lehre des japanischen Zivilprozess grundsätzlich von der Norm ausgehend konstruiert werden. Es wäre allerdings selbstverständlich möglich und angemessen, unter dem genügenden Verständnis des Vorhandenseins der zwei Typen des Prozesses, problematische Teile des japanischen Zivilprozesses mit Lehren der amerikanischen von den Tatsachen ausgehenden Lehre zu ergänzen. Wo und inwieweit amerikanische Auffassungen dann benutzt werden können, ist ein weiteres Problem.

In der letzten Zeit war ADR (Alternative Dispute Resolution) ein wichtiges und ausgiebig diskutiertes Thema des Prozessrechts. ADR hat sowohl die Bedeutung, die Gerichte zu entlasten als auch eine passende Streitlösungsmethode für unterschiedlichste Streitigkeiten zu offerieren. Ausgangspunkt dieser Überlegungen ist, dass verschiedene Arten von Streitigkeiten existieren und ein gutes Zivilrechtssystem für jede dieser Arten ein passendes Verfahren zur Streitlösung anbieten muss.

Nun besitzt Japan zwar eine von der Norm ausgehende Prozessordnung, welche in ihrem Grunde voraussetzt, dass vor dem Prozess bereits eine Norm vorhanden ist. In der Wirklichkeit gibt es aber auch eine Vielzahl von Rechtsfällen, bei denen vor dem Prozess eine auf den Einzelfall zutreffende Norm nicht vorhanden ist. Bisher wurden solche Fälle durch die analoge Anwendung oder erweiternde Auslegung vorhandener Gesetze ebenfalls von der Norm ausgehend behandelt. In solchen Fällen ist der von der Tatsache ausgehende amerikanische Prozess besser geeignet.

In Zukunft sollte man überlegen, in Japan neben den existierenden Prozessinstitutionen auch solche zu schaffen, die den amerikanischen von den Tatsachen ausgehenden Prozessinstitutionen gleichen[15]. Ähnlich wie man im früheren England neben den common law court den equity court stellte.

---

15 So könnte man über die Einführung eines dem amerikanischen Jury-systems gleichenden Einsatzes von Laienrichtern nachdenken. Nach Meinung des Verfassers sollte der Einsatz von Laienrichtern aber eher im Schöffensystem erfolgen.

(9)

# *Der Einfluss des amerikanischen Rechts auf den japanischen Zivilprozess und seine Begrenzung*

## *Inhaltsverzeichnis*



*Zuerst erschienen* in: Festschrift für Kostas E. Beys, Dem Rechtsdenker in Attischer Dialektik zum 70. Geburtstag am 25. November 2003, Bd. I, Hideo Nakamura u.a. (Hrsg.) Athen 2003

## I. Einleitung

Bis zur Mitte des 19. Jahrhunderts besaß Japan eine aus dem chinesischen Recht stammende feudale Rechtsordnung. Im Jahre 1868, als das Tokugawa Shogunat zusammengebrochen war und die kaiserliche Meiji Regierung herrschte, wurde die Rechtsordnung nach dem Vorbild europäischer Rechte ausgeprägt und umgewandelt. 1891 trat die japanische Zivilprozessordnung nach dem Vorbild der deutschen Civilprozessordnung von 1877 in Kraft. Das neu geschaffene Zivilrechtssystem war Japanern erst recht fremd, fasste aber allmählich Fuß. Sowohl die japanische Zivilprozessordnung als auch die Zivilprozessrechtswissenschaft wurden auf der deutschen Grundlage begründet.

Nach dem Ende des zweiten Weltkrieges wurde Japan durch die Siegermacht USA besetzt und die japanische Kultur wurde durch Amerika vielseitig beeinflusst. Die alte japanische Verfassung, die auf dem Feudalsystem beruhte, wurde von einer neuen, stark amerikanisch ausgerichteten Verfassung abgelöst, die ganz auf dem Boden des Demokratieprinzips stand. In Übereinstimmung mit der neuen Verfassung wurden die japanische Gerichtsverfassung und der Strafprozess völlig neu gestaltet. Das Familien- und Erbrecht wurde ebenfalls reformiert.

Im Gegensatz zu der bislang durch die Inquisitionsmaxime gekennzeichneten Strafprozessordnung, die nunmehr unter dem Zeichen des Schutzes des Angeklagten und der Hinwendung zum Parteiprozess völlig reformiert wurde, hat die Zivilprozessordnung keine derart umfassenden Änderungen erfahren. Denn diese verwirklichte ihrem Wesen nach bereits das Prinzip der Parteiherrschaft. Einige Bestimmungen wurden jedoch nach dem Krieg unter dem Einfluss des amerikanischen Verfahrensrechts geändert. 1996 ist die japanische Zivilprozessordnung nochmals sehr umfassend reformiert und neu gestaltet worden. Im Zuge dieser Reform wurden in dem neuen Gesetz auch einige Einrichtungen nach dem Vorbild des amerikanischen Verfahrensrechts neu geschaffen. Der Einfluss des amerikanischen Rechts betraf aber nicht nur die Vorschriften des Gesetzes, d.h. der japanischen Zivilprozessordnung. Der Einfluss war tiefergehend, weil er auch tiefgreifende Auswirkungen auf die naturgemäß kontinentaleuropäisch ausgerichtete Denkweise in der japanischen Zivilprozessrechtswissenschaft hatte.

In diesem Beitrag wird der Verfasser versuchen, zu erklären, welche Unterschiede zwischen dem japanischen und amerikanischen Zivilprozess bestehen und was für einen Einfluss das amerikanische Rechtsdenken auf die japanische Zivilprozessrechtswissenschaft gehabt hat. Dargestellt wird auch, welche Einrichtungen des amerikanischen Rechts im Japan eingeführt und welche nicht in das japanische Zivilprozessrecht eingedrungen sind.

## *II. Unterschied zwischen dem angloamerikanischen und dem kontinentaleuropäischen Zivilprozess*

Als Unterschied zwischen dem angloamerikanischen und dem kontinentaleuropäischen Zivilprozess bezeichnet man oft, dass es anders als im kontinentaleuropäischen Zivilprozess im angloamerikanischen Prozess das *jury system, discovery, cross examination* usw. gibt. Bezüglich des Stils der Gerichtsverfahren sagt man, dass der maßgebende Einfluss im Gerichtsverfahren in die angloamerikanischen Länder bei den Parteien und in den europäischen Ländern beim Richter liegt.[1] Letzterer Unterschied ist nur eine formelle Verschiedenheit. Woher stammt dieser Unterschied? Es soll ein wesentlicher Unterschied zwischen beiden Prozessarten gefunden werden.

Nach der Meinung des Verfassers liegt der wesentlichste Unterschied zwischen dem angloamerikanischen und kontinentaleuropäischen Prozess wohl in der Begreifweise, wie man den Prozess oder die gerichtliche Entscheidung auffasst.[2] Bei der Betrachtung des Prozesses oder der gerichtlichen Entscheidung bilden einerseits die *Tatsachen* des Lebenssachverhaltes und andererseits die *Normen* die grundlegenden Elemente. In den zum kontinentaleuropäischen Rechtskreis gehörenden, geschriebenes Recht vorweisenden Ländern, begreift man den Prozess in erster

---

1 Z.B. *Hein Kötz*, Über den Stil des Gerichtsverfahrens – Typische Unterschiede zwischen Common Law und Civil Law, Vortrag an der Tokai Universität, Tokio, am 5. Juni 1999.

2 Eine eingehende Darstellung, vgl. *Nakamura*, Die zwei Typen des Zivilprozesses, in: *Nakamura*, Japan und das deutsche Zivilprozessrecht (1996), S.83 ff.

Linie von der Norm aus. In den zum angloamerikanischen Rechtskreis gehörenden, kein geschriebenes Recht besitzenden Ländern, betrachtet man den Prozess in erster Linie von den Tatsachen aus. Diese verschiedene Denkweise entstammt, nach Ansicht des Verfassers, ursprünglich einerseits dem römischen Recht und andererseits dem germanischen Recht.

Im römischen Recht herrschte das Aktionen-System. Wo eine *actio*, eine Norm vorhanden war, konnte man eine Klage erheben. Im Prozess geht es darum, zu entscheiden, ob das von dem Kläger behauptetes Recht vorhanden ist oder nicht. Im römischen Recht ist Denkansatz des Prozesses eine Rechtsnorm (von der Norm ausgehender Typ). Diese Institution und diese Denkweise wurde die Grundlage des kontinentaleuropäischen, insbesondere des deutschen, Zivilprozesses.

Der andere Typ des Zivilprozesses entstammt dem germanischen Recht. Dort gab es vor dem Prozess keine *actio*, aber dort herrschte Naturrecht. Das Recht sollte in den Tatsachen gefunden werden. Der Prozess hat die Funktion, das Recht, das im Streit gelten soll, in den Tatsachen zu finden. Hier ging der Prozess von den Tatsachen aus (von der Tatsache ausgehender Typ). Diese Institution und Denkweise wurde Grundlage des angloamerikanischen Zivilprozesses.

Im von den Tatsachen ausgehenden angloamerikanischen Zivilprozess ist sehr wichtig, die den Streit bildenden Tatsachen und ihre Beweise vor dem Gericht auszubreiten – darum gibt es dort die Institution von *discovery*. Die Aufgabe des Gerichts ist das Auffinden der Gerechtigkeit, die in genau dem zu entscheidenden Streit gelten soll. Um diese Gerechtigkeit zu finden, besteht dort *Jury-System*. Um das gerechte Urteil der Jury zu sichern, verhält sich der Richter bei der Gerichtsverhandlung nur passiv. Es herrscht reine Parteiherrschaft. Bei der Beweisaufnahme gelten die Grundsätze des Kreuzverhörs, *cross examination*.

Unter dem von der Norm ausgehenden kontinentaleuropäischen Zivilprozess erscheint das alles anders. Hier besteht vor dem Prozess bereits das Recht, das durch das positive materielle Recht anerkannt ist. Die Aufgabe des Gerichts ist die Entscheidung, ob das vom Kläger behauptete Recht besteht oder nicht. Um diese rechtliche Frage zu entscheiden, braucht man juristische Kenntnisse. Darum muss der Richter Jurist sein. Die Gerichtsverhandlung leitet der Richter aktiv selbst; die Zeugenvernehmung liegt wesentlich in der Hand des Richters. *Cross examination* passt hier nicht. Hier ist die Institution von *discovery* nicht notwendig.

Da der kontinentaleuropäische Ansatz den Prozess von den Normen aus begreift und der angloamerikanische Ansatz die Prozesstatsachen so hervorhebt, besteht ein sehr interessanter Unterschied zwischen beiden Prozesssystemen. Zum Beispiel zeigen beide beim Problem des Streitgegenstandes eine gegensätzliche Lösung – bei dem von der Norm ausgehenden Prozess ist das Vorhandensein oder Nichtvorhandensein des vom Kläger behaupteten Rechts oder Rechtsverhältnisse Gegenstand des Prozesses, bei dem von der Tatsache ausgehenden Prozess ist der Streit selbst Streitgegenstand des Prozesses. Ebenso weisen beide Systeme Unterschiede auf, auf was die Prozesspartei angeht – bei dem von der Norm ausgehenden Prozess ist das Subjekt des Rechts oder Rechtsverhältnisses Prozesspartei, bei dem von der Tatsache ausgehenden Prozess ist die Bezugsperson des den Streitgegenstand bildenden Streites Prozesspartei. Weiterhin: wenn das Gericht die vorgebrachte Angelegenheit entscheidet – unter dem von der Norm ausgehendem kontinentaleuropäischen Prozess wird das Vorhandensein oder Nichtvorhandensein des vom Kläger vorgelegten Rechts oder Rechtsverhältnisses rechtskräftig, – unter dem von der Tatsache ausgehenden angloamerikanischen Prozess, wird die Streit selbst beurteilt und wird die Konflikt zum Ende gebracht.

Beide, der kontinentaleuropäische und der angloamerikanische Prozess, weisen naturgemäß sowohl Vor- als auch Nachteile auf. Dabei bilden die Vorteile der einen Seite die Nachteile der anderen Seite.

## *III. Der Einfluss des amerikanischen Rechtsdenkens auf den japanischen Zivilprozess*[3]

Japan hat das deutsche Rechtssystem übernommen, so dass die japanische Zivilprozessrechtswissenschaft, wie die deutsche, grundsätzlich auf der von der Norm ausgehenden Denkweise aufbaut. Diese wissen-

3 Zu diesem Thema (von 1 bis 5) hat sich der Verfasser bereits in einem anderen Aufsatz geäußert. Eine eingehende Darstellung über diesem Thema, vgl. *Nakamura*, Der Einfluss des amerikanischen Rechtsdenkens auf die japanische Zivilprozessrechtswissenschaft (2001), S.147-160 in diesem Band.

schaftliche Grundeinstellung wurde fast vollständig durchgeführt. Es gab aber bereits historisch einige Problembereiche, in denen es bei Anwendung überlieferter Theorien zu keinem zufriedenstellenden Ergebnis kam. Dazu zählt z.B. die Lehre vom Umfang des Streitgegenstandes, der Parteien, der Rechtskraft usw. Nach und nach war man sich bewusst geworden, dass sich solche Probleme wohl leichter vom amerikanischen Standpunkt, also von den Tatsachen ausgehend, als von dem traditionellen Standpunkt – von der Norm ausgehend – lösen ließen. Deshalb drängte nach dem Krieg eine ganze Anzahl von japanischen Rechtswissenschaftlern darauf, zur Lösung mancher solcher Probleme einen angloamerikanischen Denkansatz zu wählen.

Die durch amerikanische Denkweise beeinflussten Themen der japanischen Zivilprozessrechtswissenschaft stellen sich wie folgt dar:

### *1. Der Zweck des Zivilprozesses*

Das erste Thema, welches über die amerikanische Denkweise in die japanische Zivilprozessrechtswissenschaft eindrang, war die Frage vom "Zwecks des Zivilprozesses". Bei dem von der Norm ausgehenden kontinentaleuropäischen Zivilprozess wird der Zweck des Prozesses im Schutze subjektiver Rechte gesehen. Beim von den Tatsachen ausgehenden angloamerikanischen Zivilprozess liegt der Zweck des Prozesses dagegen in der Konfliktlösung. Es war *Kaneko*, der diese Meinung zuerst in Japan geäußert hat. Vor dem Zweiten Weltkrieg noch vertrat er die damals in Deutschland herrschende Theorie, dass der Zweck des Prozesses im Schutz der Rechtsordnung des Staates zu suchen sei. Nach dem Krieg musste er eingestehen, dass die Lehre vom Schutz der Rechtsordnung, welche in enger Verbindung zur NS-Ideologie stand, nicht mehr aufrecht zu erhalten war. Gleichwohl wollte er nicht zur von ihm vorher vertretenen Lehre vom Schutz subjektiver Rechte zurück. Deshalb stellte er als eine dritte Theorie die Theorie von der Konfliktlösung als Zweck des Zivilprozesses auf. *Kaneko* hat aber seine Lehre nur im Zusammenhang mit der philosophischen Frage des Zwecks des Zivilprozesses vertreten. Weil er damals in Japan einer der führenden Prozessrechtswissenschaftler war, folgten ihm z.B. seine Schüler *Mikazuki* und *Koyama* – aber auch viele andere Gelehrte.

### *2. Der Streitgegenstand*

Die These, der Zweck des Prozesses liege in der Konfliktlösung, wurde wenig später durch *Mikazuki* und andere Schüler von *Kaneko* im Zusammenhang mit dem Problem des Streitgegenstandes erörtert. In Bezug auf das Wesen des Streitgegenstandes herrschte in Japan seit langem die traditionelle materiellrechtliche Theorie. Unter dem von der Tatsache ausgehenden amerikanischen Zivilprozess betrachtet man den Konflikt selbst als den Streitgegenstand. Gedanken in dieser Richtung wurde von *Mikazuki* und auch von anderen Wissenschaftlern mit der These, dass der Zweck des Prozesses die Konfliktlösung sei, lebhaft vertreten.

### *3. Die Prozessparteien*

Nach der von der Norm ausgehenden, kontinentaleuropäischen Denkweise ist grundsätzlich die Prozesspartei das Subjekt des im Prozess behaupteten Rechts oder Rechtsverhältnisses. Unter dem von den Tatsachen ausgehenden amerikanischen Zivilprozess bildet der Teilnehmer des Konflikts das Subjekt des Prozesses. Diese These wurde etwa zehn Jahre nach der Kontroverse über den Streitgegenstand durch eine jüngere Generation japanischer Wissenschaftler – nach dem Vorbild des amerikanischen Prozessrechts – problematisiert und wissenschaftlich untersucht. Derzeit besteht diese aber nur noch als Literaturmeinung.

### *4. Das Beweisrecht*

Die in Japan herrschende Theorie zur Beweislast ist die Normentheorie. Unter dem von den Tatsachen ausgehenden amerikanischen Zivilprozess gelten je nach Fall ganz andere Regeln, so z.B. Wahrscheinlichkeitsüberlegungen, die Entfernung vom Beweis, Treu und Glauben usw. Einige Wissenschaftler in Japan behaupteten, dass diese Regeln bei Einzelproblemen der Beweislast berücksichtigt werden sollen.

### *5. Die Aufgabe der Gerichte*

Der angloamerikanische Zivilprozess, welcher den Prozess von den Tatsachen ausgehend begreift und den Zweck des Prozesses darin sieht, das Recht, welches im Streit gelten soll, aus den Tatsachen zu finden, fasst den Geltungsbereich der Gerichtsbarkeit sehr weit. So verhält es sich zum Beispiel im Fall der Behauptung der Ungültigkeit von politischen Wahlen wegen Unterschieden in der Gewichtung von Stimmen in einzelnen Wahlbezirken, wo die Verletzung der verfassungsmäßig garantierten Gleichheitsrechte von Bürgern berührt wird. Unter dem von der Norm ausgehenden kontinentaleuropäischen Prozess kann das Gericht in diesem Fall die Ungültigkeit der Wahl aussprechen – nicht aber weitergehend entscheiden. In dem von den Tatsachen ausgehenden amerikanischen Zivilprozess kann das Gericht nicht nur die Ungültigkeit der Wahl aussprechen, sondern auf Antrag des Klägers durch Urteil für die nächste Wahl den Wahlbezirk ändern. Es gibt in Japan Stimmen in der Literatur, die behaupten, dass auch japanische Gerichte eine derart breit angelegte Gerichtsbarkeit besitzen.

Die oben angeführten neuen Lehrmeinungen, welche die Tatsachenseite besonders betonen, haben die japanische Zivilprozessrechtswissenschaft lebhafter und interessanter gemacht, man darf aber nicht übersehen, dass diese neuen Lehren nur wissenschaftlich disktierte Literaturmeinung geblieben sind. Die gerichtliche Praxis folgt streng der traditionellen Lehre.

### *6. Die Parteiherrschaft*

Unter dem von den Tatsachen ausgehenden angloamerikanischen Zivilprozess ist die Aufgabe des Gerichts die Findung der Gerechtigkeit in genau den vor die Gerichte gebrachten Streitigkeiten. Um Gerechtigkeit zu finden, bestand dort das *Jury System*. *Jury*-Mitglieder sind Laien, vor denen die vom Richter eingenommene Haltung von erheblicher Bedeutung ist. Um ein unvoreingenommenes und gerechtes Urteil der Jury zu sichern, verhandelt der Richter im Verfahren nur sehr passiv. Es herrscht eine stark betonte Parteiherrschaft. Außerdem denkt man im angloamerikanischen Zivilprozess, dass Gerechtigkeit der anhängigen Sache am besten durch die Diskussion beider Parteien gefunden werde. Deshalb muss man eine starke Betonung der Parteiherrschaft als einen Grundstil des angloamerikanischen Zivilprozessverfahrens ansehen.

Als sich Japan nach dem zweiten Weltkrieg mit dem amerikanischen Recht konfrontiert sah, hat eine derartige Betonung der Parteiherrschaft erheblichen Einfluss auf Japan gewonnen Vor dem Krieg herrschte in Japan ein Feudalsystem, das nun starker Kritik unterworfen wurde. An seiner Stelle wurde nun das Demokratieprinzip betont. Da der Vorstoß des in Japan neuen politischen Prinzips „Demokratie“ so bedeutend war, ist der ebenfalls neu eingeführte Gedanken der Parteiherrschaft im Zivilprozess als in Zusammenhang mit dem Gedanken des Demokratieprinzips stehend missverstanden worden. Man meinte, dass der neue Leitgedanke des Zivilprozess, die Ausrichtung auf eine „Parteiherrschaft“, wegen des neuen Demokratieverständnisses zwingend sei.

Unter den vorgenannten Umständen wurden die Vorschriften der Beweiserhebung von Amts wegen (§ 261 jap. ZPO in der Fassung von 1926) durch die Reform von 1948 abgeschafft, das Vernehmungsrecht der Parteien erweitert und die amerikanische Einrichtung des Kreuzverhörs in die japanischen Zivilprozessordnung eingeführt (Vgl. IV-2-a). Es wurde z.B. in der Lehre folgende Auffassung vertreten: Aufgabe des Richters sei, wie beim Schiedsrichter eines Tennisspiels, die Beobachtung der Prozessführung der beiden Parteien dahingehend, ob die Prozesshandlungen nach den Regeln durchgeführt werden. Die Aufklärungsbefugnis des Gerichts solle als strikt passiv behandelt werden. Der Bereich des richterlichen Aufklärungsrechts wurde in Literatur wie Praxis als extrem eng aufgefasst.[4]

Diese Lehrmeinungen blieben zwar kurzfristig, aber die Einrichtung des Kreuzverhörs gilt grundsätzlich noch heute..

## *IV. Die in den japanischen Zivilprozess eingeführten amerikanischen Institutionen*

In folgenden sollen diejenigen Institutionen vorgestellt werden, die nach dem Vorbild des amerikanischen Rechts gestaltet sind und im japanischen Recht eingeführt wurden. Grob unterscheidbar sind *zwei* Gruppen. Die eine bezieht sich auf den Zivilprozess als Gesamtheit und die andere auf einzelne Einrichtungen des Zivilprozesses.

### *1. Die amerikanische Institution, die sich auf dem Zivilprozess als Ganzes bezieht*

---

4 Z.B., Entscheidung des Obersten Gerichtshofs, *Saihan* (1. *Shôhôtei*) 27. 12. 1952, *Saikô-minshu*, 6. Bd.,10 Ht.,S.1064.

### *a) Die Abschaffung der Verwaltungsgerichte*

In der neuen japanischen Verfassung wurde die amerikanische Vorstellung von der staatlichen Gewaltenteilung besonders stark betont. Die Einrichtung von Sondergerichten, die nicht zur Judikative gehören, wurde untersagt (§ 76 Abs. 2, jap.VerfG). Vor dem Krieg kannte man in Japan die Institution eines Verwaltungsgerichts, das als eine Art Aufsichtsorgan für die Verwaltung zur Exekutive gehörte. Dieser Gerichtszweig wurde abgeschafft. Verwaltungsangelegenheiten werden nunmehr bei den ordentlichen Gerichten unter Anwendung der Zivilprozessordnung behandelt.[5]

### *b) Neueinrichtung des Instituts des Familiengerichts*

Nach dem Zweiten Weltkrieg wurde das Institut des Familiengerichts nach amerikanischem Vorbild geschaffen. Familiensachen haben einen anderen Charakter als Vermögensstreitigkeiten. In Japan gab es bereits vor dem Krieg einerseits die Institution des Jugendgerichts und andererseits Versöhnungsverfahren in Familiensachen. Nach dem Zweiten Weltkrieg beschloss man, diese beiden Institutionen nach dem Vorbild des amerikanischen Familiengerichts zu verbinden und ein neues, selbständiges Gericht einzurichten.[6]

### *c) Einführung der Institution einer Gerichtsordnung*

Dem Grundgedanken der *rule making power* des amerikanischen Rechts folgend, gibt die neue japanische Verfassung dem obersten japanischen Gerichtshof nunmehr die Befugnis, die Verfahrensregel des Gerichts, Angelegenheiten der Rechtsanwälte und der inneren Ordnung der

---

5 Die Abschaffung des Verwaltungsgerichts wurde vom Volk gerne akzeptiert, weil man wusste, dass das ehemalige Verwaltungsgericht auf der Seite des Staates und nicht auf der Seite der Bevölkerung stand und dem Schutz der Interessen der Bevölkerung nicht zustatten kam.

6 Die Einrichtung des Familiengerichts war ein Erfolg. Der Grund liegt darin, dass das Wesen des Familiengerichts bereits vor dem Krieg in Japan vorhanden war. Vgl. *Nakamura*, Die Familiengerichtsbarkeit in Japan, in: *Nakamura* (Hrsg), Familiengerichtsbarkeit, 1984, S.451ff.

Gerichte sowie die Einzelheiten der Geschäftsführung von Justizangelegenheiten mittels einer Gerichtsverordnung zu regeln (§ 77 jap.VerfG). Weil die Einführung und die Änderung dieser Gerichtsverordnungen erheblich einfacher als bei Gesetzen möglich ist, können die technischen Regelungen des Verfahrens flexibel gestaltet werden. So hat der Oberste Gerichtshof seit 1948 bis heute zum Zwecke eines reibungslosen Ablaufs der Verfahren mehrere Gerichtsverordnungen erlassen[7].

## *2. Einzelne Institutionen aus dem amerikanischen Zivilprozess*

Es gibt zahlreiche Institutionen des amerikanischen Rechts, die bis heute in den japanischen Zivilprozess eingeführt wurden. Einige wurden direkt nach dem Zweiten Weltkrieg unter maßgeblichem Druck der amerikanischen Besatzungsmacht – und ohne eine ausreichende Erforschung des amerikanischen Rechts – in den japanischen Zivilprozess übernommen. Dazu zählen z.B. die Institution des Kreuzverhörs und des Abänderungsurteils (nachfolgend **a.** und **b.**). Auch das dritte Institut, das sog. Prinzip der ununterbrochenen mündlichen Verhandlung, nachfolgend **c.**, hat man als eine Methode zur Prozessbeschleunigung ebenfalls ohne ausreichende Kenntnis der amerikanischen Verfahrenspraxis blind übernommen. Ganz im Gegensatz dazu sind die im Zuge der weitgehenden Reform der japanischen Zivilprozessordnung im Jahre 1996 (nachfolgend zitiert als neue ZPO) eingeführten Institute nach sehr ausgiebigen Untersuchungen und detaillierter Erforschung des amerikanischen Rechts in Japan Gesetz geworden (dazu nachfolgend **d.** und **e.**).

*a) Das Kreuzverhör* (eingeführt durch die Novelle von 1948)

Vor dem Krieg wurden Zeugenvernehmungen in Japan wie im deut-

---

7 Ob die Einrichtung der Gerichtsordnung ein gutes Ergebnis brachte, ist fraglich. Für einige Angelegenheiten brachte diese Institution ein sinnvolles Ergebnis. Aber für den Bereich des Zivilprozessverfahrens selbst ist es etwas anders. Für das Zivilprozessverfahren besteht bereits Zivilprozessordnung (Gesetz). Dazu kommt noch Zivilprozessverordnung des Obersten Gerichtshofs. Diese doppelte Regelung macht den Zivilprozess für die Bevölkerung komplizierter, um das Verfahren zu verstehen. In den USA gibt es kein Gesetz für den Zivilprozess, darum braucht man dort eine Gerichtsordnung. Japan war über die neue Idee von Institution der Gerichtsordnung entzückt und hat obigen Punkt übersehen.

schen Zivilprozess durch die Richter durchgeführt. Nach dem Krieg wurde diese Methode als eine zu starke Ausprägung des Amtsverfahrens betrachtet und bei der Änderung der ZPO von 1948 abgeschafft. Stattdessen wurde auf Empfehlung der amerikanischen Besatzungsmacht das Institut des Kreuzverhörs eingeführt.[8] §294 ZPO in der Fassung 1948 lautet wie folgt:

> I. Der Zeuge wird zuerst von der Partei vernommen, die seine Ladung beantragt hat; nach Beendigung dieser Vernehmung kann die andere Partei ihn vernehmen.
> II. Der vorsitzende Richter kann den Zeugen vernehmen, nachdem die Vernehmung durch Parteien beendet ist.

Die Einführung des Kreuzverhörs erwies sich problematisch, das Institut genoss zuerst einen sehr schlechten Ruf. Die Beweisaufnahme durch Kreuzverhör ist im angelsächsischen *Jury-System* von großer Bedeutung: es soll der *Jury* die entsprechende Überzeugung über die Streitsache verschaffen. Weil aber in Japan Richter nach deren eigener inneren Überzeugung über eine Streitsache Recht sprechen müssen, macht diese Methode keinen Sinn. Zudem war die Rechtsanwaltschaft diese Methode nicht gewohnt. Für die Anwaltschaft war die überkommene Methode, nach der Richter die Zeugen vernimmt, angenehmer. Aus der Sicht des Richters wirkt das Kreuzverhör letztlich verhandlungshemmend.

Die Methode des Kreuzverhörs hat aber während der über fünfzigjährigen Ausübung in der Praxis allmählich Fuß gefasst. Der Grund dafür liegt aus der Sicht der Rechtsanwälte darin, dass diese ihrem Mandanten bei gelungener Ausübung des Kreuzverhörs eigene Fähigkeit und Tüchtigkeit demonstrieren können. Aus der Sicht der Richter ist das Kreuz-

---

8 Es muss gesagt werden, dass die Einfühlung der Einrichtung des Kreuzverhörs ein großer Fehler der damaligen zuständigen Beamte des japanischen Justizministeriums war. Dies zeigt aber gleichzeitig das Niveau der damaligen japanischen Zivilprozessrechtswissenschaft. Die Umstände, dass der Staat nach dem Krieg von den USA besetzt war und dass die Beamten verschiedene Direktiven von den USA erhielten, sind in Japan und Deutschland gleich. Aber Deutschland verfügte über eine hoch entwickelte Wissenschaft von Zivilprozess, die auf einer langen Geschichte basiert, und derartige Fehler vermied.

verhör deshalb angenehm, weil den viel beschäftigten Richtern vor der Verhandlung kaum genügend Zeit für die Vorbereitung der Sache verbleibt. Es wurden über die Jahre viele Stimmen laut, welche für eine Abschaffung des Kreuzverhörs plädierten. Trotzdem blieb es bei der Reform der ZPO von 1996 bei dieser Methode der Beweisführung. Die neuen Vorschriften führen aber einen kleinen Vorbehalt ein: danach kann der vorsitzende Richter nach Anhörung durch die Partei die Reihenfolge des Kreuzverhörs ändern, §202 Abs. 2 neue ZPO.

Die Institution des Kreuzverhörs ist also in einer anderen Bedeutung als in dessen ursprünglichen System in das japanische Zivilverfahren eingedrungen. Die Praxis zeigt: die japanische Art des Instituts des Kreuzverhörs dient nur der Bequemlichkeit der Richter und der Rechtsanwälte. Es muss die Kritik erlaubt sein, dass diese Art der Beweisaufnahme dem bis dahin gut funktionierenden ursprünglichen Verfahren der Zeugenvernehmung eindeutig geschädigt hat.

*b) Das Institut des Abänderungsurteils* (Novelle von 1948)

Durch die Novelle von 1948 wurde die Institution des Abänderungsurteils eingeführt (§193-2 ZPO in der Fassung 1948). Bei der Einführung nahm sich der Gesetzgeber die *Motion for new trial* des amerikanischen Rechts zum Vorbild. Danach kann das Gericht innerhalb einer Woche nach der Urteilsverkündung ein abänderndes Urteil erlassen, wenn sich herausstellt, dass das Urteil gegen ein Gesetz oder eine Verordnung verstößt.

Die gesetzgeberischen Motive dafür waren Prozessökonomie und die Entlastung der höheren Instanzen. Dieses Institut hat aber im Kreis der Richter keinen guten Ruf, weil diese mit dem hohen Selbstwertgefühl leben, kein fehlerhaftes Urteil erlassen zu haben. Obwohl das Institut in der Gerichtspraxis bis heute fast nie genutzt wurde, verblieb es im Zuge der ZPO-Reform von 1996 bei dieser Vorschrift (als §256 neue ZPO).

*c) Die ununterbrochene mündliche Verhandlung* (Novelle von 1949)

Dem Gedanken des Jury-Systems folgend muss das gesamte Verfahren, *trial*, konzentriert in kürzester Zeit und ununterbrochen durchgeführt werden. Nach dem Zweiten Weltkrieg sind eine Vielzahl hoher Beamter japanischer Gerichte und des Justizministeriums von den USA zu Praxisbesuchen eingeladen worden. Dort konnten sie Erfahrungen mit der "ununterbrochenen beschleunigten Verhandlung" (oder: dem Prinzip der "Einheit der mündlichen Verhandlung") sammeln. Man kam durch Beobachtungen zu der Auffassung, dass dieses Verfahrensprinzip die damals in Japan weit verbreitete Prozessverschleppung beseitigen könne. Um die Einführung der "ununterbrochenen mündlichen Verhandlung" zu ermöglichen, wurden 1949 einige Vorschriften im Zivilprozessgesetz geändert und eine Gerichtsverordnung des Obersten Gerichtshofs erlassen. Es wurde aber ziemlich schnell offenkundig, dass dieser Versuch zum Scheitern verurteilt war. Das zum Zweck der Prozessbeschleunigung angeordnete vorbereitende Verfahren erfüllte nicht die Funktion, die sich der Gesetzgeber vorgestellt hatte. So kam es dazu, dass auch das Institut der "ununterbrochenen mündlichen Verhandlung" in der Praxis fast ohne Anwendung blieb.

Auf Grund der unterschiedlichen Gerichtspraxis in den USA ist klar, dass dort die mündliche Verhandlung ohne Unterbrechung durchgeführt werden muss. Das liegt im *Jury-System* begründet. In einem System anders als dem *Jury-System* ist eine ununterbrochene Verhandlung nicht zwingend. Das gilt umso mehr deshalb, weil damals die Parteiherrschaft stark betont wurde. Vor diesem Hintergrund war klar, dass diese Methode scheitern musste. So blieben zwar die Vorschriften der Gerichtsverordnung der "ununterbrochenen mündlichen Verhandlung" (§27 ZPV des Obersten Gerichtshofs in der Fassung von 1956) bis zur Einführung der neuen ZPO von 1996 in Kraft; Gebrauch gemacht wurde von ihnen jedoch nie.

*d) Die Beschränkung der Revision* (neue ZPO von 1996)

Die Revision war unter der bis 1996 geltenden ZPO grundsätzlich zulässig, wenn das erlassene Urteil unter rechtlichen Aspekten angefochten wurde. Es gab aber viele Fälle, in denen zwar rechtliche Fragen als Revisionsgrund angegeben wurden, obwohl es sich jedoch *de facto* um eine erneute Überprüfung von Tatsachen handelte. Auf diese Weise nahm die Zahl der anhängig gemachten Revisionsverfahren sehr stark zu. Zur Vermeidung dieser Situation gibt es in den USA das Institut des *certiorari*. Nach diesem Verfahren entscheidet das angerufene höhere Gericht (Revisionsgericht) selbst, ob es den Antrag auf Revision annimmt oder nicht. Um die Zahl der Revisionen einzuschränken und überflüssige – weil unberechtigt eingelegte – Revisionsverfahren auszuschließen, hat die neue ZPO diese Institution zum Teil eingeführt. Nach der neuen japanischen ZPO wird die Revision in folgender Weise geregelt: In den folgenden beiden Fällen kann man ohne weiteres eine Revision einlegen: wenn das angefochtene Urteil die Verfassung falsch ausgelegt hat oder es sonst verfassungswidrig ist oder wenn ein absoluter Revisionsgrund vorhanden ist, z.B. das erkennende Gericht nicht in der gesetzlich bestimmten Weise besetzt war (§312 ZPO). In allen anderen Fällen, in denen eine wichtige Rechtsfrage verbleibt, kann der Rechtsmittelführer Antrag auf Zulassung der Revision beim Obersten Gerichtshof stellen. Wenn der Oberste Gerichtshof den Antrag für begründet hält, lässt er die Revision zu; ansonsten wird der Antrag auf Revision per Beschluss abgewiesen (§318 ZPO).

Dazu ist zu bemerken, dass nach amerikanischem Recht angesichts des gliedstaatlich geprägten Gerichtssystems das urteilsprechende Gericht, *trial court*, einerseits und das Rechtsmittelgericht andererseits zu einer anderen Linie im Aufbau der Gerichtsbarkeit gehören. Darum ist es absolut notwendig, bei Revisionen einen Antrag auf Zulassung der Revision an das Revisionsgericht als Zugangsvoraussetzung vorzusehen. Nach deutschem wie japanischem Recht gehören das Revisionsgericht und die Vorinstanz aber zur gleichen Linie von Gerichten (gleicher Rechtszug). Nach Ansicht des Verfassers sollte man deshalb in Japan das Institut des "Antrags auf Zulassung der Revision" nicht zulassen. Hier hat der Gesetzgeber nicht ausreichend beachtet, dass sich das System des Gerichtsaufbaus in Japan und in den USA wesentlich unterscheiden. Das tatsächliche praktische Bedürfnis, überflüssige Revisionsverfahren zu unterbinden, bestand zwar. Nun hat man aber diese systemfremde Einrichtung in den japanischen Zivilprozess eingeführt. Zuzugeben ist aber, dass nach Einführung der neuen Regelungen die Zahl der Revisionen in den letzten Jahren tatsächlich wesentlich zurückgegangen ist.

*e) Prozessverfahren für geringe Streitwerte* (neue ZPO von 1996)

Für sog. Bagatellsachen existieren in den USA die *small claims courts*. Diese Institution ist in Japan als ein geeignetes Mittel angesehen worden, um die Auswirkungen der "Zwanzig-Prozent-Justiz"[9] zu beseitigen. Die neue japanische ZPO von 1996 hat diese Verfahrensinstitution übernommen. Danach können bei Zahlungsansprüchen von weniger als 300.000 Yen (etwa 2.600 Euro) die Verhandlung und Entscheidung bei einem Amtsgericht im besonderen Verfahren für geringe Streitwerte durchgeführt werden (§368 ZPO). Diese Verfahren sollen im ersten Termin zur mündlichen Verhandlung abgeschlossen werden (§370 ZPO). In derartigen Verfahren findet eine Beweisaufnahme nur dann statt, wenn sie sofort durchgeführt werden kann (§371 ZPO). Das Urteil wird grundsätzlich nach der mündlichen Verhandlung sofort erlassen (§374 ZPO). Als Rechtsbehelf gegen das Urteil ist lediglich ein Widerspruch vorgesehen; eine Berufung ist ausgeschlossen (§377, 378 ZPO).

Dieses Verfahren steht im Allgemeinen – insbesondere aber in den großen Städten – in gutem Ruf und es funktioniert. Eine Erweiterung des Zuständigkeitsrahmens (d.h. eine Erhöhung der Eingangsgrenze) dieser Einrichtung steht bei der nächsten Gelegenheit einer Gesetzesänderung der ZPO bereits zur Debatte.

## V. Die in den japanischen Zivilprozess nicht eingeführten amerikanischen Institutionen

Neben den bereits genannten Einrichtungen waren die Institutionen der *class action,* das *discovery*-Verfahren und das *jury system* Gegenstand einer lebhaften wissenschaftlichen Kontroverse, bei der es um die Frage ging, ob man diese in den japanischen Zivilprozess einführen solle oder nicht. Nach vielseitiger Diskussion wurden diese Institutionen in Japan nicht eingeführt.

### 1. Class Action

9 In Japan spricht man oft von der „Zwanzig-Prozent-Justiz". Das bedeutet, dass nur zwanzig Prozent aller Streitigkeiten in einem Prozessverfahren vor einem Gericht anhängig gemacht werden, weil die japanische Justiz als relativ unfähig anzusehen ist, juristische Streitigkeiten effektiv und in einem angemessenen Zeiträumen zu lösen. Vgl. *Nakamura*, Justizreform in Japan, S.61 ff. in diesem Band.

Ob die Einrichtung der *class action* übernommen werden soll oder nicht, wurde in Japan bereits in den 70er Jahren lebhaft in der Praxis und Wissenschaft diskutiert. Das Zeitalter von Massenproduktion und Massenverbrauch und unter anderem Umwelt- und Nachbarschutzfälle sorgten dafür, dass man plötzlich ein praktisches Bedürfnis für eine solche Institution sah. Im Jahr 1978 hat eine Forschungsgruppe einen Entwurf von Vorschriften betreffend *class actions* veröffentlicht[10]. Dieser Plan musste aber scheitern: auch hier ist der wohl wichtigste Grund darin zu sehen, dass diese Institution den Fall von der Tatsache aus betrachtet und die Gerechtigkeit in der Sache zu finden sucht, und dass eine derartige Institution mit dem traditionellen, von der Norm ausgehenden Justizsystem, welches Rechtsinhabern nur individuell Rechte aus einer bestimmten Rechtsnorm zuspricht, nicht vereinbar ist.

### *2. Discovery*

Im japanischen Zivilprozess fehlte es seither (wie in der deutschen Prozessordnung) an einem Mittel, auf Beweise, die ggf. im Besitz der Gegenpartei sind, zugreifen zu können. Deshalb ist im Verlauf der Diskussion um die Reform der japanischen Zivilprozessordnung von 1996 das Institut der *discovery* sorgfältig untersucht worden. Es gab tatsächlich einige Stimmen, dass man dieses Institut in Japan einführen solle. Insgesamt sah man aber die ausgesprochen starken Auswirkungen auf das Beweisverfahren und die damit verbundenen Nachteile. Deshalb ist nach eingehenden Diskussionen auf die Übernahme verzichtet worden.[11]

Auch hier gilt nach Auffassung des Verfassers, dass es in einem von den Tatsachen ausgehenden Prozess sehr wichtig ist, schon vor dem Prozess alle den Konflikt betreffenden Materialien zu sammeln. Genau

---

10 *Class Action rippô kenkyu-kai, Daihyô tôjisha soshô-hô shi'an* (Ein Versuchsplan über den repräsentativen Prozesses) Jurist, Nr.672 (1978) S.16 ff.

11 Japan hat *discovery* als Ganzes nicht übernommen, aber einen Teil davon, *interrogatories,* mit Nachsicht eingefühlt. Die neue jap. ZPO §163 regelt, dass eine Partei während des anhängigen Verfahrens von dem Gegenpartei schriftliche Aufklärung über die Materie, die für die Vorbereitung ihrer Behauptung oder Beweis erforderlich ist, verlangen kann. Es besteht aber keine Bestrafung, falls der Gegner keine Antwort gab. Die neue japanische Einrichtung hat in der Praxis noch keine Funktion, die Gesetzgeber gedacht hat.

diesem Zweck dient die *discovery* im amerikanischen Zivilprozess. Außerdem findet ein *trial* (Hauptverhandlung) im amerikanischen Prozess nur einmal statt, während die mündliche Verhandlung im kontinentaleuropäischen Prozess in Teilen stattfindet oder stattfinden kann. Deshalb erscheint eine solche opressive Einrichtung zur Sammlung von Prozessstoff, wie sie im *discovery*-System angelegt ist, in Japan nicht notwendig.

### 3. Jury System

In Japan sind in der Vergangenheit Stimmen laut geworden, auch das *Jury System* einzuführen. Besonders die „Vereinigung Japanischer Rechtsanwaltskammern", *Nichibenren*, unterstützt dessen Einführung. Die Gründe dazu liegen in folgendem: einmal sah man darin die Möglichkeit, den in Japan herrschenden sehr bürokratischen Charakter der Justiz zu beseitigen. Zum anderen meinte man, mit der Einführung des *Jury Systems* die Teilnahme der Bürger an der Justizgewährung zu sichern. Auch dieses Thema war in der letzten Zeit Gegenstand der Untersuchung der Reformkommission der Justiz. Im Juni 2001 hat diese Kommission beschlossen, das *Jury System* in den japanischen Strafprozess einzuführen – nicht aber in den Zivilprozess. So soll in Kürze eine Untersuchung beginnen, wie die Einführung des *Jury Systems* in das japanische Strafverfahrensrecht verwirklicht werden kann.

Das *Jury System* ist eine wesentliche Säule im amerikanischen Prozess. Auch hier muss sofort wieder angemerkt werden, dass diese Institution nur unter den von den Tatsachen ausgehenden Prozessformen erfolgreich existieren kann. Im von Normen ausgehenden kontinentaleuropäischen Zivilprozess funktioniert diese Institution nicht. Weil sich Normen historisch weiter entwickelt haben und weiterhin laufend komplizierter geworden sind, können nur Juristen diese Normen verstehen; Laienrichtern kann bzw. sollte deshalb im Zivilprozess keine Bedeutung zukommen.

## VI. Abschließende Bemerkung

Wie der Einfluss des amerikanischen Rechts bisher tatsächlich auf den japanischen Zivilprozess eingewirkt hat, hat der Verfasser dargestellt.

Im angloamerikanischen Zivilprozess gibt es viele interessante Institutionen und Gedanken, die es im japanischen, kontinentaleuropäisch ausgerichteten Zivilprozess nicht gibt. Nach dem Zweiten Weltkrieg haben sich viele japanische Praktiker wie Wissenschaftler für das amerikanische Recht interessiert und es untersucht. In die japanische Literatur haben Gedanken der amerikanische Lehre Eingang gefunden. Damals dachte man noch, dass der amerikanische und der japanische Zivilprozess beide als Institut „Zivilprozess" gleich seien und dass die im amerikanischen Zivilprozess geltenden Lehren auch im japanischen Zivilprozess gelten müssten. Wie unter Abschnitt III. dargestellt, werden in der japanischen Literatur viele amerikanische Lehrmeinungen über den Zivilprozess vertreten (z.B. die Lehre über den Zweck des Zivilprozesses, über den Streitgegenstand, über die Prozessparteien, über die Aufgabe des Gerichts, usw.). Diese Gedanken und Lehren finden besonders in der jungen Generation der Wissenschaftler viele Anhänger. Ganz anders in der Praxis: dort funktioniert das nicht, weil das in Japan geltende Justizsystem für den Zivilprozess zum kontinentaleuropäischen Rechtskreis gehört, das den Fall von der Norm her betrachtet. Die angloamerikanische neue Lehre wird deshalb nur in der Literatur vertreten.[12]

Sicher ist die angloamerikanische Lehre des Zivilprozesses interessant, weil sie den Prozess, den man bisher allein von der Norm aus betrachtet hat, rein tatsachenbezogen betrachtet. Diese neue Sicht hat in die japanische Zivilprozesswissenschaft neuen Wind gebracht. Obwohl sie bisher nur Literaturmeinung geblieben ist, hat sie einen nicht unerheblichen Einfluss auf die japanische Zivilprozesswissenschaft.

### *1. Die Begrenzung des Einflusses des amerikanischen Rechts in Bezug auf die Prozessinstitution*

Die Diskussion über eine Einführung amerikanischen Rechtsdenkens in den wissenschaftlichen Bereich war wie dargestellt sehr lebhaft. Dagegen haben letztlich nur wenige Einrichtungen Eingang in den japani-

12 Ein hoher Richter sagte damals, dass die Theorien der Zivilprozessrechtswissenschaft sich für heutige jungen Wissenschaftler wie *science fiction novel* darstellen.

schen Zivilprozess gefunden. Von alters her wird gesagt, dass es sehr schwierig sei, das kontinentaleuropäische Recht mit dem angloamerikanischen Recht zu verknüpfen. Zu der Frage, warum das so ist, wurden als Gründe bisher nur die immense praktische Verschiedenheit beider Verfahrenssysteme, also z.B. das Vorhandensein oder Nichtvorhandensein einer *jury*, die Betonung der Parteiherrschaft, usw., angegeben. Den eigentlichen Grund der Schwierigkeit der Einführung des jeweils anderen Systems – oder Teilen davon – sollte man jedoch nicht allein in formellen verfahrensrechtlichen Unterschieden suchen. Vielmehr liegt der Hauptgrund in der wesentlichen Verschiedenheit der grundsätzlichen Ausgangspunkte in beiden Verfahrenstypen:

Wie bereits dargestellt, gibt es zwei verschiedene Prozesstypen. Einen von der Norm ausgehenden kontinentaleuropäischen Typ und einen von den Tatsachen ausgehenden angloamerikanischen Typ. Der Unterschied zwischen den beiden Prozesstypen ist wesentlich; beide sind ganz anderer Art. Darum ist es sehr schwierig, eine Einrichtung, die mit dem Wesen des einen Prozesstyps einen wesensbedingten Zusammenhang steht, mit einem grundsätzlich anderen Ansätzen folgenden System zu verknüpfen. Weniger Probleme sind aber zu erwarten, wenn eine prozesstechnische Einrichtung, die mit dem Prozesswesen keine zu enge Beziehung hat, in ein anderes Prozesssystem eingeführt werden soll.

Dass das Letztere erfolgreich sein kann, zeigt die 1998 durchgeführte Reform der Zivilprozessordung in Japan, bei der die Beschränkung der Revision und das Prozessverfahren für geringe Streitwerte (vgl. IV-2-d.und e.) nach amerikanischem Vorbild eingeführt wurden. Beides stellen technische Einrichtungen dar, die mit dem Grundwesen des Zivilprozesses keine Beziehung haben. Darum konnten beide im japanischen Prozess so problemlos Fuß fassen.

Auch die Einrichtung des Abänderungsurteils (vgl. IV-2-b.), die wir 1948, kurz nach dem Zweiten Weltkrieg auf Einwirken der damaligen Besatzungsmacht USA eingeführt haben, war eine technische Regel, die mit dem Wesen des Prozesses keine Beziehung zeigt. Darum konnte auch diese Regel ihren Platz im japanischen Zivilprozess finden. Nur weil japanische Richter kein praktisches Bedürfnis in der Bestimmung sahen, bleibt diese Regel letztlich als nicht brauchbare Bestimmung auf dem Papier bestehen, aber praktisch ungenutzt.

Das Institut der ununterbrochenen mündlichen Verhandlung (vgl.

IV-2-c.) weist dagegen einen engen Zusammenhang mit dem Wesen des angloamerikanischen Zivilprozesses auf. Darum war das System zum Scheitern verurteilt; es lässt sich in Japan nicht in die Praxis umsetzen.

Eine besondere Entwicklung mit so nicht beabsichtigtem Ausgang zeigte die Einführung der Institution des Kreuzverhörs (vgl. IV-2-a) in Japan. Diese Institution steht mit dem Wesen des amerikanischen Zivilprozesses in engem Zusammenhang und ist deshalb im Prinzip für eine Einführung in den japanischen Zivilprozess nicht geeignet. Erst nach jahrzehntelanger Praxis etablierte es sich im japanischen Zivilprozess. Dies aber nicht systembedingt, sondern nur aus Bequemlichkeit der Richter und der Anwaltschaft. Das zeigt, dass eine Institution, die mit einem bestimmten Prozesswesen verbunden ist, nach Einführung in ein anderes System über lange Jahre ihre eigentliche Bedeutung verlieren und in ein anderes System eindringen kann. Dies muss aber als eine große Ausnahme angesehen werden.

Betrachtet man die Frage um eine Einführung der typischen amerikanischen Einrichtung *Class Action*, *Discovery* und *Jury System*, so steht fest, dass diese eine enge Beziehung mit dem Wesen des angloamerikanischen Zivilprozesses haben. Es war deshalb sehr richtig, diese Institute nicht in unseren von der Norm ausgehenden Zivilprozess einzuführen.

## *2. Themen für die Zukunft*

Sicherlich verbleiben viele interessante Theorien und Praktiken im angloamerikanischen Zivilprozess, die es im kontinentaleuropäischen, von der Norm ausgehenden Prozess nicht gibt. Es ist erstrebenswert und wichtig, die Theorie und Praxis des amerikanischen Rechts zu erforschen und gegebenenfalls bestimmte Institute zu übernehmen. Dabei muss in jedem Fall genau untersucht und darauf Acht gegeben werden, dass die Wesensverschiedenheit der beiden Prozesstypen berücksichtigt wird. Eine Einführung oder Übernahme von Instituten des amerikanischen Rechts in kontinentaleuropäisch geprägte Rechtsordnungen kann nur nach derartig grundlegenden analytischen Überlegungen Erfolg erwarten.

Wir sollten noch weiter darüber nachdenken, ob unser von der Norm ausgehender Prozess tatsächlich überlegen oder ohne Mangel ist. *Class action,* also eine Institution, die Streitigkeiten, an der Massen beteiligt sind, nicht vom Recht jedes einzelnen Beteiligten, sondern von den geschehenen Tatsachen aus betrachtet und versucht, Gerechtigkeit, die in dem Fall gelten soll, in der Streitigkeit (und nicht im Recht) zu finden, ist sicher eine hilfsreiche Einrichtung, um solche oft vorkommenden Massenstreits zu lösen. Auch ein *Jury System*, das eine Entscheidung nicht durch einen Berufsrichter sucht, sondern eine Entscheidung bezweckt, die den Willen des Volkes widerspiegelt, ist für bestimmte Fälle sinnvoll. Heute, nachdem seit der Einführung des deutschen und auch des japanischen BGB über 100 Jahre vergangen sind, kommen Fälle vor, die man sich in der Zeit der Gesetzgebung nicht vorstellen konnte. Für die Erledigung solcher Streitigkeiten ist womöglich der von den Tatsachen ausgehende angloamerikanische Prozess besser geeignet.

Wenn Streitigkeiten heute so verschiedenenartig sein können, wäre es besser, auch verschiedene Methoden der Streitlösung anzubieten. Es wäre womöglich ein wertvoller Gedanke, zu überlegen, ob man in kontinentaleuropäischen Ländern neben den existierenden Prozessinstitutionen auch eine solche schaffen sollte, die mehr amerikanischen, von Tatsachen ausgehenden Prozessinstitutionen, gleichen – ähnlich wie man im früheren England neben den *common law court* den *equity court* stellte. Eine solche Situation könnte man aber auch durch eine revolutionäre Umbildung der freiwilligen Gerichtsbarkeit schaffen.

(10)

## *Der Zivilprozess im kontinentaleuropäischen und im angloamerikanischen Rechtskreis*

## Inhaltsverzeichnis



*Zuerst erschienen* in: Zivilverfahrensrechtliche Probleme des 21. Jahrhunderts – aus der Vortragsreihe „Vorträge auf zwei Kontinenten". Schilken/Yildirim (Hrsg.), Remscheid 2006.

## *I. Einleitung*

Bis zur Mitte des 19. Jahrhundert besaß Japan eine aus dem chinesischen Recht stammende feudale Rechtsordnung. Vor etwa 120 Jahren übernahm Japan das deutsche Rechtssystem und modernisierte es. Nach dem Ende des zweiten Weltkrieges wurde Japan durch die Siegermacht USA besetzt und in dieser Zeit durch Amerika vielseitig beeinflusst. Seitdem haben wir das amerikanische Recht, insbesondere auch den amerikanischen Zivilprozess intensiv studiert. Auch in Deutschland wurde dieses Thema im Zusammenhang mit der Entwicklung der wirtschaftlichen Beziehung zwischen Amerika und Deutschland häufig untersucht. Heute gibt es viele rechtvergleichende Untersuchungen des angloamerikanischen und des kontinentaleuropäischen Zivilprozesses.

Als Unterschied zwischen den beiden Zivilprozessen bezeichnet man oft, dass es im angloamerikanischen Prozess *jury system, discovery, cross examination, class action* usw. gibt, die im kontinentaleuropäischen Zivilprozess keine Entsprechungen finden. Hinsichtlich des Stils des Gerichtsverfahrens sagt man, dass der maßgebende Einfluss im Gerichtsverfahren in den angloamerikanischen Ländern bei den Parteien und in den europäischen Ländern bei dem Richter liege[1]. Dieser Unterschied ist jedoch nur eine formelle Verschiedenheit. Woher stammen diese Unterschiede?

Die Institution des Prozesses ist ein Ergebnis der Geschichte. Darum ist es sehr wichtig, die Institution und Theorie des Zivilprozesses zu untersuchen, auf ihren Ursprung zurückzugehen und historisch zu forschen. Der kontinentaleuropäische Zivilprozess hat seine Wurzeln im römischen Recht, während der angloamerikanische Zivilprozess aus dem germanischen Recht stammt. Beide Rechte besitzen einen unterschiedlichen Charakter. Das römische Recht besitzt von Anfang an ein positives Recht. Wenn eine gerichtliche Entscheidung zu fällen war, dachte

---

1 Z.B. *Hein Kötz*, Über den Stil des Gerichtsverfahrens – Typische Unterschiede zwischen Common Law und Civil Law, Vortrag an der Tôkai Universität, Tokio, am 5. Juni 1999.

man zuerst von der Norm her. Dagegen gab es in Germanien kein positives Recht; dort herrschte Naturrecht, im Volk verankerte Gerechtigkeit. Im Prozess oder bei gerichtlichen Entscheidungen ging man von dem Tatgeschehen aus. Das Recht sollte in den Tatsachen gefunden werden. Die grundlegenden Elemente bei der Betrachtung von Prozess oder gerichtlicher Entscheidung sind also die Norm im römischen Recht und die Tatsache im germanischen Recht. Darin liegt – mit einfachen Worten ausgedrückt – der grundlegende Unterschied zwischen dem heutigen kontinentaleuropäischen und angloamerikanischen Zivilprozess.[2]

Im Folgenden werde ich zunächst einen kurzen Überblick über das römische und das germanische Recht geben.

## *II. Der Zivilprozess im römischen und germanische Recht*

### *1. Der römische Zivilprozess*[3]

Der römische Zivilprozess entwickelte sich über einen langen Zeitraum hinweg, doch kann man behaupten, dass das Aktionensystem beständig den Kern des römischen Zivilprozesses bildete. Rom hatte schon in früher Zeit das geschriebene Recht und alle rechtlichen Fragen wurden von dem geschriebenen Recht aus betrachtet. Schon das Zwölf-Tafelgesetz, das 445 v. Chr. erlassen wurde, regelte bereits eine Menge von Aktionen. Die *actio* wird durch die berühmten *institutiones* wie folgt definiert, „*actio autem nihil aliud est, quam ius persequendi iudicio quod sibi debitur.*“[4]

Also umfasst die *actio* den materiellen Anspruch und das prozessuale

---

2 Eine eingehende Darstellung, vgl. *Nakamura*, Die zwei Typen des Zivilprozesses (1988), in: *Nakamura*, Japan und das deutsche Zivilprozessrecht (1996), S.83 ff

3 Über den römischen Zivilprozeß: vgl. *Engelmann*, Der Civilprozeß, Geschichte und System, Bd. 2, Heft 2 (Der römische Civilprozeß 1891): *Bethomann/Hollweg*, Der Civilprozeß des gemeinen Rechts in geschichtlicher Entwicklung, Bd. 1–3, (Der römische Civilprozeß) 1864–1866, Neudruck 1959; *Kaser*, Das römische Zivilprozessrecht, 1966.

4 Inst. Pr. 1. de act (4. 6.). „Die Klage ist nichts anders als das Recht, durch Urteil zu verfolgen, was einem geschuldet wird“

Klagerecht im heutigen Sinn. In der früheren Zeit des römischen Rechts behandelte das Gericht nicht alle Sachen, sondern nur solche, die das Gesetz bestimmte. Nur wenn die geschehene Tatsache unter die gesetzlich bestimmte *actio* subsumiert werden konnte, konnte man die Klage erheben. Der Prozess wurde also von der gesetzlich bestimmten *actio* aus betrachtet. Hierhin lag die grundlegende Struktur des römischen Zivilprozesses.

Mit dem Untergang des Römischen Reichs verschwand der römische Zivilprozess, wurde aber im Mittelalter durch die so genannten Glossatoren wieder erweckt und dann in Deutschland durch die Rezeption des römischen Rechts übernommen. Hier galt seit dem Altertum das germanische Recht. Aber weil es ein ungeschriebenes Recht war und sein Inhalt nicht fest umrissen war, wurde es nach der Rezeption zunehmend verdrängt, wodurch das römische Recht als das gemeine Recht des deutschen Reichs die herrschende Stelle bekam.

Man kann also sagen, dass das deutsche Recht der Gegenwart auf der Grundlage des römischen Rechts besteht.

### 2. *Der germanische Zivilprozess*[5]

Zurzeit, als das römische Recht als geschriebenes Recht im gesamten Reichsgebiet galt, gab es in Germanien noch keinen entsprechenden Staat, und es konnte sich darum kein dem römischen Recht vergleichbares Recht herausbilden. Dort gab es aber das ungeschriebene Gewohnheitsrecht, das seit Generationen überliefert wurde und die Ordnung von Gerechtigkeit und Frieden war. Das Recht, das im rechtlichen Gewissen des Volkes fortlebte, sollte nicht bewusst festgelegt, sondern im Einzelfall gefunden werden. Wenn die Gerechtigkeit verletzt wurde, erhob man den Vorwurf, den Rechtsfrieden der Gemeinschaft gebrochen zu haben und klagte auf dessen Wiederherstellung. Die Entscheidung bedeutete, das Recht, das in dem konkreten Fall gelten soll, zu finden

5 Über den germanischen Zivilprozeß; vgl. *Engelmann* (Fn. 3), Bd. 2, Heft 1 (Der mittelalterlich-deutsche Prozeß) 1890; *Bethomann/Hollweg* (Fn. 3), Bd. 4. 5 (Der germanisch-romanische Civilprozeß im Mittelalter) 1868, 1873, Neudruck 1959; *Mitteis/Lieberich*, Deutsche Rechtsgeschichte, 15. Aufl. 1978, S. 12 ff.; *Schwerin/Thieme*, Grundzüge der deutschen Rechtsgeschichte, 1950, S. 26 ff.; *Conrad*, Deutsche Rechtsgeschichte, Bd. 1.,1954, S. 40 ff.

und die Gerechtigkeit wiederherzustellen.

Der Grundcharakter des germanischen Zivilprozesses, zum Unterschied von römischen Zivilprozess, kann wie folgt zusammengefasst werden: Vor Beginn des Prozesses gab es in germanischen Zivilprozess anders als bei römischen Recht kein objektives, erkennbares Recht. Während der römische Zivilprozess von der Norm aus betrachtet wurde, wurde der germanische Zivilprozess von der Tatsache aus betrachtet.

Die oben erörterte Denkweise des germanischen Zivilprozesses wurde mit den germanischen Völkern der Nachwelt überliefert. Mit der Völkerwanderung brachten Angeln, Sachsen und Juten im 5. Jahrhundert das germanische Recht nach England. Es entwickelt sich dort selbständig weiter. Im 12. und 13. Jahrhundert bildete sich dann das Richterrecht, das so genannte *common law,* heraus, das die englische Rechtsordnung bestimmte. Deshalb ist das englische Recht im Grund genommen nichts anderes als germanisches Recht.

Das englische Recht wurde später auch in Amerika eingeführt und bildet heute zusammen mit dem amerikanischen Recht den angloamerikanischen Rechtskreis. Es gehört, wie oben dargestellt, zum Strom des germanischen Rechts und übermittelt dessen Denkweise. Auch auf dem Gebiet des Zivilprozesses ist diese Denkweise, die in der konkreten Tatsache das Recht findet, im Grund erhalten geblieben.

## *III. Der Unterschied zwischen dem Zivilprozess im kontinentalen und im angloamerikanischen Rechtskreis*

Ich sagte bereits, dass der römische Zivilprozess von Norm ausgehend und der germanische Zivilprozess vom Tatgeschehen ausgehend konstruiert ist. Diese unterschiedliche Konstruktion des Prozesses wurde jeweils im kontinentalen und im angloamerikanischen Rechtskreis weiter überliefert. Was für einen Unterschied zwischen beiden Prozesse bringt diese unterschiedliche Konstruktion, oder verschiedene Sichtweise des Prozesses? Ich werde versuchen, den Unterschied anhand der folgenden Punkte deutlich zu machen: (1) Rechtssystem, der Zweck des Zivilprozesses, (2) Streitgegenstand, (3) Prozesspartei, (4) Beweislast, (5) Aufgabe des Gerichts und (6) gerichtliche Verhandlung.

Sowohl im kontinentalen Rechtskreis wie im angloamerikanischen Rechtskreis finden sich nun jedoch mehrere unterschiedliche Prozessformen. Ich möchte heute hauptsächlich den deutschen Zivilprozess und den auf dem deutschen Recht gründenden japanischen Zivilprozess als Beispiele des kontinentalen Zivilprozesses und den Zivilprozess der USA, der in seiner Konstruktion durch die Bundesordnung und die *restatement* für den Fremden besser verständlich ist, als Beispiel des angloamerikanischen Zivilprozesses betrachten und versuchen, beide Zivilprozesse zu vergleichen.

### *1. **Das Rechtsystem** — Der Zweck des Zivilprozesses*

Der erste Unterschied zwischen den beiden Prozessformen liegt darin, ob der Prozess als seinem Hintergrund ein geschriebenes materielles Recht hat oder nicht. Mit diesem Unterschied verbunden ist die unterschiedliche Auffassung über den Zweck des Prozesses und über die Anerkennung oder Nichtanerkennung der Institution der freiwilligen Gerichtsbarkeit.

#### *a) Der Zivilprozess im kontinentalen Rechtskreis*

Der Zivilprozess des kontinentalen Rechtskreises (deutschen und japanischen Zivilprozess) arbeitet unter der Voraussetzung zusammen, dass es außer dem Prozessrecht ein System des materiellen Rechts gibt. Dieses materielle Recht funktioniert vor dem Prozess als Sozialnorm; wenn das anerkannte Recht vom Verpflichten nicht ausgeführt wird oder die Rechtsverhältnisse von jemandem verletzt, dann kann der Verletzte Klage auf Verwirklichung des Rechts oder Wiederherstellung des Rechtsverhältnisses erheben. Der Zweck des Prozesses ist der Schutz des Rechts der Parteien, das vom materiellen Recht anerkannt ist. Diese Sache nennt man „Streitsache"; sonstige Angelegenheiten, die der Gerichtsbarkeit unterliegen, nennt man „freiwillige Gerichtsbarkeit". Die zum kontinentalen Rechtskreis gehörenden Länder unterscheiden deutlich zwischen streitiger und freiwilliger Gerichtsbarkeit.

#### *b) Der Zivilprozess im angloamerikanischen Rechtskreis*

In Germanien gab es kein geschriebenes Recht wie im römischen Reich. Dort herrschte eine Ordnung von Gerechtigkeit und Frieden. Wenn ein diese Ordnung störendes Geschehnis auftrat, erhob man bei

Gericht Klage auf Wiederherstellung der Ordnung. Der Zweck des Prozesses lag in der Wiederherstellung des Rechtsfriedens. Dieser Gedanke lebt im modernen angloamerikanischen Recht fort. In England und in den USA gilt das Fallrecht. Es gibt im Grunde kein geschriebenes materielles Recht. Dort herrschte die Gerechtigkeit. Wenn die Gerechtigkeit verletzt wurde, wenn ein den Frieden störendes Ereignis eintrat, erhob man Klage. Das Gericht entscheidet die Sache durch die Rechtsfindung bezüglich des Tatgeschehens. Der Zweck des Zivilprozesses ist Findung der Gerechtigkeit, die Wiederherstellung der Ordnung der Gemeinschaft, des Friedens. Als den Zweck des Zivilprozesses betrachtet die vorherrschende Lehre in den USA die Streitlösung.[6] Die in den zum kontinentalen Rechtskreis gehörenden Ländern vorhandene Unterscheidung von Gegenstand der gerichtlichen Verhandlung in Streitsache und freiwilliger Gerichtsbarkeit findet sich im angloamerikanischen Recht nicht.

### *2. Der Streitgegenstand*

Unter dem von der Norm ausgehenden kontinentalen Rechtskreis wird der Streitgegenstand von der Seite des materiellen Rechts her begriffen. Darum werden dann mehrere Streitgegenstand gebildet, wenn ein Geschehen unter mehrere Tatbestände des materiellen Rechts subsumiert werden kann. Wenn der Kläger nicht nur einen Anspruch, sondern auch andere Ansprüche eventueller weise geltend machen will, muss er den anderen Anspruch durch die objektive Klagenhäufung bei der Klageerhebung oder durch die Klageänderung während des Verfahrens vor das Gericht bringen (nach der materiellrechtlichen Streitgegenstandstheorie). Unter dieser Institution wird der Gegenstand des Prozesses durch den Tatbestand, den der Kläger wählte, deutlich bestimmt und daher ist die objektive Grenze der Rechtskraft auch klar abgegrenzt.

Während der Streitgegenstand im kontinentalen Zivilprozess, wie oben dargestellt, durch die gesetzliche Norm deutlich begrenzt wird, erfasst der angloamerikanischen Zivilprozess den Streitgegenstand von den Tatsachen ausgehend, als Streitgegenstand wird also das tatsächliche Geschehen angesehen.

---

6 Z.B. *James/Hazard*, Civil Procedure 3. Aufl. (1985) S.2.; *Friedenthal/Kane/Miller*, Civil Procedure (1985) S.1.

Darum erscheint im angloamerikanischen Prozess eine eigene Erscheinung, die es im kontinentalen Zivilprozess nicht gibt. Zum Beispiel:

*a) Verneinung der Teilklage*
Im kontinentalen Zivilprozess würdigt man das geschehene Ereignis rechtlich und macht den rechtlichen Anspruch zum Streitgegenstand. In einem Fall, der eigentlich die Zurückzahlung von 1 000 EUR betrifft, konnte der Kläger deshalb Rückzahlung von nur 600 EUR mit einer Klage geltend machen. Da aber der Sachverhalt als solcher im angloamerikanischen Prozess den Streitgegenstand bildet, konnte das Gericht zur Zurückzahlung von 1 000 EUR verurteilen, wenn tatsächlich das Vorliegen der Forderung in dieser Höhe vom Gericht festgestellt wird, auch wenn der Kläger nur 600 EUR im Prozess verlangt (Fed. Rules Civ. Proc. 54 c).

*b) Zwingende Widerklage*
Als weiteres Beispiel kann aufgeführt werden: Wenn das behauptete Recht, welches im Zusammenhang mit dem vom Kläger geltend gemachten Sachverhalt steht, auch dem Beklagten zustehen kann, soll das Gericht zugleich auch die Behauptung des Beklagten beurteilen, weil im Zivilprozess des germanischen Rechtskreises der Rechtsgedanke herrscht, dass das geschehene Ereignis den Streitgegenstand bildet. Deshalb kennt das amerikanische Recht die Institution der zwingenden Widerklage (*compulsory counterclaim*), die dem deutschen Recht fremd ist (Fed. Rules Civ. Proc. 13 a).

Während der Umfang des Streitgegenstands im kontinentalen Zivilprozess durch das Kriterium des Tatbestands des materiellen Rechts ganz deutlich umrissen wird, ist der Umfang des Streitgegenstandes im angloamerikanischen Zivilprozess je nach dem konkreten Fall verschieden, also undeutlich und im allgemeinen weiter als bei dem kontinentalen Zivilprozess. Für den Beklagten ist der weite Streitgegenstand zwar etwas ‚anstrengend', doch ergibt sich der große Vorteil, dass der Streit durch ein einziges Urteil vollständig gelöst wird.

### *3. Die Prozesspartei*

Unter dem kontinentalen Zivilprozess wird das Vorliegen oder Nichtvorliegen des von materiellem Recht befassten Rechts oder Rechtsverhältnisses geprüft. Die solches Recht behauptende Person wird Kläger und der vom Kläger als Verpflichtete bezeichnete Person wird der Beklagte. Wenn auch eine Person mit einem mit dem Streitgegenstand gleichen Geschehen im Zusammenhang steht, ist sie keine Prozesspartei, wenn sie kein Subjekt des Rechts oder des Rechtverhältnisses ist, das den Streitgegenstand bildet. Aus dem Grund, dass das Subjekt des Rechts oder des Rechtsverhältnisses, das den Streitgegenstand ist, zur Prozesspartei wird, gilt das Zwei-Parteien-Prinzip im wesentlichen Grundsatz auch hier.

Während die Prozesspartei im kontinentalen Zivilprozess von der Rechtsnorm ausgehend erfasst wird, wird sie im angloamerikanischen Zivilprozess von dem Sachverhalt aus gesehen. Der Beteiligte, der ein Interesse an dem Geschehen verfolgt, wird als Kläger und der Beteiligte, der ein Gegen-Interesse hat, als Beklagter auftreten. Da außerdem das Wesen des Zivilprozesses im germanischen Rechtskreis die Findung des Rechts in der Streitsache ist, wird gefordert, dass alle Beteiligten als Prozesspartei an dem Prozess teilnehmen. Aus diesem Grund wird die Intervention im angloamerikanischen Zivilprozess im weiteren Umfang als im kontinentalen Zivilprozess anerkannt. Gegebenenfalls kann der Dritte gezwungen werden, an dem Prozess teilzunehmen.

Kurz gesagt ist der Unterschied der Prozesspartei im kontinentalen und angloamerikanischen Zivilprozess folgender: Während die Prozesspartei im kontinentalen Zivilprozess durch das Kriterium des den Streitgegenstand bildenden Rechts oder Rechtsverhältnisses bestimmt wird und ihr Umfang durch den Willen des Klägers bestimmt wird, wird die Prozesspartei im angloamerikanischen Zivilprozess durch das Geschehen bestimmt und der Umfang der Prozesspartei wird möglicherweise unabhängig vom Willen des Klägers ausgedehnt. Dass der Umfang der Prozessbeteiligten weit ist und dadurch der Prozess schwerfällig wird, ist ein Nachteil des angloamerikanischen Zivilprozesses. Es ist aber andrerseits ein großer Vorteil, dass der Streitfall vollständig gelöst wird, wenn ein Urteil gesprochen ist.

### *4. Die Beweislast*

Unter dem von der Norm ausgehende kontinentalen Zivilprozess herrschte der Gedanke, dass der Kläger, der sein Recht geltend macht, das Vorliegen die rechtsbegründenden Tatsachen beweisen muss und der Beklagte, der ein Recht leugnet, die rechtshindernden, rechtsvernichtenden und rechtshemmenden Tatsachen beweisen muss.

Die Eigenheit der Beweislast im angloamerikanischen Prozessrecht liegt – wie bereit gesagt – darin, dass sie nicht vom behaupteten Recht (der Norm) ausgeht, sondern von dem den Streitgegenstand bildenden Geschehen aus betrachtet wird. Unter dem angloamerikanischen Recht wird zuerst nach der Nähe des Beweismittels gefragt. Hier erlegt man die Beweislast dem Beteiligten auf, der dem Beweismittel am nächsten ist. Als weiteres Kriterium kommt die Schwierigkeit der Beweisführung im Hinblick auf die Beschaffenheit der Tatsache, die den Gegenstand des Beweises bildet, in Betracht. Hier soll der Beteiligte die Beweislast tragen, der etwas leicht beweisen kann. Auch die Wahrscheinlichkeit der Tatsache wird manchmal als Kriterium benutzt. Hinsichtlich der Tatsache, bei der das Gesetz der Wahrscheinlichkeit funktioniert, soll der Beteiligte die Beweislast tragen, der die Wahrscheinlichkeit verneint. So bilden zahlreiche Regeln, die durch die Praxis erzeugt wurden, die Beweisregeln des angloamerikanischen Prozessrechts.[7]

### 5. *Die Aufgabe des Gerichts*[8]

In den meisten modernen Staaten wird die politische Macht zwischen der Legislative, der Exekutive und der Judikative aufgeteilt. Die Aufgabe des Gerichts in Beziehung zu der Legislative und der Exekutive ist im kontinental-europäischen Rechtskreis und im angloamerikanischen Rechtskreis verschieden. Dieser Unterschied steht in engem Zusammenhang mit der Natur der Institution des Prozesses, nämlich ob die Institution dem von der Norm oder dem von der Tatsache ausgehenden Typ angehört.

In den zum kontinentaleuropäischen Rechtskreis gehörenden Rechtsordnungen finden wir das positive Recht, das das Parlament setzt. Das

7 Vgl. *James/Hazard* (Fn. 6) S.324-325.

8 Vgl. *Nakamura*, Die Aufgabe des Gerichts (1989), in: *Nakamura*, Japan und das deutsche Zivilprozessrecht (1996), S.113 ff.

Gericht entscheidet nach dem Gesetz, die Judikative untersteht der Legislative.

In den zum angloamerikanischen Rechtskreis gehörenden Ländern gilt das Prinzip des Fallrechts. In dieser Hinsicht hatten die Richter eine selbständige gesetzgebende Gewalt außerhalb des Parlaments. Heutzutage betreiben die Parlamente in England und den U.S.A. jedoch eine lebhafte gesetzgebende Tätigkeit. Insofern steht das Gericht unter den von dem Parlament erzeugten Gesetzen. Das ist aber nur eine praktische Erscheinung. Dem Wesen nach besitzt die angloamerikanische Judikative eine übergeordnete Stellung gegenüber Legislative und Exekutive. Wenn das von dem Parlament erlassene Gesetz gerechtigkeitswidrig ist, folgt das Gericht ihm nicht, es wendet es nicht an. Das Gericht kann vielmehr die gerechte Lösung in dem Streit finden, danach das Gesetz ändern oder ein neues Gesetz schaffen. Damit kann das Gericht im gegebenen Fall die Tätigkeit der Legislative und Exekutive ausüben.

### *6. **Gerichtliche Verhandlung** — Existenz oder Nichtexistenz des Jury Systems*

Der kontinentaleuropäischen Zivilprozess und der angloamerikanische Zivilprozess kennen jeder eine unterschiedliche Ausgestaltung der gerichtlichen Verhandlung. Der angloamerikanische Prozess besitzt das Jury System, das im kontinentaleuropäischen Zivilprozess nicht mehr vorhanden ist.

Die Aufgabe des Gerichts in angloamerikanischen Rechtkreis ist die Findung der Gerechtigkeit, die für den Streit gelten soll. Im Jury System wird die gerichtliche Entscheidung den Laienmitgliedern des Gerichts überlassen. Dieses System kann nur unter dem von den Tatsachen ausgehenden angloamerikanischen Prozessformen existieren. Bei dem von der Norm ausgehenden kontinentalen Zivilprozess funktioniert diese Institution nicht. Weil sich Normen historisch weiter entwickelt haben und weiterhin laufend komplizierter geworden sind, können nur Juristen diese Normen verstehen. Der Richter muss ein Jurist sein, das Jury System kann hier nicht aufkommen.

Dieses Jury System bildet ein eigenartiges Element des angloamerikanischen Prozesses. Daher existieren hier besondere Institutionen, die der kontinentale Zivilprozess nicht kennt, nämlich (a) Discovery, (b) Parteiherrschaft, und das Kreuzverhör, (c) die ununterbrochene mündliche Verhandlung.

*a) Discovery*

Für die Gerichtverhandlung mit einer Jury ist es sehr wichtig, schon vor dem gerichtlichen Verhandlungstermin das gesamte den Konflikt betreffende Material zu sammeln, und dies an dem Tag des *trial* dem Gericht vorzulegen. Genau diesem Zweck dient die *discovery.*

*b) Parteiherrschaft*

Die Jury ist ein Laiengremium, das der Haltung des Richters gegenüber sehr empfindlich ist; um das unabhängige Urteil der Jury sicher zu stellen, verhält sich der Richter in der Verhandlung möglichst passiv. An der Beweisaufnahme wirkt er nicht aktiv mit. Die Methode der Zeugenvernehmung besteht im Kreuzverhör *(cross exsamination).* Hier herrscht umfassende Parteiherrschaft.

*c) Die ununterbrochene mündliche Verhandlung*

Unter dem Verfahren des Jury-Systems muss die gesamte Verhandlung *(trial)* konzentriert in kürzester Zeit und ununterbrochen durchgeführt werden. Es gilt der Grundsatz der beschleunigten und konzentrierten mündlichen Verhandlung.

Diese drei Merkmale kann man als eine eigenständige Verhandlungsmethode des angloamerikanischen Prozesses ansehen.

## *IV. Der Einfluss des amerikanischen Rechts auf den japanischen Zivilprozess*

Nach dem Ende des Zweiten Weltkrieges wurde Japan durch die Siegermacht USA besetzt und das japanische Zivilprozessrecht und die japanische Zivilprozessrechtswissenschaft durch amerikanisches Recht beeinflusst. Einige Vorschriften wurden kurz nach dem Kriege geändert. Mit zunehmender Erforschung des amerikanischen Rechts durch japanische Rechtsgelehrte hat das amerikanische Rechtsdenken einen großen

Einfluss auf die japanische Zivilprozessrechtswissenschaft erlangt[9].

### *1. Einflussnahme durch Änderung der gesetzlichen Vorschriften*

Kurz nach dem Krieg, 1948, wurden einige Vorschriften der japanischen ZPO unter der Kontrolle der Besatzungsmacht geändert. Das Leitmotiv der Reform war ‚Parteiherrschaft'. Japan hatte bis dahin ein feudales Rechtssystem. Nach dem Ende des Krieges wurde dieses System verneint und demokratische Prinzipien traten in den Vordergrund. Zwischen Demokratie und dem Grundsatz der Parteiherrschaft in der gerichtlichen Verhandlung gibt es keine Beziehung. Trotzdem wurde die Parteiherrschaft bei der Änderung der ZPO in Zusammenhang mit der Demokratisierung besonders betont.

**a)** Durch Gesetzesänderung wurden die bis dahin geltenden Vorschriften der ZPO, die den Amtbetrieb bei der Beweisaufnahme regelten, abgeschafft. Mit der Betonung der Parteiherrschaft verbreitete sich folgender Gedanke unter der Richterschaft: die Aufgabe des Richters ist, wie bei dem Schiedsrichter eines Tennisspiels, die Beaufsichtigung der Prozessführung der beiden Parteien; er überwacht, ob die Prozesshandlungen nach den Regeln durchgeführt werden. In der Gerichtspraxis wurde die Aufklärungsbefugnis des Gerichts einige Jahre sehr passiv gehandhabt. Diese Einstellung der Richterschaft dauerte bis zum Ende der Besatzung von USA; danach normalisierte sich die Prozessführung mit der Zeit wieder und richtete sich nach den früheren Regeln.

**b)** Der zweite Punkt der Gesetzesänderung betraf die Institution des Kreuzverhörs *(cross examination)* bei der Zeugenvernehmung, das auf Empfehlung der Besatzungsmacht eingeführt wurde. Weil diese Institution ein Erzeugnis des Jury Systems ist, passt sie vom Wesen her nicht zum japanischen Zivilprozess. In der ersten Zeit war diese Form der Vernehmung gar nicht beliebt, aber nach längerer Anwendung in der Praxis hat sie nun ihren Platz im japanischen Zivilprozess gefunden. Aus der Sicht des Rechtsanwaltes liegt der Grund für die positive Auf-

---

9 Vgl. *Nakamura*, Der Einfluss des amerikanischen Rechts auf den japanischen Zivilprozess und seine Begrenzung (2003), S. 161 ff. in diesem Band.

nahme darin, dass er seinem Mandanten bei gelungener Ausübung des Kreuzverhörs seine Tüchtigkeit beweisen kann. Aus der Sicht der Richter ist das Kreuzverhör deshalb angenehm, weil viel beschäftigten Richtern vor der Verhandlung kaum genügend Zeit für die Vorbereitung der Sache bleibt. Obwohl viele Stimmen für eine Abschaffung des Kreuzverhörs plädierten, blieb diese Methode bei der Reform von 1996 mit einer kleinen Änderung weiter in der ZPO.[10]

Dies zeigt, dass eine Institution, die mit einem bestimmten Verfahrenstyp verbunden ist, mit der Zeit ihre eigenständige Bedeutung verliert und als eine technische Einrichtung in einem anderen Prozessgefüge praktiziert werden kann. Dies ist aber eine große Ausnahme.

**c)** Zwei Jahre nach obiger Gesetzesänderung im Jahre 1950 hat Japan die Institution der ununterbrochenen mündlichen Verhandlung des amerikanischen Zivilprozesses in der Verfahrensverordnung des Obersten Gerichtshofs eingeführt. Der Gesetzgeber hoffte, mit dieser Institution der ununterbrochenen mündlichen Verhandlung die nach dem Kriege wachsende Prozessverschleppung verhindern zu können. Das gewünschte Ergebnis trat aber nicht ein. Der für Gesetzgebung zuständige Beamte hatte seinerzeit nicht bedacht, dass diese Institution nur unter dem Jury System funktionieren kann. Im japanischen Zivilprozess, der anders als amerikanischen Zivilprozess ist, musste der Plan, diese Institution in Japan zu praktizieren scheitern.[11]

## *2. Der Einfluss durch die wissenschaftliche Überzeugung*[12]

Mit der Entwicklung wirtschaftlicher Beziehungen mit den USA entstanden nach dem Krieg viele Rechtsstreitigkeiten, die meistens vor amerikanischen Gerichten verhandelt wurden. In dieser Situation haben viele Wissenschaftler und Praktiker das amerikanische Recht erforscht und die japanische Literatur hat häufig amerikanische Lehren übernommen.

---

10 Vgl. *Nakamura* (Fn. 9) S.173 f.

11 Vgl. *Nakamura* (Fn. 9) S.175 f.

12 Vgl. *Nakamura*, Der Einfluss des amerikanischen Rechtsdenkens auf die japanische Zivilprozessrechtswissenschaft (2001), S.147 ff. in diesem Band.

### *a) Der Zweck des Zivilprozesses*[13]

Die zuerst in Japan verbreitete amerikanische Doktrin betraf den Zweck des Zivilprozesses. Bei dem vom Tatgeschehen ausgehenden angloamerikanischen Zivilprozess liegt – wie bereits erwähnt – der Zweck des Prozesses in der Streitlösung. Als erster vertrat *Kaneko* diese Meinung in Japan. Zuvor, also vor dem Krieg, war er der Ansicht, und folgte damit der damals in Deutschland herrschenden Theorie, dass der Zweck des Zivilprozesses nicht im Schutz der subjektiven Rechte des Einzelnen, sondern im Schutz der staatlichen Rechtsordnung zu suchen sei. Nach dem Krieg hat er bemerkt, dass diese Lehre, die in enger Verbindung zur NS-Ideologie stand, nicht mehr aufrechterhalten werden konnte. Er stellte als dritte Variante die Theorie von der Streitlösung als Zweck des Zivilprozesses auf. Weil er damals in Japan einer der führenden Prozessrechtswissenschaftler war, folgten ihm seine Schüler und viele andere Gelehrte. Seine Sichtweise wurde zur herrschenden Meinung in Japan.

Die Behauptung, "der Zweck des Zivilprozesses sei die Streitlösung" ist als These der japanischen Zivilprozessrechtswissenschaft nicht haltbar. In der letzten Zeit wurde der Fehler dieser Behauptung allmählich bemerkt. Als Ausdruck für das tägliche Leben unterliegt dieser Satz jedoch keinem Zweifel. Darum folgen viele Leute, die nicht besonders gründlich nachdenken, heute noch dieser Behauptung.

### *b) Der Streitgegenstand*[14]

Die These, der Zweck des Prozesses liege in der Streitlösung, wurde wenig später durch *Mikazuki* und andere Schüler von *Kaneko* im Zusammenhang mit dem Problem des Streitgegenstandes erörtert. In Bezug auf das Wesen des Streitgegenstandes herrschte in Japan seit langem die traditionelle materiellrechtliche Theorie. Unter dem von der Tatsache ausgehenden amerikanischen Zivilprozess denkt man sich den Konflikt selbst als den Streitgegenstand. Gedanken in dieser Richtung wurde von *Mikazuki* und auch von anderen Wissenschaftlern mit der These, dass

13 Vgl. *Nakamura* (Fn. 12) S.151 f.
14 Vgl. *Nakamura* (Fn. 12) S.152 f.

der Zweck des Prozesses die Konfliktlösung sei, lebhaft vertreten.

Allerdings herrschte die obige Meinung nur in der Literatur. Die gerichtliche Praxis wurde durch die wissenschaftliche Meinung nicht berührt, weil das System des japanischen Zivilprozesses von der Norm ausging. Die gerichtliche Praxis blieb immer bei der traditionellen materiellrechtlichen Theorie.[15]

*c) Sonstiges*

Im angloamerikanischen Zivilprozess finden wir viele interessante Institution und Gedanken, die es im japanischen oder kontinentaleuropäischen Zivilprozess nicht gibt. Zahlreiche junge Wissenschaftler haben sich mit dem amerikanischen Recht beschäftigt und das amerikanische Rechtsdenken in die japanische Rechtswissenschaft eingeführt. Früher dachte man, dass der amerikanische und der japanische Zivilprozess gleichartige Einrichtungen sind, und dass die im amerikanischen Zivilprozess geltenden Lehren auch im japanischen Zivilprozess gelten können. Etwa zehn Jahre nach der Kontroverse über den Streitgegenstand haben einige japanische Wissenschaftler die amerikanische Lehre über die Prozesspartei vertreten. In gleicher Weise wurde auch eine amerikanische Lehre über das Beweisrecht und eine neue Lehre über die Aufgabe des Gerichts nach amerikanischem Vorbild verbreitet. Solche Ansichten wurden unter den jungen Wissenschaftler hoch geschätzt, aber die Gerichtspraxis hat sie nicht berücksichtigt. Die neuen Lehren blieben nur literarische Meinungen auf dem Papier.

## VI. Abschließende Bemerkung

Im angloamerikanischen Zivilprozess gibt es viele interessanten Institution und Gedanken, die der japanisch/kontinentaleuropäischen Zivilprozess nicht kennt. Die Einführung des amerikanischen Rechtsdenkens hat neuen Wind in die japanische Zivilprozessrechtswissenschaft gebracht und sie interessanter gemacht. Aber in der Praxis hatte all dies

15 Vgl. *Nakamura* (Fn. 12) S.153 f.

keinen Erfolg. Warum nicht? Weil der japanische und der amerikanische Zivilprozess jeder zu einem anderen Verfahrenstyp gehören. Es ist sehr erstrebenswert und wichtig, die Theorien und die Praxis des amerikanischen Rechts zu erforschen und gegebenenfalls bestimmte Institute zu übernehmen. Dabei muss aber in jedem Fall genau untersucht und darauf Acht gegeben werden, dass die Wesensverschiedenheit der beiden Prozesstypen berücksichtigt wird. Die Einführung oder Übernahme von Instituten des amerikanischen Rechts in kontinentaleuropäisch geprägte Rechtsordnungen kann nur nach derartig grundlegender analytischer Überlegung einen guten Erfolg erwarten.

Der angloamerikanische Zivilprozess hat aber auch viele interessante prozesstechnische Einrichtungen, die mit dem Wesen des Prozesses nicht in Beziehung stehen. Eine solche Einrichtung einzuführen, dürfte kein Problem sein. So wurden zum Beispiel 1998 bei der Reform der Zivilprozessordung zwei Einrichtungen nach amerikanischem Vorbild übernommen, und zwar die Beschränkung der Revision und das besondere Prozessverfahren für geringe Streitwerte. Die beide stellen technische Einrichtungen dar, die das Wesen des Zivilprozesses nicht berühren. Darum konnte beide im japanischen Prozess Fuß fassen.[16]

Wir sollten aber noch darüber nachdenken, ob unser von der Norm ausgehender Prozess der bessere oder gar fehlerlos ist. Die *Class action* ist eine Institution, die eine Streitigkeit, an der eine große Zahl von Personen als Partei beteiligt sind, nicht vom Recht jedes Beteiligten aus, sondern von den geschehenen Tatsachen und dem Konflikt aus betrachtet. Diese Verfahrensart, mit der versucht wird, die Streitlösung zu verwirklichen, ist eine hilfreiche Einrichtung, um eine in der modernen Zeit oft auftretenden Massenstreit zu lösen[17]. Heute, da seit der Einführung des deutschen und auch des japanischen BGB über 100 Jahre vergangen sind, gibt es viele Fälle, die man sich zur Zeit der Gesetzgebung nicht vorstellen konnte. Um solche Streitigkeiten zu entscheiden, wäre der

---

16 Vgl. *Nakamura*, (Fn. 9) S. 176 f.

17 In den 70 er Jahren hat man intensiv versucht, die Einrichtung der *class action* in Japan einzuführen. Eine Forschungsgruppe hat einen Gesetzesentwurf veröffentlicht, der aber scheitern musste; Class Action rippô kenkyu-kai, Daihyô tôjisha soshô-hô shian (Eine Versuchsplan über den repräsentativen Prozess) Jurist, Nr. 672 (1978) S.16 ff.

vom Geschehen/Konflikt ausgehende angloamerikanische Prozess besser geeignet.

Wenn die Streitigkeiten – wie es heute oft der Fall ist – verschiedenartig sind, wäre es günstiger, wenn es verschiedene Methoden der Streitlösung gäbe. Es wäre eine wertvolle Aufgabe der Forschung, zu überlegen, in kontinentaleuropäischen Ländern neben den existierenden Prozessinstitutionen auch solche zu schaffen, die den amerikanischen von den Tatsachen ausgehenden Prozessinstitutionen entsprächen – ähnlich wie man früher in England neben das *common law* Gericht den *equity court* stellte.

# (11)

## *Die Prozesspartei im kontinentaleuropäischen und angloamerikanischen Zivilprozess*

## *Inhaltsverzeichnis*



*Zuerst erschienen* in: Studia in Honorem Pelayia Yessiou-Faltsi, N. Nikas u.a. (Hrsg.) Athens/Thessaloniki 2007.

## I. Einleitung

Im amerikanischen Zivilprozess gibt es das Institut der class action, eine Klage, die ein Vertreter einer Gruppe im Interesse dieser Gruppe erheben kann. Im Zeitalter von Massenproduktion und Massenkonsum kommt es oft zu folgendem Fall: viele Verbraucher wurden durch eine Ware beschädigt, wobei aber der Schaden jedes Einzelnen zu gering ist, um eine Klage gegen die Firma, die diese Ware produziert, zu erheben. In solchen Fällen ist das Institut der class action sehr praktisch, um Streitfälle zu lösen. Aufgrund seiner praktischen Relevanz wurde dieses Institut in kontinentaleuropäischen Ländern intensiv untersucht und in Japan in den 1970er Jahren versucht, ein Gesetz für diese Einrichtung zu schaffen.1 Dieser Plan ist jedoch gescheitert. Japan hatte vor etwa 110 Jahren sein Rechtssystem nach deutschem Muster begründet; das Institut der class action läßt sich mit dem kontinentaleuropäischen Justizsystem jedoch nicht vereinen. Es ist auch bekannt, dass es in den USA Umweltschutzprozesse gibt, bei denen die Natur oder Tiere einen gemeinsamen Kläger dieses Prozesses bilden. Hierbei handelt es sich auch um eine interessante Idee. In Japan wurde dieser Gedanke bei einem Umweltschutzprozess praktiziert, in dem das Gericht jedoch diese Klage mit der Begründung verneinte, dass dieses Vorgehen nicht mit dem japanischen Rechtssystem kompatibel sei.[2]

Das Ergebnis samt Begründung, dass das oben beschriebene Institut und dessen Handhabung in Japan nicht erlaubt ist, ist völlig richtig. Es mangelt jedoch an weiterreichender Forschung, warum dieses Institut im amerikanischen Prozess möglich ist, im kontinentaleuropäischen hingegen nicht. Es gilt somit den – die verschiedene Handhabung bedingenden – wesentlichen Unterschied zwischen dem kontinentaleuropäischen und angloamerikanischen Zivilprozess noch zu klären.

In diesem kleinen Beitrag wird der Verfasser versuchen, zuerst diesen Unterschied deutlich zu machen[3] und darauf gründend die verschiede-

---

1 Vgl. Fn.17.
2 Vgl. Fn.9.
3 Vgl. *Nakamura*, Die zwei Typen des Zivilprozesses (1988), in: *Nakamura*, Japan

nen Probleme der Prozesspartei in beiden Rechtsinstituten betrachten.

## *II. Unterschied zwischen dem angloamerikanischen und dem kontinentaleuropäischen Zivilprozess*

Als Unterschied zwischen den beiden Zivilprozessen führt man oft an, dass es im angloamerikanischen Prozess – anders als im kontinentaleuropäischen – das *jury system, discovery, cross examination* usw. gibt. Bezüglich des Stils der Gerichtsverfahren wird behauptet, dass der maßgebende Einfluss im Prozess in den angloamerikanischen Ländern bei den Parteien liegt, während er in den kontinentaleuropäischen Ländern dem Richter vorbehalten ist.[4] Hierbei handelt es sich nur um formelle Unterschiede. Was ist jedoch der grundlegende Unterschied? Dieser wesentliche Unterschied soll untersucht werden.

Nach der Meinung des Verfassers ist der wesentlichste Unterschied zwischen den angloamerikanischen und kontinentaleuropäischen Prozessen wohl in der Begreifweise,
wie man den Prozess oder gerichtliche Entscheidung auffasst.[5] Es wurde oft gesagt, die gerichtliche Entscheidung ist, Tatsache festzustellen und darauf Gesetze anzuwenden. Wie man in diesem Wort leicht verstehen kann, bei der Betrachtung des Prozesses oder gerichtliche Entscheidung bilden einerseits die *Tatsachen* des Lebenssachverhaltes und andererseits die *Normen* die grundlegenden Elemente. In den zum kontinentaleuropäischen Rechtskreis gehörenden, positives materielles Recht besitzenden Ländern begreift man den Prozess in erster Linie von der Normen aus. In den zum angloamerikanischen Rechtskreis gehörenden, kein geschriebenes Recht besitzenden Ländern betrachtet man den Prozess primär von den Tatsachen aus. Diese verschiedene Denkweise entstammt, nach Ansicht des Verfassers, ursprünglich dem römi-

---

und das deutsche Zivilprozessrecht (1996), S.83-111.

4 Z.B. *Hein Kötz,* Über den Stil des Gerichtsverfahrens – Typische Unterschiede zwischen Common Law und Civil Law, Vortrag an der Tokai Universität, Tokio, am 5 Juni 1999.

5 Vgl. *Nakamura,* Die Institution und Dogmatik des Zivilprozesses (1986), in: *Nakamura,* Japan und das deutsche Zivilprozessrecht (1996), S.43-82.

schen Recht und dem germanischen Recht.[6]

Im römischen Recht herrschte das Aktionen-System. Wo eine *actio*, eine Norm vorhanden war, konnte man eine Klage erheben. Im Prozess geht es darum, zu entscheiden, ob das vom Kläger behauptete Recht besteht oder nicht. Im römischen Recht ist der Denkansatz des Prozesses somit eine Rechtsnorm (von der Norm ausgehender Typ). Der Prozess ist vorhanden, um das beschädigte Recht oder Rechtsverhältnisse wiederherzustellen. Zweck des Prozesses ist der Schutz des Rechts oder Rechtsverhältnisses. Dieses Institut und diese Denkweise wurde die Grundlage des kontinentaleuropäischen – insbesondere des deutschen – Zivilprozesses.

Der andere Typ des Zivilprozesses entstammt dem germanischen Recht. Dort gab es vor dem Prozess keine *actio* wie in Rom, sondern es herrschte das Naturrecht. Der Prozess hatte die Funktion, das Recht, das in einem Streitfall gelten soll, in den Tatsachen zu finden. Der Prozess ging somit von den Tatsachen aus (von der Tatsache ausgehender Typ). Der Zweck des Prozesses ist die Rechtsfindung in einem Streit, mit anderen Worten die Streitlösung. Diese Denkweise wurde Grundlage des angloamerikanischen Zivilprozesses.

Im – von den Tatsachen ausgehenden – angloamerikanischen Zivilprozess, ist es sehr wichtig, die den Streit bildenden Tatsachen und ihre Beweise vor das Gericht zu bringen, weshalb es dort das Institut des *discovery* gibt. Die Aufgabe des Gerichts ist die Findung der Gerechtigkeit, die in dem Streit gelten soll. Um die Gerechtigkeit zu finden, besteht hier das *Jury-System*. Um das gerechte Urteil der Jury zu sichern, agiert der Richter bei der Gerichtsverhandlung nur passiv. Es gilt das Prinzip der Parteiherrschaft. Bei der Beweisaufnahme gilt hier *cross examination*.

Im – von der Norm ausgehenden – kontinentaleuropäischen Zivilprozess ist alles anders. Hier besteht vor dem Prozess bereits das Recht, das durch das positive materielle Recht anerkannt ist. Die Aufgabe des Gerichts ist die Entscheidung darüber, ob das vom Kläger behauptete Recht

---

6 Vgl. *Nakamura*, Fn.3, Japan und das deutsche Zivilprozessrecht (1996), S.87ff.

besteht oder nicht. Um diese rechtliche Frage zu entscheiden, braucht man juristische Kenntnis, weshalb der Richter Jurist sein muss. Das *jury system* kommt hier somit nicht in Frage. Die Gerichtsverhandlung leitet der Richter, in dessen Hand auch zu einem wesentlichen Teil die Zeugenvernehmung liegt. Unvereinbar mit dieser Verfahrensart ist sowohl die *cross examination* als auch das Institut des *discovery*.

Da das kontinentaleuropäische Verfahren den Prozess aus der Sicht der Normen begreift, während ihn das angloamerikanische aus der Perspektive der Tatsachen betrachtet, besteht ein sehr interessanter Unterschied zwischen beiden Prozessen. Zum Beispiel gelangen beide bezüglich des Problems des Streitgegenstandes zu einer gegensätzlichen Lösung: Bei dem von der Norm ausgehenden Verfahren ist das Vorhandensein oder Nichtvorhandensein des vom Kläger behaupteten Rechts oder Rechtsverhältnisse Gegenstand des Prozesses, während es bei dem von den Tatsachen ausgehenden Prozess der Streit selbst ist. Betreffend die Prozesspartei gilt folgendes: Bei dem auf der Norm basierenden Prozess ist das Subjekt des Rechts oder Rechtsverhältnisses Prozesspartei. Bei dem von den Tatsachen ausgehenden Prozess dagegen ist der Betreffende des den Streitgegenstand bildenden Streites Prozesspartei. Wenn das Gericht die ihm vorgebrachte Angelegenheit entscheidet, wird im kontinentaleuropäischen Prozess das Vorhandensein oder Nichtvorhandensein des vom Kläger vorgelegten Rechts oder Rechtsverhältnisses rechtskräftig. Im angloamerikanischen Prozess wird der Streit selbst beurteilt und der Konflikt zu einem Ende gebracht

Da der kontinentaleuropäische Prozess zur Gänze auf Normen basiert, der angloamerikanische Prozess hingegen nur aus Tatsachen konstruiert wird, weisen beide naturgemäß sowohl Vor- als auch Nachteile auf, wobei die Vorteile des einen Verfahrenstyps die Nachteile des anderen darstellen.

## *III. Die Prozesspartei im kontinentaleuropäischen Zivilprozess*

Unter dem Aktionen-System des römischen Rechts wurde jedes rechtliche Verhältnis als das Verhältnis von Rechten und Pflicht geregelt. Wenn es zu einem Rechtsbruch kam, erhob die nach der Aktio berechtigte Person (Kläger) die Klage gegen den Verpflichteten (Beklagten). Die Grundkonstruktion des Zivilprozesses ist hier somit durch das Zwei-Parteien-System bestimmt. Diese Konstruktion wurde in den heutigen Zivilprozess im kontinentalen Rechtskreis weiterüberliefert.[7]

### *1. Prozesspartei ist das Subjekt eines Rechts oder Rechtverhältnisses.*

Im kontinentalen Zivilprozess wird das Vorliegen oder Nichtvorliegen des vom materiellen Recht befassten Rechts oder Rechtsverhältnisses geprüft. Die Prozesspartei ist das Subjekt dieses Rechts oder Rechtverhältnisses.

Subjekt eines Rechts oder Rechtverhältnisses kann nur eine natürliche oder juristische Person sein. Sie sind rechtsfähig und parteifähig. Die deutsche ZPO regelt den Begriff von Parteifähigkeit wie folgt; „Parteifähigkeit ist, wer rechtsfähig ist" (§50 Abs.1 d.ZPO). Aus praktischen Gründen, um das Recht des Gläubiger zu schützen, regelt die deutsche ZPO weiter: „Ein Verein, der nicht rechtsfähig ist, kann verklagt werden; in dem Rechtsstreit hat der Verein die Stellung eines rechtsfähigen Vereins" (§50 Abs.2 d.ZPO).[8] In der deutschen ZPO können also nur die natürliche und die juristische Person und ein nicht rechtsfähiger Verein Prozesspartei sein. Sonstige Personen oder Sachen sind nicht parteifähig und können nicht als Partei in einem Prozess auftreten.

In diesem Punkt unterscheidet sich die Praxis wesentlich vom angloamerikanischen Zivilprozess, der von den Tatsachen ausgeht. Hier ist der vorliegende Streit Gegenstand des Prozesses und das Subjekt dieses Streits Prozesspartei. Darum gibt es Prozesse, deren Partei nicht nur eine Person sein kann sondern auch die Natur, also Berge, Flüsse, Tiere usw.[9] (Vgl. Abschnitt IV,1)

---

7 Vgl. *Nakamura*, Fn.3, Japan und das deutsche Zivilprozessrecht (1996), S.87.

8 Unter der japanischen ZPO besitzt ein Verein, der nicht rechtsfähig ist, nicht nur als Beklagter sondern auch als Kläger Parteifähigkeit (§29 jap.ZPO).

9 Unter dem Einfluss des amerikanischen Rechts wurden auch in Japan in den 1990er Jahren einige Klagen im Rahmen eines Naturschutzprozesses erhoben, dessen Mitkläger ein Tier war, welches im betreffenden Gebiet lebte. Diese Klage wurde als rechtwidrig abgewiesen; Entscheidung des Landgericht *Kagoshima* von 22. 01. 2001.

Die Prozesspartei betreffend ist folgender Punkt besonders wichtig: Die Prozesspartei des kontinentalen Zivilprozesses, der von der Norm ausgeht, fällt unter den Grundsatz der privaten Selbstverwaltung. Wer Prozesspartei ist, wird vom Kläger bestimmt. Sind mehrere Personen in ein Geschehen involviert, ist eine Person, die keine Klage erhebt bzw. erhoben hat, nicht Prozesspartei. Im – von den Tatsachen ausgehenden – angloamerikanischen Zivilprozess werden alle Beteiligten eines Geschehens Prozesspartei. Wenn eine unabkömmliche Person bei einem Prozess kein Prozesspartei ist, wird sie durch Befehl des Gerichts gezwungen, Prozesspartei zu werden (19 Fed.Rules Civ.Proc)

### 2. *Zwei-Parteien-System im kontinentaleuropäischen Zivilprozess*

Im kontinentalen Zivilprozess wird das Vorliegen oder Nichtvorliegen des vom materiellen Recht geregelten Rechts oder Rechtsverhältnisses geprüft. Die ein solches Recht behauptende Person ist Kläger und die von ihr als Verpflichtete bezeichnete Person Beklagter. Steht jemand mit einem Geschehen in Zusammenhang, welches mit dem Streitgegenstand identisch ist, ist er dennoch nicht Prozesspartei, wenn er nicht Subjekt des Rechts oder Rechtverhältnisses ist, welches den Streitgegenstand bildet. Aus diesem Grund, dass das Subjekt des streitgegenständigen Rechts oder Rechtsverhältnisses zur Prozesspartei wird, gilt hier das Zwei-Parteien-Prinzip als wesentlicher Grundsatz.

Der Kläger, der ein Recht oder Rechtsverhältnis geltend macht, muss dieses Recht vor Gericht behaupten. Bestreitet dies der Beklagte, so ist der Kläger beweispflichtig. Die Beweislast trägt somit im Grunde der Kläger. Unter dem kontinentaleuropäischen Zivilprozess ist es – anders als angloamerikanischen Zivilprozess – wichtig, ob eine Partei Kläger ist oder Beklagter. (Vgl. Abschnitt IV,4)

### 3. *Mehrparteienprozess*

Prozesspartei ist das Subjekt des Rechts oder Rechtsverhältnisse, welches Gegenstand des Prozesses ist. Werden mehrere Personen gemeinsam von einem Recht oder Rechtsverhältnis berechtigt bzw. verpflichtet, so entsteht eine Streitgenossenschaft. In dem Fall, dass mehrere Personen nur gemeinsam ein Prozessführungsrecht besitzen, entsteht dort eine materiellrechtlich notwendige Streitgenossenschaft. Haben z.B.

A und B zusammen auf einem Grundstück ein Miteigentum und wollen auf Grund des Miteigentums gegen einen Dritten eine Klage erheben, so müssen sie dies gemeinsam tun. Verweigert B, zusammen mit A rechtlich vorzugehen, so kann A alleine keine Klage erheben. Tut er dies dennoch, wird die Klage als rechtswidrig abgewiesen.[10] Im angloamerikanischen Prozess stellt sich dies ein wenig anders dar. Im amerikanischen Prozess kann A allein eine Klage erheben, indem er auch B klagt (19 Fed.Rules Civ.Proc.). In diesem Verfahrenstyp ist es wichtig, dass alle Beteiligten eines Geschehens vor Gericht auftreten, wobei es unwichtig ist, ob sie als Kläger oder Beklagter auftreten ( Vgl. Abschnitt IV,4 ).

Die Prozesspartei im kontinentaleuropäischen Zivilprozess wurde ursprünglich im Zusammenhang mit dem Recht oder Rechtsverhältnis, welches den Streitgegenstand bildet, gesehen. Der kontinentale Zivilprozess kam jedoch in Berührung mit dem germanischen Recht, als sich das römisches Recht im Mittelalter zum italienisch-kanonischen Recht entwickelte. Aus diesem Grund hat der kontinentale Zivilprozess auch den Gedanke des germanischen Zivilprozesses, dass die Betroffenen eines Geschehens Prozesspartei werden, durch das Institut der „Prozessintervention des Dritten" eingeführt. Hatte ein Dritter ein Interesse an einem bereits rechtshängigen Streit, durfte er in diesem Prozess als Partei intervenieren. Er konnte sein Recht gegen den Kläger bzw. den Beklagten im Prozess mit Anspruch auf Entscheidung verfolgen. In diesem Fall spricht man von der Hauptintervention. Bei dieser entstand der Prozess zwischen drei Parteien (Kläger, Beklagte und Intervenient). Dieses Institut blieb als Rest des germanischen Rechts bis in die Zeit des gemeinen Prozesses erhalten. Aber in der deutschen CPO von 1877, die unter dem starken Einfluss des römischen Rechts stand, wurde das Zwei-Parteien-System durchgesetzt und die Hauptintervention als Verbindung zweier Prozesse geregelt (§61 d.ZPO a.F., heute§64).

## *IV. Die Prozesspartei im angloamerikanischen Zivilprozess*

---

10 A kann aufgrund des Anteilsrechts am Miteigentum alleine Klage erheben. Dies ist aber eine andere Frage.

Im Germanischen gab es kein Recht wie in Rom. Wurde der Friede des sozialen Lebens verletzt, klagten die Leute den Missstand vor dem Gericht. Das Gericht fand sodann die Gerechtigkeit, die in diesem Streitfall gelten sollte. Im germanischen Recht war der bloße Sachverhalt der Gegenstand des Prozesses und alle Betroffenen des Geschehens wurden zur Partei. Der Prozess hat eine Funktion, das Recht in dem Streit zu finden. Der Zweck des Prozesses war die Findung der Gerechtigkeit, die in einem bestimmten Streit gelten soll. Dieser Gedanke des germanischen Rechts wurde ins angloamerikanische Recht weiterüberliefert.[11]

### *1. Prozessparteien sind die Beteiligten des Geschehens*

Im angloamerikanischen Recht stellt grundsätzlich das rechtlich noch nicht gewürdigte Geschehen als solches den Streitgegenstand dar. Jeder Beteiligte, der ein Interesse an dem Geschehen verfolgt, kann als Kläger und jener, der ein Gegeninteresse hat, als Beklagter auftreten.

Der Streit ist ein tatsächlicher Begriff, weshalb auch der Beteiligte des Geschehens ein tatsächlicher Begriff ist. Für die Frage, welche Person oder Sache Prozesspartei sein kann, gibt es keine rechtliche Beschränkung. Im angloamerikanischen Prozess gibt es keinen – der deutschen ZPO entsprechenden – Begriff der Parteifähigkeit. Es ist somit im angloamerikanischen Prozess möglich, dass die Natur oder ein Tier als Kläger auftritt. In den USA behauptete Richter *Daglas* 1890 bei einem Naturschutzprozess, dass die Umwelt Selbst Kläger sein kann, um ihre „Unversehrtheit“ zu bewahren[12]. Diese Behauptung ist im angloamerikanischen Prozess kein Fehler.

### *2. Umfang des Geschehens*

Weil der Begriff des „Streits“ ein tatsächlicher Begriff ist, ist es manchmal schwer, welcher Umfang des Geschehenen als Streitumfang zu betrachten ist. Es ist unklar, wo die Grenzen eines Streites liegen. Es ist auch möglich, dass der Streitgegenstand im Verlauf des Prozesses

---

11 Vgl. *Nakamura*, Fn.3, Japan und das deutsche Zivilprozessrecht (1996), S. 88 f.
12 405 U.S. at 741, 92 S. Ct. at 1369, 31 L. Ed. 2d at 647.

unbegrenzt ausgedehnt wird. Um dies zu verhindern und somit den Prozessgegenstand auf einen in der Praxis überschaubaren Umfang zu begrenzen, gibt es im amerikanischen Zivilprozess das „*adversary system*"[13].

Das *adversary system* wurde im Zusammenhang mit dem Jury System im angloamerikanischen Recht entwickelt. Dieses System sieht den Prozess als den Kampf beider Parteien vor der Jury und legt die Verantwortung des Prozessverlaufes in die Hände der Parteien. Die Parteien bestimmen, welche Tatsachen sie dem Gericht im Rechtstreit zur Entscheidung unterbreiten und welche Beweise sie dem Gericht vorbringen. Das Gericht hat dabei die Aufgabe zu überwachen, ob die Prozesshandlungen der Parteien ordnungsgemäß vorgenommen werden. Das *adversary system* basiert auf folgendem Gedanken: was, wo und wie die Gerechtigkeit in einem Streitfall zu finden ist, wird nach dem „Kampf" klar, in dem beide Parteien alle ihre „Waffen" zum Einsatz gebracht haben.

Im *adversary system* werden der Streitgegenstand und die Prozesspartei zum Schluss, je nach dem Verhalten der Beteiligten des Streits, bestimmt. Der Kläger bringt zuerst ein Geschehen vor das Gericht. Die mit diesem Geschehen in Zusammenhang stehenden und während der Verhandlung durch die Parteien vor das Gericht gebrachten und bestrittenen Tatsachen bilden den Streitgegenstand. Wenn eine mit dem Geschehen in Zusammenhang stehende Tatsache durch die Beteiligten nicht vor das Gericht gebracht wurde, ist sie nicht Streitgegenstand. Im angloamerikanischen Zivilprozess wird die Verfahrensgarantie immer eingehend erörtert, weil der Umfang des Streitgegenstandes und Gegenstand der Rechtskraft dadurch bestimmt wird, ob die betreffende Tatsache durch die beiden Parteien genügend verhandelt wurde.

Während der Umfang des Streitgegenstandes im kontinentalen Zivilprozess anhand des Tatbestands des materiellen Rechts ganz eindeutig ist, ist er im angloamerikanischen Zivilprozess je nach dem konkreten Fall verschieden, also undeutlich und im allgemeinen breiter als bei dem kontinentalen Zivilprozess.

### *3. Alle Beteiligten des Streites müssen als Prozesspartei an dem Prozess teilnehmen*

13 *F. James & G. Hazard*, Civil. Procedurs 590-591, 1985.

Der Zweck des Zivilprozesses im germanischen Rechtskreis ist die Findung des Rechts im Geschehen selbst. Dieser fordert, dass alle Beteiligten des Streits als Prozesspartei an dem Prozess teilnehmen. Aus diesem Grund wird die Intervention bei angloamerikanischem Zivilprozess im weiteren Umfang als bei dem kontinentalen Zivilprozess anerkannt.

Die amerikanische Bundesordnung für Zivilprozess regelt folgende Intervention:

a) Ein Beklagter, der von mehreren Beteiligten wegen derselben Sache doppelt und widersprechend in Anspruch genommen wird, kann alle Anspruchsgläubiger in den Prozess einbeziehen (22 Fed.Rules Civ.Proc.). b) Der Beklagte eines Prozesses kann einen Dritten, der ihm die streitige Sache schuldet, zu dem Prozess hinzuziehen, um sich davor zu schützen, dass er den Prozess verliert (14 Fed.Rules Civ.Proc.)

Im kontinentaleuropäischen Zivilprozess ist das vom Kläger vorgebrachte Recht oder Rechtsverhältnis Gegenstand des Prozesses. Den Umfang des Streitgegenstands und den Kreis der Prozessparteien bestimmt der Kläger. Es gibt keine Möglichkeit für einen Beklagten, einen Dritten in den Prozess miteinzubeziehen. Im amerikanischen Zivilprozess betrachtet man den Prozess vom Geschehen aus. Man legt dem Gericht ein Geschehen dar und fordert es auf, Gerechtigkeit in dem Streit zu finden. Zweck des Prozesses ist die Rechtfindung in einem Streit. Darum kann der Beklagte einen Dritten, der mit dem Streit in Beziehung steht, in den Prozess miteinbeziehen. Aus den gleichen Gründen kann das Gericht – mit Ausnahme besonderer Fälle – Personen, die ein gemeinsames Interesse an dem Prozess haben, zwingen, als Streitgenossen dem Kläger bzw. dem Beklagten, beizutreten (19 Fed.Rules Civ.Proc.).

*Kurz gefasst*: Der Kern des Problems der Prozesspartei im angloamerikanischen Zivilprozess ist das Geschehen selbst. Alle Betroffenen des Geschehens werden Prozesspartei. Nun kommt der Umfang des Geschehens in Frage. Da das Geschehen eine Kette von Tatsachen ist, besteht die Gefahr, dass der Umfang des Geschehens unbeschränkt ausgedehnt wird. Dieses Problem wird in der Praxis durch das bereits erwähnte „*adversary system*“ gelöst. Der Umfang des Geschehens und damit der Umfang der Prozessparteien wird also durch das Verhalten der Beteiligten des Geschehens bestimmt.

Während die Prozesspartei im kontinentalen Zivilprozess durch das

Kriterium des den Streitgegenstand bildenden Rechts oder Rechtsverhältnisses und ihr Umfang durch den Willen des Klägers bestimmt wird, richtet sich die Prozesspartei im angloamerikanischen Zivilprozess nach dem Geschehen, weshalb der Umfang der Prozesspartei möglicherweise unabhängig vom Willen des Klägers ausgedehnt wird. Der Nachteil des angloamerikanischen Zivilprozesses ist darin zu sehen, dass der Kreis der Prozessbeteiligten breit und der Prozess dadurch schwerfällig ist. Ein großer Vorteil ist jedoch, dass der Streitfall gänzlich gelöst wird, sobald das Urteil ausgesprochen ist.

### 4. *Zwei-Parteien Konstruktion im angloamerikanischen Zivilprozess*

Im angloamerikanischen Zivilprozess tritt die Person, die ein Interesse an dem Geschehen verfolgt, als Kläger auf und die Person, die ein Gegen-Interesse hat, als Beklagter. Formell liegt hier also auch eine Zwei-Parteien-Konstruktion vor. Diese Zwei-Parteien-Konstruktion resultiert aus dem *adversary system*, das bezweckt, die Gerechtigkeit in der Streitsache durch den Kampf beider Parteien zu finden, während das Zwei-Parteien-System des kontinentalen Zivilprozess auf dem – vom materiellrechtlichen Standpunkt betrachteten – Streitgegenstand basiert. Im kontinentalen Zivilprozess wird der Berechtigte meistens Kläger und der Schuldner Beklagter. Der Kläger trägt den Großteil der Behauptungs- und Beweislast. Darum ist es sehr wichtig, ob ein Beteiligter Kläger bzw. Beklagter ist. Im *adversary system*, das die Debatte der Parteien bezweckt, spielt es keine Rolle, ob der Beteiligte auf der Seite des Klägers steht oder auf der des Beklagten. Die Beweislast tragen beide Parteien je nach dem Gegenstand des Beweises. Deshalb kann man die Partei, die eigentlich als Streitgenosse des Klägers im Prozess auftreten sollte, als Beklagte in den Prozess miteinbeziehen, wenn sie die Teilnahme am Prozess als Kläger ablehnt (19 Fed.Rules Civ.Proc.).

## *V. Der Prozess von Massenparteien — Verbraucherschutzprozess*

Seit den siebziger Jahren im Zuge der wirtschaftlich Entwicklung und der Wandlung des Soziallebens entstanden viele Fälle, die den Schutz des Verbrauchers fordern, und zwar jene Fälle, in denen der Schaden des Einzelnen gering, die Zahl der Geschädigten jedoch unzählbar ist. Um dieser Situation gerecht zu werden, entstand in den USA bzw. in Deutschland die besondere Gerichtspraxis der *class action* bzw. der Verbandsklage. Diesem Vorbild folgend, versuchte auch Japan einen Weg zu finden, um Verbraucher zu schützen.

### *1. class action im amerikanischen Recht*

In den USA gibt es das Institut der *clas action*, die für den Verbraucherschutz sehr praktisch ist. Im angloamerikanischen Prozess gilt der Grundsatz, dass alle Beteiligten des Geschehens vor Gericht auftreten müssen. Eine Ausnahme dieses Grundsatzes war das Institut der *Equity*, das Institut der *class action*. Dieses Institut, welches es ermöglicht, dass ein Teil der Beteiligten des Streits den Prozess führen kann, wurde zur heutigen *class action* entwickelt.

Die *class action* darf unter folgenden Bedingungen angewendet werden (23 Fed.Rules Civ.Proc.):

a) wenn die Zahl der Betroffenen, die den gleichen Schaden erlitten haben, so groß ist, dass die gemeinsame Prozessführung in der Praxis zu schwierig ist,
b) wenn die rechtlichen und tatsachlichen Probleme allen Betroffenen gemeinsam sind,
c) wenn der Anspruch bzw. die Einreden des Vertreters dem Anspruch bzw. den Einreden aller anderen Beteiligten entsprechen und
d) wenn der Vertreter das Interesse der Klasse billig und hinreichend schützt.

Im obigen Fall können ein bzw. mehrere Vertreter einer Klasse, in der eine große Zahl von Personen gemeinsame rechtliche bzw. tatsächliche Interessen hat, für alle Mitglieder dieser Klasse Klage erheben und den Prozess führen. Das Urteil erstreckt seine Wirkung auf alle Klassenmitglieder. Der Kläger braucht die einzelnen Klassenmitglieder bei der Klageerhebung nicht zu nennen und kann den Ersatz der Schäden aller potentiellen Klassenmitglieder verlangen. Dadurch kann der ganze – durch eine rechtswidrige Handlung erlangte – Gewinn von einem Unternehmen herausverlangt werden.

In der Zeit von Massenproduktion und Massenkonsum, in der die Anzahl der Geschädigten unzählbar ist, ist dieses Institut äußerst hilfreich. In den USA wird die *class action* vor allem im Bereich des Verbraucherschutzes verwendet. Zusätzlich hat die *class action* eine vorbeugende Funktion gegen rechtswidrige Handlungen derselben Art.

Ein solches Institut ist im kontinentaleuropäischen Rechtssystem rechtwidrig. Der Zweck des – von der Norm ausgehenden – kontinentaleuropäischen Zivilprozesses, ist die Wiederherstellung des vom Kläger behaupteten Rechts oder Rechtsverhältnisses. Dabei wird jedes Recht oder Rechtsverhältnis, das dem Kläger gehört, untersucht.
Bei der *class action* hat der Vertreter weder Vertretungsmacht bezüglich der potentiellen Klassenmitglieder noch Prozessführungsbefugnis bezüglich des behaupteten Rechts der potentiellen Klassenmitglieder.

Warum ist dieses Institut im amerikanischen Zivilprozess erlaubt? Der angloamerikanische Zivilprozess bezweckt – anders als der deutschen – die Findung der Gerechtigkeit in einem Streitfall, also die Streitlösung. Um diesen Zweck zu erfüllen, hat sich das Institut der *clas action* entwickelt. Entsteht durch ein Massenprodukt eines Unternehmens ein großer Schaden, ist der Schaden jedes Einzelnen jedoch gering, so ist die Klageerhebung aller Geschädigten zwar theoretisch möglich aber nicht in der Praxis. Unter diesen Umständen spielt die *clas action* eine große Rolle, um Gerechtigkeit zu finden.

Der Zweck des Prozesses ist die Findung der Gerechtigkeit in einem Streitfall. Dieser Zweckgedanke ist besonders wichtig, um die Funktion des angloamerikanischen Prozesses zu verstehen. Dieser Zweckgedanke schuf nicht nur das Institut der *class action*, sondern auch andere Institute, die es im Kontinentalen Rechtskreis nicht gibt. In den modernen Staaten ist die Trennung der drei Staatsgewalten wichtig. Das Gericht kann mit seinem Urteil nicht in den Bereich der Gesetzgebung bzw. der Verwaltung eingreifen. In den USA dagegen kann das Gericht, um Gerechtigkeit in einem bestimmten Streitfall zu finden, mit seinem Urteil eine Angelegenheit entscheiden, die in den Bereich der gesetzgebenden[14] oder der Regierungsgewalt[15] fällt. Als eine weitere Besonderheit

---

14 Die Zahl der Abgeordneten bestimmt das Parlament. Diese Zahl, die durch das Gesetz bestimmt ist, kann in den USA das Gericht abändern. Durch Änderungen der Einwohnerzahl, war die Zahl der Abgeordneten für die einzelnen Wahlbe-

zirke nicht mehr gerechtfertigt, weil es somit zu einer immer unterschiedlicheren Gewichtung der Stimmen kam. Das Parlament sollte dieses Gesetz verbessern, tat es aber nicht. Nun kam die Angelegenheit vor das Gericht. Im kontinental-europäischem Prozess, der zum von der Norm ausgehenden Typ gehört, ist das nicht möglich. Im – von den Tatsachen ausgehenden – amerikanischen Prozess ist dies jedoch erlaubt, weil die Aufgabe des Gerichts die Rechtsfindung in einem Streitfall ist. Das Gericht untersuchte diese Angelegenheit und änderte den Wahlbezirk durch sein Urteil, um die Gewichtung aller Stimmen wieder auszugleichen.

15 Ein Beispiel können wir im Urteil des Landgerichtes der Vereinigten Staaten für den Bezirk Ost New York vom 28. 1. 1974 finden. Der Fall ist folgendes: In den 1960er Jahren gab es in New York in einer öffentlichen Schule Rassentrennung. Weil weder die Gesetzgebung noch die Verwaltung eine entsprechende Maßnahme gegen das getrennte Studium traf, wurde von Seiten der Schüler der Schule für Schwarze mehrfach gegen den Kommunalen Schulausschuss die Klage erhoben, die das *declaratory judgment*, welches die Rassentrennung feststellt, und die *injunction* forderte, um diesen Zustand zu verbessern. Das obige Urteil hat wie folgt entschieden: Im betreffenden Fall handelt es sich um Rassentrennung. Diese ist verfassungswidrig. Auf der Basis der „*Equity*" hat das Gericht die Befugnis, diesen Zustand zu korrigieren. Alle Behörden im öffentlichen Dienst müssen die Maßnahme des Gerichtes, die den verfassungswidrigen Zustand aufzuheben bezweckt, ausführen: 1) Gegen den Kommunale Ausschuss für die Schule hat das Urteil angeordnet, einen Plan zu machen, um die Rassenunterscheidung auf der betreffenden Schule zu beseitigen. 2) Gegen die städtische, staatliche und vereinigten-staatliche Behörde für die Wohnung und Städtebau hat das Urteil angedeutet, dass die bisherige Wohnungspolitik schlecht war, und darum die getrennte Wohnungsgebiete für die Weise und Schwarze gemacht wurde. Das Urteil anordnet die Behörde einen Plan für die Wohnung und Städtebau gemeinsam zumachen, um das Gleichgewicht zwischen der Rasse zu halten. 3) Gegen das Verkehrsamt der Stadt hat das Urteil angeordnet, Fahrplan zu vorbereiten, um dem Schulbesuch der Schuler mit dem Busse entsprechend dem Plan der Schule zu verwirklichen.

Was das Urteil vom Kommunalen Schulausschuss usw. forderte, fällt eigentlich unter den Aufgabenbereich der Verwaltungsbehörden und wäre im kontinentalen Rechtskreis undenkbar. In den USA nennt man ein solches Vorgehen *public law litigation*. Es gab jedoch eine Kontroverse, ein solchen Prozess und ein solches Urteil erlaubt werden darf. Der Grund, ein solches Vorgehen - trotz Kontroverse - zu erlauben, liegt darin, dass die gerichtliche Entscheidung im angloamerikanischen Rechtskreis der Rechtfindung in einer Streitsache dient. In diesem Fall war die Gerechtigkeit darin zu sehen, dass die Rassentrennung beseitigt werden müsse. Um diese Gerechtigkeit zu verwirklichen, kann das Gericht mit seinem Urteil die nötigen Maßnahmen treffen. Diese Maßnahmen dürfen je nach Notwendigkeit auch im Bereich der Verwaltung liegen.

des angloamerikanischen Zivilprozesses sei an dieser Stelle noch darauf hingewiesen, dass es unter dem angloamerikanischen Zivilprozess keine Unterscheidung zwischen streitige Gerichtsbarkeit und freiwillige Gerichtsbarkeit gibt, weil die gerichtliche Entscheidung im angloamerikanischen Zivilprozess immer die Rechtsfindung in einem Streitfall darstellt.[16]

### *2. Verbandsklage im deutschen Recht*

Während im amerikanischen Prozess die *class action* dem Verbraucherschutz dient, begegnet man diesem Problem in Deutschland mit der Methode der Verbandsklage. In Deutschland gab es bereits 1909 das Gesetz gegen den unlauteren Wettbewerb (UWG). Nach diesem Gesetz hat jeder einzelne Verbraucher einen Unterlassungsanspruch gegen unlauteren Wettbewerb (§13 Abs.1 UWG). Jedoch wollte sich kein Verbraucher darauf einlassen, auf eigene Kosten eine Klage auf Unterlassung des unlauteren Wettbewerbes zu erheben. Entsprechend der Entwicklung der wirtschaftlichen Lage wurde das Gesetz etwa 50 Jahre nach Inkrafttreten 1965 geändert, um die Klageerhebung zu erleichtern. Dies geschah dadurch, dass ein Verband der Verbraucher die Klage erheben kann. Bei der Verbandsklage wird nicht eine einzelne betroffene Person Prozesspartei, sondern eine juristische Person, und zwar der Verband, der nur dort zulässig ist, wo es ausdrücklich im Gesetz vorgesehen ist. Die Methode der Verbandsklage wurde später in verschiedenen Bereichen genutzt.

Um dem Prozess mit Massenparteien zu entsprechen, hat der – von den Tatsachen ausgehende, die Rechtsfindung in einem Streit bezweckende – angloamerikanische Prozess das Institut der *class action* aus

16 Unter dem deutschen Zivilprozess unterscheidet streitige Gerichtsbarkeit und freiwillige Gerichtsbarkeit Der deutsche Zivilprozess gehört zum von der Norm ausgehenden Typ. In diesem Prozess besteht das Recht oder Rechtsverhältnis bereits vor Prozessbeginn. Wurde dieses Recht oder Rechtsverhältnis gestört, so kommt die Sache als Streitsache vor das Gericht. Sonstige Angelegenheiten, die die Entscheidung eines Gerichtes fordern, fallen unter die freiwillige Gerichtsbarkeit. Der angloamerikanische Prozess gehört zum von der Tatsache ausgehenden Typ. Der Zweck des Prozesses ist die Rechtsfindung. Hier gibt es keine Unterscheidung zwischen streitiger Gerichtsbarkeit und freiwilliger Gerichtsbarkeit.

der praktischen Notwendigkeit heraus geschaffen. Beim – von der Norm ausgehenden, die Wiederherstellung des vom Kläger vorgebrachten Rechts oder Rechtsverhältnisses bezweckenden – kontinentalen Prozess ist man das Problem von der juristischen Seite aus angegangen und hat es dadurch gelöst, einzelne Parteien durch eine juristische Person zu vertreten. Beide Lösungen des Problems sind – dem jeweiligen Prozesstyp entsprechend – richtig.

### *3. Bestellte Partei usw. im japanischen Recht*

Aufgrund der wirtschaftlichen Entwicklung wurde das Thema Verbraucherschutz gleichermaßen auch in Japan ein großes Problem. Die Institution der *class action* des amerikanischen Rechts und die Lehre der Verbandsklage des deutschen Rechts wurden intensiv untersucht. Besonders das Institut der *class action* wurde mit großem Interesse in der Praxis und Wissenschaft diskutiert und von einer Forschungsgruppe ein Entwurf von Vorschriften betreffend der *clas action* veröffentlicht,[17] der jedoch nicht verwirklicht wurde, weil die Konstruktion dieses Instituts nicht zum bisherigen japanischen Prozesswesen passte. Auch im Bereich des materiellen Rechts wurde der Verbraucherschutz als wichtiges Problem betrachtet und untersucht. Erst 1999 wurde ein „Gesetz über den Verbrauchervertrag" (*shôhisha-keiyaku-hô*) veröffentlicht, wonach ein für Verbraucher ungünstiger Vertrag von Seiten des Verbrauchers aufgehoben werden kann. Der Berechtigte für die Aufhebung des Vertrags ist der einzelne Verbraucher. Das Justizministerium beabsichtigt, ein Gesetz bezüglich des Verbandsprozesses für Verbraucher zu entwerfen, welches jedoch bis heute noch in Vorbereitung ist. Japan ist somit in dieser Beziehung etwas spät dran.

Was diesbezüglich jedoch nützlich sein kann ist das in der japanischen ZPO verankerte Institut der „bestellten Partei" (*sentei-tôjisha*). Wenn eine Gruppe von mehreren Personen, die ein gemeinsames Interesse haben, aber noch keine Vereinigung im Sinne des § 29 jap.ZPO (§50 Abs.2 d.ZPO) bilden, können die Angehörigen dieser Gruppe einen oder mehrere von ihnen als Kläger bzw. Beklagten bestellen und ihm die Prozessführungsbefugnis übertragen (§ 30 jap.ZPO). Dieser kann also

---

17 *Class action rippô kenkyu-kai, Daihyô tôjisha soshô-hô shi'an* (Ein Versuchsplan über den repräsentativen Prozess) Jurist, Nr.672 (1978) S.16 ff.

den Prozess für die Gesamtheit der Gruppe führen. Das über die bestellte Partei gefällte Urteil erstreckt seine Wirkung auch auf die anderen Personen (§ 115 Abs.1 Ziff. 2 jap.ZPO).

Dieses Institut entstand zur Anfangszeit der Einführung ausländischen Rechts in Japan unter dem Einfluss der *bill of peace* der Equity-Klage und hatte in der Meiji-Zeit in Japan einigermaßen großen Einfluss. Bei der ZPO-Novelle von 1926 wurde dieses Institut im Gesetz neu geordnet. In Japan gibt es ein dem japanischen Recht eigentümliches Recht namens *Iriai-ken*, welches beinhaltet, dass die Leute eines Bezirks ein bestimmtes Gebiet des Waldes betreten dürfen und Brennstoff sammeln können. Um der Streitlösung dieses Rechts zu dienen, wurde dieses Institut der „bestellten Partei" geschaffen. Die Idee ist nicht falsch. Da die japanische gerichtliche Praxis jedoch vor dem Krieg immer die deutsche Praxis als Vorbild genommen hatte, es dort aber kein Muster der bestellten Partei gab, wurde dieses Institut fast nicht angewendet. Nach dem Krieg wurde es schließlich ein wenig praktiziert. Als die Angelegenheit des Verbraucherschutzes ein großes Problem wurde, die Schaffung des Instituts der *class action* aber nicht geklappt hatte, versuchte man, dieses Institut statt der *class action* benutzbar zu machen. Bei der großen ZPO-Novelle von 1998 wurde dieses Institut erweitert. Wenn ein Prozess, der durch eine bestellte Partei vor Gericht gebracht wurde, bereits anhängig ist und wenn ein Dritter der Meinung ist, dass er mit dieser Gruppe ein gemeinsames Interesse teilt, so kann er die bereits bestehende bestellte Partei auch für sich bestellen und ihr die Prozessführungsbefugnis übertragen. Mit dieser Erweiterung versuchte man, dem Massenprozess etwas den Rücken zu stärken. Dieses Institut der bestellten Partei hat eine enge Beziehung mit der *class action*, die auch von der *bill of peace* der Equity-Klage stammt. Aus diesem Grund finden wir einigermaßen große Ähnlichkeit zwischen diesen beiden Instituten.

Bei der bestellten Partei bedarf es einer Übergabe der Prozessführungsbefugnis von allen Beteiligten. Ist die Zahl der Beteiligten sehr groß, so ist die Übergabe des Prozessführungsrechts aller Beteiligten sehr mühsam. Das gleiche Ergebnis kann auch dadurch erreicht werden, dass alle Beteiligten die Prozessführung einem Rechtsanwalt übertragen. Es ist augenscheinlichr, dass dieses Institut nicht mit dem Institut der *class action* verglichen werden kann.

## *VI. Abschließende Bemerkungen*

In kapitalistischen Ländern gibt es zwei verschiedene Prozesstypen. Auf der einen Seite den kontinentaleuropäischen Zivilprozess, der auf positivem materiellen Recht beruht, zum von der Norm ausgehenden Typ gehört und dessen Zweck in der Wiederherstellung des vom Kläger vorgebrachten Rechts oder Rechtsverhältnisses gesehen wird, und auf der anderen Seite den angloamerikanischen Zivilprozess, der auf Fallrecht beruht, zum von den Tatsachen ausgehenden Typ gehört und dessen Zweck in der Rechtfindung in einem Streitfall gesehen wird. Weil der eine Prozess von den Normen, der andere jedoch von den Tatsachen aus betrachtet wird, weisen beide naturgemäß unterschiedliche Denkweise, Konstruktion, Charakter, Funktion, usw. auf. Wenn man beide Prozesstypen charakteristisch betrachtet und in einem groben Umriss darstellt, könnte man sie wie folgt darstellen.

Im angloamerikanischen Prozess wird das Geschehen selbst zum Streitgegenstand. Da der Prozess das Finden der Gerechtigkeit in einem Streitfall bezweckt, ist es möglich, den Bereich des Streitgegenstandes im gegebenen Fall unabhängig vom Willen des Klägers zu erweitern. Um die Gerechtigkeit in einem bestimmten Sachverhalt zu finden, müssen alle Betroffenen des Geschehens als Prozesspartei vor dem Gericht auftreten und ihre Recht dort vortragen. Die Beweislast tragen je nach dem Gegenstand beide Parteien. Der Bereich des Prozessgegenstandes und der Parteien ist zwar in der Theorie sehr breit und undeutlich, in der Praxis wird er jedoch durch das *adversary-system* einigermaßen deutlich begrenzt. Bezüglich des Prozesses für Massenparteien gibt es das praktische Institut *class action.* Der angloamerikanische Prozess verläuft zwar etwas schwerfällig. Findet das Gericht jedoch die Gerechtigkeit in einem Streitfall, so werden sämtliche Fälle gelöst.

Im kontinentalen Prozess wird das vom Kläger behauptete Recht oder Rechtsverhältnisse zum Streitgegenstand. Der Streitgegenstand und die Prozessparteien werden durch den Willen des Klägers bestimmt und können gegen seinen Willen nicht erweitert werden. Der Kläger muss sein Recht vor Gericht beweisen. Die Beweislast trägt somit grundsätzlich der Kläger. Um dem Bedarf nach einem Prozess für Massenparteien zu entsprechen, gibt es hier nur die Verbandsklage. Der Umfang des Streitgegenstandes und der Prozessparteien ist deutlich und es ist leicht, den Prozess durchzuführen. Ist der Fall in der Wirklichkeit kompliziert, so ist es etwas schwer, mit einem Prozess den ganzen Streit zu lösen.

Jeder Prozesstyp hat viele interessante Theorien und Praktiken, die der andere nicht besitzt. Es ist natürlich, dass man die interessanten Lehren und Rechtsinstitute von anderen Prozesstypen studiert und versucht, diese einzuführen. Japan forschte nach dem Zweiten Weltkrieg intensiv Amerikanisches Recht und versuchte, dies in Japan einzuführen. Damals dachte man, dass der amerikanische und der japanische Prozess gleich seien und die Lehre vom amerikanischen Prozess ohne weiteres in Japan gültig sei. Dieser Versuch machte unsere Wissenschaft lebhafter und interessanter. Diese Lehre blieb jedoch nur eine Literaturmeinung.[18] Bei der Einführung fremden Rechts oder fremder Rechtslehre sollte man den wesentlichen Unterschied beider Rechte genau untersuchen. Man sollte darauf acht geben, dass beide Prozesse einen verschiedenen Hintergrund haben, besonders dass der amerikanische Prozess zu dem von den Tatsachen ausgehenden Typ gehört, während der kontinentale Prozess zu dem von der Norm ausgehenden Typ gehört. Die Einführung amerikanischen Rechts kann daher nur nach einer derartig grundlegenden analytischen Überlegung einen guten Erfolg erwarten.[19]

Ein amerikanisches Rechtsinstitut, welches in Japan sehr nützlich sein könnte, dessen Einführung bisher auch oft versucht wurde aber nicht geklappt hat, ist die *class action*. Die praktische und effektive Funktion

---

18 Vgl. *Nakamura*, Der Einfluß des amerikanischen Rechtsdenkens auf die japanische Zivilprozessrechtswissenschaft (2001), S.147 ff. in diesem Band. Ein hoher Richter sagte damals, dass die Theorien der heutigen jungen Zivilprozessrechtswissenschaftler wie eine *science fiction novel* darstellen.

19 Nach dem Zweiten Weltkrieg hat japanische Zivilprozess verschiedene amerikanische Institut in sich eingefühlt. Alle Einfühlung war problematisch, nur die bei der Revision von 1996 eingefühlte Institut, „die Beschränkung der Revision" und „Prozessverfahren für geringe Streitwerte" haben einigermaßen Wirkung, weil beiden Instituten keine Beziehung mit wesentlicher Konstruktion des Prozesses hatte. Vgl. *Nakamura*, Der Einfluß des amerikanischen Rechts auf den japanischen Zivilprozess und seine Begrenzung (2003), S.161 ff. in diesem Band.

der *class action*, die die Interessen jedes Einzelnen der Beschädigten schützt, ist um einiges größer als die Funktion der Verbandsklage, die nicht direkt die Interessen des Einzelnen, sondern die des Verbandes im Auge hat. Dieses Institut der *class action* unter die von der Norm ausgehenden bisherigen Prozessinstitute einzuordnen, ist logisch unmöglich. Wollte man jedoch ein solches Institut in Japan einführen, so sollte man dies auf eine Art und Weise tun, die unabhängig vom bisherigen Recht ist. Dafür gäbe es zwei Möglichkeiten.

Die eine ist die Schaffung eines völlig neuen Prozessinstituts neben den bisherigen, wie dies im amerikanischen Zivilprozess der Fall ist. Da Streitigkeiten heutzutage vielfältigen Ursprungs sind, wäre das Vorhandensein verschiedener Möglichkeiten der Streitlösung besser. Es stellt eine wertvolle Forschungsarbeit dar, sich zu überlegen, in Japan neben den existierenden Prozessinstituten auch ein solches zu schaffen, welches dem von den Tatsachen ausgehenden amerikanischen gleicht.[20] Dies könnte mit dem früheren England verglichen werden, das neben den *common law court* den *eqity court* stellte.

Die andere Möglichkeit wäre es, den Weg zu wählen, die Streitlösung nicht dem Gericht sondern einer Verwaltungsbehörde zu überlassen. In Abhängigkeit vom Produkt oder von der Ware ist eine Verwaltungsbehörde zuständig. In Japan ist zum Beispiel für Medikamente, Toilettenwaren usw. das Gesundheitsministerium zuständig. Entsteht ein Streit wegen eines bestimmten Produkts bzw. einer bestimmten Ware, so könnte die betreffende Behörde diesen Streit lösen. Als Beispiel sei diesbezüglich die Streitlösung wegen fehlerhaften Autos genannt. Dies funktionierte mit einem Institut namens „*Recool*" (Rückruf), welches bereits in verschiedenen Ländern der Welt zur Anwendung kommt. Wird ein Fehler eines Teils eines bestimmten bereits verkauften Autos gefunden, so meldet dies der Hersteller der Behörde. Anschließend repariert der Hersteller den Fehler aller Autos kostenlos. Diese Methode könnte man auch auf anderen Waren anwenden. Tritt zum Beispiel ein Fehler bei einem *Eau-de-Toilette* auf, so würde der Hersteller diesen Fehler samt einem Plan zur Wiedergutmachung des Fehlers Gesundheitsministerium melden. Dieses setzt einen besonderen Ausschuss ein, der die Bewältigung dieser Angelegenheit überwacht. Mit Genehmigung dieses Ausschusses würde der Hersteller die Entscheidung veröffentli-

20 Vgl. *Nakmura*, Fn.18, S.160 in diesem Band..

chen und gemäß dem Plan allen Verbraucher Schadenersatz leisten. Dieser Schadenersatz kann nicht nur im Geld erfolgen, sondern auch in Warenleistung. Wäre die dem einzelnen Verbraucher zuzusprechende Geldsumme zu klein, so könnten ein Gesamtbetrag an eine öffentliche Stiftung entrichtet werden. Es handelt sich also um einen Weg, Gerechtigkeit für einen bestimmten Streitfall finden. Eine derartige Lösungsrichtung zu untersuchen, stellt gewiss auch ein interessantes Forschungsgebiet dar.

# (12)

# *Miteigentum und Streitgenossenschaft*

## *Inhaltsverzeichnis*



Dieser Beitrag ist für Festschrift für Professor Konstantinos D. Kerameus, Athen, verfasst worden. Die Festschrift ist in Vorbereitung.

## *I. Einleitung*

Entsteht eine rechtliche Streitigkeit um ein Grundstück, das z.B. den drei Personen A, B und C gehört, so werden A, B und C gewöhnlicherweise gemeinsame Kläger oder Beklagte und sie betreiben den Prozess gemeinsam. Die Verhandlung des Prozesses entwickelt sich unter drei Personen gleichmäßig und für diese drei Personen wird ein einheitliches Urteil erlassen. Dies ist ein Musterbeispiel.

Wie wird der aber der Fall behandelt, wenn A und B z.B. eine Klage auf ihre Eigentumsrecht erheben möchten aber C nicht zusammen mit A und B zum gemeinsamen Kläger werden will oder z.B. der Aufenthaltsort von C einfach unbekannt ist? Dann sind verschiedene Lösungswege denkbar. Entweder nimmt man an, dass eine Klage, die das Miteigentum betrifft, nur durch alle Miteigentümer gemeinsam betrieben werden kann. Falls einer der Miteigentümer „fehlt", wäre die Klage als unzulässig anzunehmen. Alternativ könnten A und B den Prozess als Vertreter von C führen. Letztlich kann man annehmen, jeder der Miteigentümer habe ein Teilrecht und jeder der Miteigentümer kann auf Grund seines Teilrechts eine Klage erheben. Dieser Fall soll durch drei Prozesse (nämlich A./.Gegenpartei, B./.Gegenpartei und C./.Gegenpartei) gelöst werden.

Die 1968 gefasste griechische ZPO hat in betreff auf dieses Problem die folgende Bestimmungen getroffen:

§ 76 Abs. 1 (neue Fassung): „Kann das streitige Rechtsverhältnis nur einheitlich geregelt werden oder erstreckt sich die Wirkung des zu fällenden Urteils auf alle Streitgenossen oder können die Streitgenossen nur gemeinschaftlich klagen oder verklagt werden oder können aus den zusammentreffenden Umständen ihnen gegenüber keine sich widersprechenden Urteile erlassen werden, so wirken die Handlungen eines jeden Streitgenossen für und gegen die übrigen und werden die ordnungsgemäß am Prozess beteiligten oder beigeladenen Streitgenossen, wenn sie säumig sind, von den erschienenen als vertreten angesehen.".

§ 86 (neue Fassung): „Wenn in den Fällen des § 76 nur einer oder einige der Streitgenossen Klage erheben, während die übrigen nicht mitwirken wollen, sind jene berechtigt, diese zur Beteiligung an dem Prozess beizuladen. Dasselbe Recht hat auch der Beklagte, wenn einer oder einige der Streitgenossen ihn verklagt haben oder wenn der Kläger einen oder einige der Streitgenossen verklagt hat."

Durch die vorstehenden Vorschriften wurde ein bedeutender Teil der vorgenannten Probleme in Griechenland gelöst. Deutschland und Japan, in denen es keine solchen Vorschriften gibt, sind diesem Problem durch entsprechende Interpretation der Paragraphen von ZPO und BGB entgegnet.

In dieser kleinen Abhandlung soll anfangs vorgestellt werden, wie der Prozess betreffend das Miteigentum in bezug auf die Streitgenossenschaft in Japan behandelt worden war. Anfangs wurde gefordert, dass alle Miteigentümer vor Gericht auftreten – als notwendige Streitgenossen. Um diese lästige Regelung zu vermeiden, wurden in einer Folgezeit die meisten Streits als die Angelegenheit eines einzelnen Rechts eines jedes Miteigentümers behandelt (nachfolgend II.). Praktisch wurde vor dem Gericht ein einziger Streit als mehrere Rechtsfälle behandelt. Um genau dieser Tendenz entgegenzutreten, hat sich Griechenland für die obige Vorschrift entschieden. – und auch in Japan wurden Stimmen laut, dass Streitigkeiten in Miteigentumsverhältnissen als Fälle einer notwendigen Streitgenossenschaft zu behandeln seien (nachfolgend III.). Dann erfolgt ein Überblick über die Probleme (unter IV.) und eine eigene Stellungnahme des Verfassers unter V. Als Resultat schlägt der Verfasser letztlich unter VI. vor, im Rahmen einer einheitlichen Streitlösung innerhalb des Instituts der Streitgenossenschaft als Kriterium eine neue Kategorie von „Quasi-notwendige Streitgenossenschaft" einzuführen.

Weil das japanische BGB – anders als z.B. das deutsche BGB – nur den Begriff von Miteigentum und keinen Begriff vom Eigentum zur Gesamthand oder Gesamteigentum kennt[1], möchte der Verfasser hier nur

1 Das japanische BGB von 1896 hatte den ersten Entwurf des deutschen BGB (1888) zum Vorbild genommen, in dem nur der Begriff vom Miteigentum, aber noch nicht der Begriff vom Eigentum zur Gesamthand oder Gesamteigentum vorhanden war. Darum werden die Fälle, die im deutschen Recht als Eigentum zur Gesamthand behandelt werden, im japanischen Recht als Miteigentum behandelt. In der Literatur ist aber später auch die Meinung vertreten worden, dass

den Fall des Miteigentums behandeln.

## *II. Geschichtlicher Überblick über die Entwickelung des Problems*

### *1. Periode bis zur Stabilisierung in der Gerichtpraxis*

In den Anfangszeiten der Einführung des deutschen Rechtssystems in Japan[2] wurden die Fälle des Miteigentums als notwendige Streitgenossenschaft im eigentlichen Sinne behandelt.

Die Vorschrift der notwendigen Streitgenossenschaft der japanischen ZPO, die die deutsche CPO von 1877 zum Vorbild nahm und 1891 in Kraft trat, formuliert jedoch etwas anders als die des deutschen Rechts. Die japanische ZPO regelte, dass eine notwendige Streitgenossenschaft dann vorliegt, „wenn der Gegenstand des Prozesses allen Streitgenossen nur einheitlich festgestellt werden kann“ (§ 50 a.a.F. § 62 a.F. § 40 n.F. japanische ZPO). Die deutsche CPO von 1877 regelte die notwendige Streitgenossenschaft in § 59 (§ 62 n.F.) wie folgt: Danach lag eine notwendige Streitgenossenschaft vor, „wenn das streitige Rechtsverhältnis allen Streitgenossen gegenüber nur einheitlich festgestellt werden kann“ (1. Alternative, uneigentliche oder prozessrechtlich notwendige Streitgenossenschaft) oder, „wenn die Streitgenossenschaft aus einem sonstigen Grunde eine notwendige ist“ (2. Alternative, eigentliche oder materiellrechtlich notwendige Streitgenossenschaft).

Der Gesetzgeber der japanischen ZPO war offensichtlich davon ausgegangen, dass der letztgenannte Fall auch zum erstgenannten gehört und nicht unterschieden werden muss. Daher hat er diese Unterschei-

---

das Eigentum der Miterbengemeinschaft als das Eigentum zur Gesamthand betrachtet werden soll.

2 Zur Geschichte der japanischen ZPO siehe, *Nakamura,* Japan und das deutsche Zivilprozessrecht (1991), in: *Nakamura*, Sammelband der zivilprozessualen Abhandlungen (mit gleichen Titel) Tokio 1996, S.1 ff., und *Nakamura/Huber*, Die japanische ZPO in deutscher Sprache (Japanisches Recht, Bd. 40), Köln 2006, S.3 ff.

dung nicht vorgenommen, sondern sie in einer einzigen Kategorie der notwendigen Streitgenossenschaft geregelt[3]. In der Anfangszeit der japanischen ZPO gab es darum nur einen Begriff der notwendigen Streitgenossenschaft, der aber wie der heutige Begriff der notwendigen Streitgenossenschaft im eigentlichen, materiellrechtlichen Sinne verstanden wurde.

Das Rechtsverhältnis des Miteigentums muss für alle Miteigentümer einheitlich festgestellt werden. Darum hat man Anfangs den Prozess um die Streitigkeit des Miteigentums als notwendige Streitgenossenschaft, sogar als diejenige im eigentlichen, also im materiellrechtlichen Sinn, behandelt. Bei diesem Prozess müssen zwingend alle Miteigentümer als Prozesspartei vor Gericht auftreten. Man hat indes bald gemerkt, dass es dann in den Fällen zu Schwierigkeiten kommt, bei denen einer der Miteigentümer zum Zeitpunkt der Klageerhebung fehlt. Viele Klagen wurden deshalb als unzulässig abgewiesen. Lehre wie Rechtspraxis haben dann einen Ausweg in verschiedene Richtung gesucht.

Auf der Seite des materiellen Rechts, das auch unter dem starken Einfluss des deutschen Rechts und der deutschen Rechtswissenschaft stand, hatte man einerseits die Lehre von den Erhaltungshandlungen und andererseits die Lehre von den unteilbaren Rechten und Pflichten im Auge. Die Klage z.B. auf Beseitigung der Beeinträchtigung einer im Miteigentum stehenden Sache wurde als eine Erhaltungshandlung im Sinne des § 252 japanischen BGB (§ 1011 deutsches BGB) verstanden; – § 252 japanisches BGB bestimmt, dass jeder Miteigentümer berechtigt ist, die zur Erhaltung der Sache erforderlichen Maßnahmen zu treffen. Daher konnten in solchen Fällen Klagen von einzelnen Klägern erhoben wer-

3 Der Verfasser vermutet, dass dies auch in Griechenland der Fall war. Dort hat man die notwendige Streitgenossenschaft in Sinne der eigentlichen, materiellrechtlich notwendigen Streitgenossenschaft der deutschen ZPO verstanden. Um diesen Gedanke beizubehalten, hat die griechische ZPO von 1968 eine neue Vorschrift des § 85 a.F. (§ 86 n.F.) eingeführt. Diese Vorschrift ermöglicht es, dass dann, wenn eine Person, die ein Teilnehmer der notwendigen Streitgenossenschaft sein soll, außerhalb des Prozesses verbleibt, von einer Person, die bereits Prozesspartei ist, in den Prozess einbezogen werden kann.. Alle Prozesse der notwendigen Streitgenossenschaft werden als Prozesse der eigentlichen notwendigen Streitgenossenschaft im Sinne der deutschen ZPO behandelt.

den[4]. Wollten aber einige Miteigentümer eine Herausgabeklage gegen einen Dritten erheben, wurde dieser Herausgabeanspruch als ein unteilbares Recht (§ 428 japanisches BGB, § 432 deutsches BGB) oder die Klageerhebung als eine Erhaltungshandlung angesehen – und so konnte die Klage von jedem einzelnen Miteigentümer erhoben werden[5].

Auf der prozessrechtlichen Seite entwickelte sich das Studium des Instituts der notwendigen Streitgenossenschaft ebenso unter dem Einfluss des deutschen Zivilprozessrechts fort. Bald hatte man deshalb die Unterteilung der notwendigen Streitgenossenschaft in zwei Kategorien (eigentliche und uneigentliche - materiellrechtliche und prozessrechtliche - notwendige Streitgenossenschaft) übernommen.[6] Unter der Kategorie der uneigentlichen, prozessrechtlich notwendigen Streitgenossenschaft war es nicht notwendig, alle Miteigentümer zur Prozesspartei werden.

Selbst der Begriff der „einheitlichen Feststellung", die das einzige Kriterium in der japanischen ZPO für die notwendige Streitgenossenschaft ist, hat sich nach deutscher Lehre entwickelt. Der Bereich der „einheitlichen Feststellung" war anfangs auch in Deutschland ganz breit gefassten. Als man bemerkte, dass die allzu breite Auffassung große Schwierigkeiten in der Praxis bringt, versuchte man, den Bereich der einheitlichen Feststellung enger zu sehen. Zu Beginn des 19. Jahrhunderts entwickelte sich deshalb eine Lehre, vor allem vertreten durch *Hellwig*, die den Umfang der notwendigen Streitgenossenschaft enger fasste.

Nach *Hellwig* ergibt sich aus der Formulierung „aus sonstigen Gründen" für die zweite Alternative des § 59 CPO a.F., § 62 ZPO n.F., ebenso wie in den Fällen der ersten Alternative, in denen eine notwendige Streitgenossenschaft vorliegt, folgendes: Wenn das Rechtsverhältnis nur einheitlich festgestellt werden könne, sei es notwendig, dass der Prozess gemeinsam geführt werde, während jedoch keine notwendige Streitgenossenschaft vorliegt, wenn getrennte Prozesse geführt werden könnten. Eine „einheitliche Feststellung" lag nach *Hellwig* folglich dann vor,

---

4 Z.B. Urteil des RG vom 13.6.1921, *Minroku* 27-1155.

5 Z.B. Urteil des RG vom 18.3.1921, *Minroku* 27-547; Urteil des OGH vom 2.3.1961, *Minshu* 15-3-337.

6 Die wissenschaftliche Meinung hat diese Unterteilung frühzeitig übernommen. Die Gerichtpraxis hat diese erst etwas später, seit ca. 1910, anerkannt. Sie z.B. das Urteil des RG vom 24.4.1913, *Minroku* 19-269.

wenn die Rechtskraft eines Urteils gegenüber einem Streitgenossen sich auch auf die anderen erstreckt und widersprüchliche Entscheidungen nicht ergehen können[7]. Diese Ansicht beeinflusste später die Lehre und die Rechtsprechung in Deutschland stark und sie wurde zur herrschenden Meinung. Die japanische Prozesswissenschaft folgte dieser Lehre sogleich. Etwas später, also in 20er Jahren, folgt ihr auch die japanische Rechtsprechung. Diese Auffassung ist bis heute die herrschende Meinung.

Parallel mit dieser Entwicklung auf der prozessualen Seite entwickelte sich die materiellrechtliche Forschung ebenso unter Einfluss der deutschen Rechtswissenschaft weiter. Zu Anfang des 19. Jahrhunderts sind Miteigentumsrechtsverhältnisse erstmals in zwei Dimensionen verstanden worden: einerseits dahingehend, dass das gemeinsame Recht aller Miteigentümer und das Teilrecht jedes einzelnen Miteigentümers getrennt zu betrachten ist und weiterhin, dass zwischen einer Feststellungsklage in Bezug auf das gemeinsame Eigentum aller Miteigentümer und einer Feststellungsklage in Bezug auf ein Miteigentumsrecht eines einzelnen Miteigentümers zu unterscheiden ist)[8]. Nach der Ansicht, die den Anwendungsbereich der notwendigen Streitgenossenschaft nach dem Umfang der Rechtskraft bestimmt, wurde die Rechtskraft im ersten Fall auf alle Gemeinschaften erstreckt. Daher liegt dann eine notwendige Streitgenossenschaft vor. Im zweiten Fall wird die Rechtskraft dagegen auf eine einzelne Partei beschränkt gesehen, die Klage konnte daher von einem einzelnen Eigentümer erhoben werden; im Falle einer gemeinsamen Klageerhebung läge so nur eine einfache Streitgenossenschaft vor.

In der Praxis werden also seit dieser Zeit viele Klagen im Miteigentumsverhältnis, welche früher als Fälle der notwendigen Streitgenossenschaft im eigentlichen, materiellrechtlichen Sinne angesehen wurden, als Einzelklagen jedes Miteigentümers aufgefasst.

---

7 *Hellwig, K.*, Lehrbuch des Deutschen Zivilprozessrechts, Bd.3, 1909, S.173., Derselbe, System des deutschen Zivilprozessrechts, Teil 1, 1912, S.346. Schon vor Hellwigs Theorie lässt sich dieser Gedanke in der Regelung des § 14 der österreichischen ZPO von 1895 und vereinzelt in der Literatur finden (z.B. *Schmidt, R.*, Lehrbuch des deutschen Civilprozessrechts, 1898, S.870). Hellwigs Leistung war es, dieser Meinung ein theoretisches Fundament zu geben.

8 Vgl. z.B. das Urteil des RG vom 28.2.1917, *Minroku* 23-331; Urteil des RG vom 19.5.1924, *Minshu* 3-211.

Die Möglichkeit, dass Streitigkeiten von den Beteiligten in einzelnen Prozessen erledigt werden können, hatte zur Folge, dass Fälle in verschiedenen Prozessen nacheinander, und zum Teil mit widersprüchlichen Ergebnissen, entschieden worden sind. Im extremen Fall waren mehrere Urteile notwendig, um einen einheitlichen Fall, d.h. einen einzigen Lebenssachverhalt, zu lösen.

### *2. Sich an die Rechtsprechung anschließende Literaturmeinungen*

In der 60er Jahren des letzten Jahrhunderts hatte die prozessrechtliche Prozessgegenstandtheorie unter dem Einfluss der deutschen Lehre auch in Japan viele Anhänger gefunden[9]. Dabei wurde bei dieser Theorie der Vorteil der „einmaligen Streitlösung" hervorgehoben. In den 70er Jahren wurde dieses Stichwort auch im Bereich der Partei als wichtig angesehen Darauf kam es zu lebhaften wissenschaftlichen Diskussionen. Einige Wissenschaftler vertraten die Meinung, dass Streitigkeiten z.B. um Miteigentum, die bisher als die gewöhnliche Streitgenossenschaft behandelt worden waren, als notwendige Streitgenossenschaft – also als Fälle, an denen *alle* Beteiligten teilnehmen müssten, (notwendige Streitgenossenschaft in eigentlichen Sinn) zu behandeln seien. Das vor allem, um eine einzige und einheitliche Streitlösung zu erreichen[10].

Der Begriff der eigentlich notwendigen Streitgenossenschaft stammt von der Vorschrift der 2. Alternative des § 62 deutsche ZPO, „dass eine Streitgenossenschaft aus einem sonstige Grund eine notwendige ist". Der Sinn dieser deutschen Vorschrift, die das Ergebnis der geschichtlichen Entwicklung des Systems der Streitgenossenschaft ist, ist unter der

9 So z.B. *Mikazuki, A.*, Minji soshô-hô (Zivilprozessrecht) 1959, S.80 ff. Diese Lehre blieb in Japan aber nur eine Literaturmeinung. Die japanische ZPO erlaubt eine Klageänderung, darum ist es nicht notwendig, den Streitgegenstand von Anfang an breit zu halten. Die Gerichtspraxis unterstützt dagegen die materiellrechtliche Prozessgegenstandtheorie.

10 So z.B. *Isobe, T.*, Hanrei hyôron (Entscheidungsrezension), Hôgaku kyôkai zashi 83-2 (1966) S.236 ff.; *Kojima, T.*, Kyôdô-shoyu wo meguru funso to sono shudanteki shori (Streitigkeiten betreffend das gemeinsame Eigentum und ihre gemeinsame Erledigung) in Juristo Bd. 500 (1972) S.328 ff.; *Taniguchi, Y.*, Kyôdô soshô (Streitgenossenschaft) Hanrei enshu (1973) S.53 ff.; *Takahashi, H.*, Hitsuyôteki kyôdô soshô ni tsuite (Über die notwendige Streitgenossenschaft) in Minji soshô zashi 23 (1977) S.36 ff., usw.

deutschen ZPO vom materiellrechtlichen Standpunkt aus ganz genau definiert. Dagegen stand der Begriff der eigentlich notwendigen Streitgenossenschaft in Japan nur als eine wissenschaftliche Lehre im Raum. Weil es keinen gesetzlich bestimmten Grund gibt, legten einige den Begriff der eigentlich notwendigen Streitgenossenschaft wie folgt fest: eine einheitlich festzustellende Streitgenossenschaft, bei der alle Streitgenossen zum Zeitpunkt der Klageerhebung zusammen auftreten müssen, ist eine eigentlich notwendigen Streitgenossenschaft. Man war überzeugt, dass Prozesse um Miteigentumsrechtsverhältnisses Fälle von eigentlich notwendigen Streitgenossenschaften sind.

Am Anfang der Entwicklungsgeschichte hat man gedacht, dass der Prozess des Miteigentumsrechtsverhältnisses die notwendige Streitgenossenschaft, bei der alle Miteigentümer vor dem Gericht auftreten müssen. Man kam also argumentativ wieder zum Ausgangspunkt der Entwicklungsgeschichte zurück.

Es ist ja wünschenswert, wenn alle Beteiligten einer Streitigkeit an dem Prozess teilnehmen und der Fall schließlich nur mit einem Urteil gelöst wird, sofern die Streitigkeit auch materiell eine Einheit darstellt. In diesem Sinne hat diese seit den 70er Jahren stark vertretene Meinung auch eine ausreichende Grundlage. Problematisch ist aber, wie Fälle behandelt werden sollen, in denen einer der Beteiligten sich nicht an dem Prozess beteiligen will. Hierzu werden verschiedene Meinungen vertreten.

1) Nach einer Ansicht können solche Prozesse, als ein Ausnahmefall ohne ausdrückliche gesetzliche Grundlage[11] auch ohne jene Beteiligten, die den Prozessbeitritt verweigern, geführt werden. Diese Meinung lässt aber das primäre Prinzip, nämlich, dass ein Prozess um ein Gesamtgut der eigentlich notwendigen Streitgenossenschaft unter Beteiligung aller Gesamtgutbesitzer behandelt werden muss, außer Acht.

2) Nach einer anderen Ansicht kann ein Beteiligter, der sich weigert, mit anderen Beteiligten gemeinschaftlich zu klagen, von einem anderen Kläger als Beklagter in den Prozess einbezogen werden[12]. Eine aus-

11 *Isobe*, (Fn.10) S.243.

12 *Kojima* (Fn.10) S.331.; *Takahashi* (Fn.10) S.46.; *Inoue, H.*, Hanrei hyôron (Entscheidungrezension), Hanrei Taimusu 279 (1972) S.86.; *Shindo, K.*, Minji soshô-hô (Zivilprozessrecht) 1981, S.474. usw.

drückliche derartige Regelung findet sich im US-amerikanischen Prozessrecht (*Federal Rules of Civil Procedure for the United States District Courts*, § 19a)[13]. Durch dieses Vorgehen können alle Beteiligten als Partei in den Prozess einbezogen werden. Es ist jedoch noch nicht abschließend geklärt, wie die Beziehung zwischen den von Anfang an Beklagten und dem eigentlich Kläger gewesenen Beklagten verstanden werden soll.

3) Nach einer dritten Meinung soll in den Fällen einer Verweigerung eines Beteiligten die als Kläger auftretende Partei (oder Parteien) den Prozess im Interesse *aller* Genossen führen können. Die griechische ZPO von 1968 hat, wie bereits einführend dargestellt wurde, diese Idee gesetzlich fixiert (§§ 76, 86 griechische ZPO). Weil Japan keine dergleichen gesetzliche Vorschrift dafür kennt, muss eine theoretische Begründung dafür gefunden werden. Dazu werden zwei Untermeinungen vertreten.

3-a): Eine Ansicht will eine Verbindung aus Prinzipien der amerikanisch-rechtlichen „*class action*“ und dem Institut der „bestellten Partei“[14] nach der japanischen ZPO herstellen[15]. Diese Lehre setzt dabei als selbstverständlich voraus, dass das Auftreten des Klägers als Vertreter der Interessen aller Beteiligten in dem jeweiligen konkreten Fall angemessen ist.

3-b): Eine weitere Untermeinung wird von den Anhängern der so ge-

---

13 Das amerikanische Zivilprozessrecht gehört zum germanischen Rechtkreis, in dem man den Prozess von den Tatsachen aus betrachtet. (vgl. III). Die Aufgabe des Gerichtes liegt darin, die Gerechtigkeit, die für diesen Fall gelten soll, in dem Streitfall zu finden. Es ist daher erforderlich, dass alle Beteiligten des Falles vor Gericht auftreten. Dies ist der Grund der Existenz dieser Vorschrift. Es spielt dabei keine Rolle, ob der Beteiligte Kläger oder Beklagter ist. Im Zivilprozess des römisch-rechtlichen Rechtskreises, in dem man den Prozess von der Norm aus betrachtet, wird dagegen entschieden, ob das vom Kläger behauptete Recht vorhanden ist oder nicht. Hier ist im Zusammenhang mit dem Problem der Behauptungs- und Beweislast sehr wichtig, ob die Prozesspartei Kläger oder Beklagter ist. Der Beteiligte, der eigentlich Kläger sein soll, darf nicht Beklagter sein.

14 Das Institut der "bestellten Partei“ ist eine eigene japanische Institution. §30 japanische ZPO besagt, dass „Mehrere Personen mit gemeinsamem Interesse können eine oder mehrere Personen von Ihnen bestellen, die als Kläger oder Beklagte für die Gesamtheit auftreten.“

15 Vgl. *Kojima* (Fn.10) S.332.

nannten neuen materiellrechtlichen Theorie vertreten[16]. Nach dieser Ansicht seien die Streitigkeiten als ein duales Rechtsproblem zu betrachten, das aus dem Miteigentumsrecht und dem Anteilsrecht zusammengesetzt ist. Es gäbe keine praktischen Unterschiede zwischen der Klage des Miteigentumsrechts und Anteilsrechts. Es sei unproblematisch, wenn das Gericht die Miteigentums-Feststellungsklage, die von einem der Miteigentümer erhoben wurde, erlaubt.

Beide dieser letztgenannten Ansichten wurden allerdings von der Rechtsprechung bisher nicht aufgegriffen, sondern blieben reine Literaturmeinungen.

## *III. Überblick über die Probleme —Zwei Typen des Zivilprozesses*

Die oben genannten Theorien basieren alle auf dem Gedanken, dass sämtliche Beteiligte des Falles zu Prozessparteien werden sollen und der Rechtstreit mit einem einzigen Urteil beizulegen ist. Es muss jedoch die Frage gestellt werden, ob dies in unserem Zivilprozess tatsächlich ein so hoch einzuschätzender Grundgedanke ist.

Man kann davon ausgehen, dass es zwei gegensätzliche Typen von Zivilprozessen gibt[17]. Einer dieser Typen ist der römische (kontinentaleuropäische) Prozess, der andere ist der germanische (angloamerikanische) Prozess. Das römische Recht war von Anfang an geschriebenes Recht. Die Institution des Prozesses wurde unter der Voraussetzung der Existenz des geschriebenen Rechts aufgebaut. Aufgabe des gerichtlichen Verfahrens war die Entscheidung, ob das vom Kläger auf Grund des ge-

16 So *Matsuura, K.*, Kankyô-ken shingai sashitome kari-shobun soshô ni okeru tôji-sha tekikaku to gôitsu kakutei no hitsuyô-sei (Die Prozesslegitimation in einstweiligen Rechtsschutzverfahren für die Unterlassung der Verletzung des Umweltschutzrechtes und die Notwendigkeit der einheitlichen Feststellung), *Yamakido kyôju Kanreki Kinen* (Festschrift für Prof. *Yamakido* zum 60. Geburtstag), Bd. 1 (1974), S.283ff.

17 Vgl. *Nakamura*, Die zwei Typen des Zivilprozesses (1988), im Sammelband, *Nakamura*, Japan und das Deutsche Zivilprozessrecht (1996), S.83 ff., Derselbe, Die Institution und Dogmatik des Zivilprozesses (1986), im Sammelband, S.43 ff.

schriebenen Rechts behauptende Recht vorhanden ist oder nicht. Die Prozessparteien waren daher die Gläubiger und Schuldner des betreffenden Rechts (Zwei-Parteien-Prinzip). Dies ist der von der Norm ausgehende Prozesstyp. Im Gegensatz dazu existierte kein mit dem römischen Recht vergleichbares Recht in der germanischen Gesellschaft. Dort herrschte ungeschriebenes Gewohnheitsrecht, das über Generationen überliefert wurde und Mittel der Herstellung oder Wiederherstellung von Ordnung, von Gerechtigkeit und Frieden war. Im Streitfall sollte das Recht – die gerechte Lösung, welche in diesem Fall gelten sollte, erst gefunden werden. Die Aufgabe des Prozesses ist Findung des Rechts in dem Streit. Darum waren alle Beteiligten eines Falles Prozessparteien und wurde der ganze Streit durch nur ein Urteil gelöst. Das ist der so genannte von den Tatsachen ausgehende Prozess. Im kontinentaleuropäischen (deutschen, japanischen und auch griechischen) Zivilprozess ist die Grundstruktur des römischen Zivilprozesses übernommen worden. Der Grundstruktur des germanischen Zivilprozesses wurde im angloamerikanischen Recht gefolgt.

In dem von den Tatsachen ausgehenden angloamerikanischen Zivilprozess wird der jeweilige Fall direkt zum Streitgegenstand. Deswegen ist es zwingend, dass alle Beteiligten des Falles zur Prozesspartei werden (*Federal Rules of Civil Procedure for the United States District Courts* § 19a)[18]. Unser Zivilprozess jedoch, der von der Norm ausgeht, versucht zu entscheiden, ob das von Kläger behauptete Recht gegeben ist oder nicht. Daher werden nur der Kläger und der von ihm als Beklagte benannte Beteiligte zur Prozesspartei – sonstige Beteiligte nicht. Im konkreten Fall wird die Klägerseite normalerweise versuchen, sämtliche materiellrechtlichen Gläubiger zum Kläger zu machen und die um die Behauptung des Klägers streitenden Beteiligten alle als Beklagte in das Verfahren einzubeziehen. Das ist notwendig, um den Fall umfassend zu lösen. Dies hängt jedoch von dem Willen der Kläger ab; es ist nicht eine Sache, die „von außen“ erzwungen werden kann[19]. Der Gedanke, alle

18 Vgl. Fn.13.

19 Die Institutionen und Theorien, sowohl des germanischen (angloamerikanischen) Zivilprozesses wie auch des römischen (kontinentaleuropäischen) Zivilprozesses haben jeder für sich Vor- und Nachteile. Beide Rechtsinstitutionen gehen von unterschiedlichen Ausgangspunkten aus. Hierin liegt das maßgebliche Hindernis für die Übertragung einer Regelung von einem dieser Rechtssysteme

Beteiligten des Falles in das Verfahren einzubeziehen und den Fall mit einem Schlag zu lösen, war nach Ansicht des Verfassers im Zivilprozessrecht des kontinentaleuropäischen Rechtskreises nicht vorhanden.

Im kontinentaleuropäisch ausgeprägten Zivilprozess, in dem also das von Kläger behauptende Recht entschieden wird, spielt der Wille der Partei große Rolle. Wenn die Wille der einzelnen Partei, die eine Streitgenossenschaft bilden oder bilden sollen, nicht einheitlich ist, wird der Streit nicht einheitlich gelöst werden. Das ist ja das Wesen des kontinentaleuropäischen Zivilprozesses. Es gibt aber auch Fallgruppen, in denen ein Beteiligter eines gemeinsamen Rechts einfach unwillig ist, sein Recht durchzusetzen. Um in solchen Fall Ordnung zu bringen, führte die griechische ZPO jene eingangs genannten besonderen Vorschriften ein. Der Gesetzgeber der griechischen ZPO hat den Schwachpunkt der deutschen ZPO erkannt und dazu ein Gegenmittel vorgebracht. Durch diese Vorschriften kann im Fall, dass die Haltung der Beteiligten hinsichtlich der Durchsetzung ihrer Rechte nicht einheitlich ist, eine einheitliche Streitlösung ermöglichen. Diese Vorschriften sind als sehr nützlich und interessant für die ZPO im kontinentaleuropäischen Zivilprozess anzusehen.

Problematisch ist der Anwendungsbereich dieser Vorschrift. Rein nach dem Wortlaut könnte ein Streit ohne Berücksichtigung des Willens einer einzelnen Partei mittels einer einzigen Entscheidung gelöst werden. Zu dem eingangs erwähnten Beispiel, dass A, B, C, D und E Miteigentümer eines Grundstücks und Mitglieder einer zukünftigen notwendigen Streitgenossenschaft sind. A möchte Klage erheben, B, C, D und E verhalten sich aber passiv. A hat Klage erhoben und fordert B, C, D und E gerichtlich zur Beteiligung an dem Prozess beizuladen (§ 86 griechische ZPO). Diese weigern sich aber. Der Prozess wird durch Einstellung allein von A entschieden werden. Ob ein solches Ergebnis anzuerkennen ist oder anerkannt werden darf, ist sehr fraglich. Die Idee dieser Vor-

in das andere. So z.B. die Theorie, die Prozesse betreffend Miteigentum grundsätzlich als Fälle der eigentlich notwendigen Streitgenossenschaft ansehen (angloamerikanischer Gedanke). Diese Theorie kann Fälle in kontinentaleuropäischen Systemen, in denen sich ein Miteigentümer verweigert, zum Mitkläger zu werden, nicht zufriedenstellend lösen. Dies zeigt deutlich die Schwierigkeiten, die entstehen, wenn eine von den Tatsachen ausgehende Theorie in unseren von der Norm ausgehenden Zivilprozess eingeführt wird.

schrift basiert auf germanischem, angloamerikanischem Rechtsdenken. Die griechische ZPO als Ganzes ist indes dem römischen, kontinentaleuropäischen Rechtskreis zuzuordnen. Die Idee des angloamerikanischen Rechts sollte deshalb nur innerhalb des Bereichs des kontinentaleuropäischen Rechtsdenkens (das den Willen der Parteien höher schätzt), geltend gemacht werden dürfen. Eine Person, die explizit Unwillen gegenüber einer Klageerhebung geäußert hat, in die Position eines Klägers zu setzen, stellt eine große Ausnahme vom Grundsatzes des „*nemo iudex sine actore*“ dar, der in kontinentaleuropäischen Rechtskreis verankert ist. Zur Verdeutlichung: Haben in dem vorgenannten Fall A, B, C, und D Klage erhoben, und bliebe nur E zurück – oder aber hätten A, B, und C haben Klage erhoben, und D und E blieben untätig, so könnte § 86 der griechischen ZPO ohne Zweifel Anwendung finden. Haben aber nur A und B Klage erhoben und C, D und E blieben zurück, so würde eine Minderheit eine größere Zahl von Mitberechtigten gemäss § 86 vertreten dürfen. Das erscheint mir sehr fraglich. Umso mehr sollte eine Vertretung von allein A für alle anderen nicht erlaubt werden. Diese Vorschriften erfordern m.E. eine begrenzte Anwendung.

Wie die Vorschriften §§ 76, 86 der griechischen ZPO in der geltenden gerichtlichen Praxis behandelt wird, konnte der Verfasser leider bisher nicht feststellen. Diese voranstehende Stellungnahme des Verfassers mag im Ergebnis wenig beitragen, aber die Vorschriften des griechischen Rechts sind für die Rechtsvergleichung gerade deswegen von hohem Interesse.

## IV. Gestalt der Prozesspartei bei Miteigentumssache

Das Problem der Prozessparteien im Miteigentumsprozess ist im japanischen (und auch im deutschen) Prozess, der keine besondere Vorschrift wie bei griechischen ZPO besitzt, in folgender Weise zu lösen:

Die Rechtsprechung und die herrschende Meinung gehen davon aus, dass im Rechtsverhältnis des Miteigentums zwei Aspekte zu beachten sind: einmal das von allen Miteigentümern gemeinschaftlich besessene Eigentum (Miteigentumsrecht) und andererseits das von jedem Miteigentümer einzeln besessene Anteilsrecht. Daher wird der Prozess um das Miteigentum als eine eigentliche, materiellrechtlich notwendige Streitgenossenschaft betrachtet. Mit der Folge, dass der Prozess durch alle Miteigentümer gemeinsam geführt werden muss. Der Prozess um das Anteilseigentum hingegen und die Prozesse, in denen die Theorien von der Erhaltungshandlung oder den unteilbaren Schuldverhältnissen gelten, werden von der herrschende Lehre und der Rechtsprechung als einzelne Prozesse, die von jedem Miteigentümer einzeln geführt oder gegen jeden einzelnen geführt werden, betrachtet. Dieser Standpunkt ist gut vertretbar.

Weil das Miteigentum eine Rechtsbeziehung ist, an der mehrere Miteigentümer beteiligt sind, ist es auf jeden Fall wünschenswert, wenn alle Miteigentümer gemeinsam das Recht ausüben und einen Prozess, der auf der Grundlage des Miteigentumsrechts basiert, führen. In diesem Fall wird der Streit mit einem einzigen Urteil abgeschlossen. Auch die Beteiligten an einem Rechtstreit wünschen normalerweise eine solche Streitlösung. So wurden Miteigentumsfälle in der Praxis ohne gesetzlichen Zwang von selbst auf dem Weg der eigentlichen, materiellrechtlich notwendigen Streitgenossenschaft vor Gericht gebracht.

Es gibt aber auch die Fälle, die mit einem Prozess von nur einem Teil der Miteigentümer gelöst werden können, zum Beispiel Streitigkeiten, die durch das Anteilseigentum gelöst werden können, oder Streitigkeiten, in denen die Theorien von der Erhaltungshandlung oder den unteilbaren Schuldverhältnissen gelten und die durch jeden einzelnen Miteigentümer vor Gericht prozessiert bzw. gegen ihn prozessiert werden können. Es sind auch andere Fälle denkbar, zum Beispiel, wenn nur ein Miteigentümer den Anspruch auf Feststellung des Eigentums geltend macht. Gewinnt er den Prozess, wird der Beklagte gewöhnlicherweise nicht weiter gegen die anderen streiten. In solchen Fälle kann der Streit als ein Einzelprozess oder ein Prozess, dem nur ein Teil der Miteigentümer beteiligt ist, geführt werden; es ist nicht notwendig, eine Streitgenossenschaft zu fordern.

Wenn ein Prozess nur durch einige Miteigentümer, die ein Teil der sämtlichen Eigentümer darstellen, geführt wird, liegt das Problem darin, wie diese Streitgenossenschaft eingeordnet werden soll. Die herrschende Meinung und Rechtsprechung gehen in diesen Fällen von einer normalen Streitgenossenschaft aus und begründen dies wie folgt: in einen solchem Prozesse behauptet jeder Miteigentümer sein Anteilsrecht. Die Entscheidung gegen einen Miteigentümer hat keine Rechtskraft auf das Anteilsrecht der anderen Miteigentümer[20] (nach der Lehre von *Hellwig*). Dieser Auffassung kann aber nicht zugestimmt werden, denn: Wenn alle Miteigentümer zur Prozesspartei werden, kommt es zu einer notwendigen Streitgenossenschaft und der Prozessstoff wird gemäss der Vorschrift der notwendigen Streitgenossenschaft (§ 40 japanische ZPO)[21] für alle Miteigentümer einheitlich gesammelt. Es erscheint nicht zweckmäßig, einen Prozess, bei dem ein Teil der Miteigentümer fehlt, als normale Streitgenossenschaft zu betrachten mit der Folge, dass der Prozessstoff gemäss der Vorschrift der normalen Streitgenossenschaft (§ 39 japanische ZPO)[22] für jeden Prozesspartei einzeln gesammelt wird. Der Verfasser ist daher die Meinung, dass diese Streitgenossenschaft entsprechend der notwendigen Streitgenossenschaft behandelt werden soll. Also als eine uneigentliche prozessrechtlich notwendige Streitgenossenschaft.

## V. Einige Vorschläge für die einheitliche Streitlösung

### 1. Neue Auslegung von Begriff „einheitlichen Feststellung"

Anfang des letzten Jahrhunderts behauptete *Hellwig* im Rahmen der „einheitlichen Feststellung" als das Kriterium der notwendigen Streitge-

20 Z.B. Urteil des OGH vom 2.3.1961, *Minshu* 15-3-337.

21 § 40 (§ 62 a.F.) der japanischen ZPO lautet wie folgt:
1. Kann der Gegenstand des Prozesses allen Streitgenossen gegenüber nur einheitlich festgestellt werden, so wirken die von einem einzelnen Streitgenossen vorgenommenen Prozesshandlungen zugunsten der Streitgenossenschaft.
2. Die Prozesshandlungen der Gegenpartei gegenüber einem einzelnen Streitgenossen wirken sich für oder gegen alle von ihnen aus.
3. Besteht ein Grund zur Unterbrechung oder Aussetzung des Verfahrens in Bezug auf einen der Streitgenossen, so wird diese Unterbrechung oder die Aussetzung allen Streitgenossen gegenüber wirksam.

22 § 39 (§ 61 a.F.) der japanischen ZPO lautet:
„Prozesshandlungen eines Streitgenossen sowie Prozesshandlungen, die die andere Partei gegen einen Streitgenossen vornimmt, und Tatsachen, die sich in Bezug auf einen der Streitgenossen ergeben, berühren die übrigen Streitgenossen nicht."

nossenschaft, dass in Fällen, in denen sich die Rechtskraft des Urteils einiger Streitgenossen auf alle restlichen Streitgenossen erstreckt, eine notwendige Streitgenossenschaft anzunehmen ist. Diese Lehre war in Deutschland und etwas später auch in Japan herrschende Meinung geworden. Die Richtigkeit dieser Lehre bedarf jedoch einer Überprüfung. *Hellwig* betrachtet die „einheitlichen Feststellung" von Standpunkt der Rechtskraft aus. Das ist ja richtig, aber es muss auch folgenden Fall gedacht werden. Zum Beispiel, wenn eine Feststellungsklage auf Nichtigkeit eines Testaments gegen den Erben, den Testamentsvollstrecker und den Vermächtnisnehmer als die gemeinschaftlichen Beklagten erhoben wird. In diesem Fall werden die Beklagten nach der Lehre von *Hellwig* zu normalen Streitgenossen, weil die Rechtskraft des Urteils gegen einen der Streitgenossen nicht auf die restlichen erstreckt wird. Der prozessuale Anspruch ist jedoch in diesem Prozess bei allen Streitgenossen identisch. Es ist nur eine für alle einheitliche Entscheidung materiellrechtlich möglich. Es muss daher sinnvollerweise die Vorschrift für die notwendige Streitgenossenschaft (§40 japanische ZPO)[23] auch auf diese Fälle angewendet werden, so dass der Prozessstoff einheitlich gesammelt werden und eine einheitliche Entscheidung ergehen kann[24]. In einigen Entscheidungen der Untergerichte ist bereits so verfahren worden[25].

Problematisch erscheint dem Verfasser, dass die Lehre und die Rechtsprechung das Kriterium der „einheitlichen Feststellung des Prozessgegenstandes" im Sinne von *Hellwigs* Theorie nur vom Ergebnis des Verfahrens betrachtet und lediglich prozessuale Erwägungen maßgeblich sind, d.h. dass in erster Linie die Kollision von mehreren rechtskräftigen Urteilen vermieden werden soll. Ein Prozess ist aber eine integrierte Bühne, wo sowohl das Verfahrensrecht wie auch das materielle Recht eine Rolle spielen. Es ist daher nicht angemessen, den Prozess ohne jegliche Berücksichtigung auch des materiellen Rechts zu sehen. Schließt

---

23 Vgl. Fn.21.

24 Diese Behauptung wurde vom Verfasser seit 1965 vertreten. Vgl. *Nakamura*, Tokubetsu kyôdô soshô riron no sai-kôsei (Rekonstruktion der Lehre der besonderen Streitgenossenschaft), Zuerst erschienen in Minji soshô no hôri (Festschrift für *Muneo Nakamura* zum 70. Geburtstag) 1965, S.197 ff. Später im Sammelband, Minji soshô ronshu (Sammelband der zivilprozessualen Abhandlungen) Bd. I (1977), S.204 ff.

25 Vgl. z.B. Urteil des OLG Takamatsu vom 5.7.1956, Kakyusai-Minshu 7-7-1764.

man in die Betrachtung des Problems der „einheitlichen Feststellung“ auch die materiellrechtliche Seite ein, so hat dies zur Folge, dass der Prozessgegenstand der Streitgenossen materiellrechtlich nur einheitlich entschieden werden kann. Der Prozess ist nicht von seiner letzten Stufe, nämlich vom Urteil aus zu betrachten, sondern von seinem Beginn. Wird über den Prozessgegenstand aus materiellrechtlicher Sicht eine einheitliche Entscheidung gefordert, so führt dies prozessrechtlich zu einer *uneigentlichen, prozessrechtlich* notwendigen Streitgenossenschaft. Nach dieser Betrachtungsweise wird der Umfang der *uneigentlichen, prozessrechtlich* notwendigen Streitgenossenschaft breiter als der, der bisher von der Literatur vertreten worden ist. Bereits in dem oben genannten Fall, in dem eine Feststellungsklage auf Nichtigkeit des Testaments gegen den Erben, den Testamentsvollstrecker und den Vermächtnisnehmer als gemeinschaftliche Beklagte erhoben wird. Aber auch in Fällen, in denen einige Miteigentümer, die einen Teil der sämtlichen Eigentümer darstellen, über eine Sache eine Eigentumsfeststellungsklage erheben. Auch da liegt dann eine *uneigentliche, prozessrechtlich* notwendige Streitgenossenschaft vor.

### 2. *Die Theorie der quasi notwendigen Streitgenossenschaft*

Der Umfang der *uneigentlichen, prozessrechtlich* notwendigen Streitgenossenschaft ist nach der Interpretation des Verfassers etwas breiter als der der herrschenden Meinung. Trotzdem dürfen sie aus logischen Gründen einheitlich festzustellenden Fälle, wie z.B. die der Gesamtschuld, der unteilbaren Schuldverhältnisse, der Forderung gegen den Hauptschuldner und seinen Bürgen, auch nach den Kriterien des Verfassers nicht als notwendiger Streitgenossenschaft behandelt werden. In diesen Fällen stehen zwar die Ansprüche der Parteien bzw. gegen die Parteien logisch im engen Zusammenhang, jedoch ist jeder Anspruch getrennt für sich zu betrachten. In diesen Fällen ist es auch sinnvoll, dass jeder Streitgenosse eigene Einsprüche geltend machen kann. Dies hat dann zur Folge, dass die einzelnen Entscheidungen nicht zu einheitlichen Ergebnissen kommen können.

Die herrschende Meinung und die Rechtsprechung behandeln diese Fälle als normale Streitgenossenschaft. Es besteht aber in diesen Fällen ein enger Zusammenhang zwischen den Ansprüchen der Parteien, so dass es bei der Anspruchsbegründung zu einer einheitlichen Feststellung kommen soll. Es ist nicht angemessen, solche Prozesse als eine normale Streitgenossenschaft zu betrachten, in denen keine besonders enge Beziehung zwischen den Ansprüchen der Streitgenossen besteht. z.B. wenn eine Elektrizitätsgesellschaft gegen eine Vielzahl von Zahlungsrückständigen die Gebühren verlangt.

„Eine einheitliche Feststellung des Streitgegenstandes“(§ 40 japanische ZPO, auch § 62 deutschen ZPO) wurde anfangs sehr weit ausgelegt. Zum Beispiel werden auch die Fälle der unteilbaren Schuldverhältnisse und der Gesamtschuld als notwendige Streitgenossenschaft angesehen. Als mit der Theorie von *Hellwig*, dem wie gesagt die japanische Lehre gefolgt ist, der Begriff der „einheitlichen Feststellung“ eingeschränkt wurde, hat man die oben genannten Fälle der normalen Streitgenossenschaft zugeordnet. Die Fälle der unteilbaren Schuldverhältnisse und der Gesamtschuld sind jedoch keine reinen Fälle von normaler Streitgenossenschaft. Sie liegen quasi zwischen der normalen Streitgenossenschaft und der notwendigen Streitgenossenschaft

Der Reformentwurf der deutschen ZPO von 1931 hatte vorgeschlagen (§ 65 des Entwurfs), den logisch einheitlich festzustellenden Fall als notwendige Streitgenossenschaft zu behandeln. Der Verfasser findet diesen Gedanken richtig und hat bereits 1965 vorgeschlagen, dass die Regeln der notwendigen Streitgenossenschaft analog auf den Bereich, der zwischen der normalen Streitgenossenschaft (§ 39 japanischen ZPO, § 61 deutschen ZPO) und der notwendigen Streitgenossenschaft (§ 40 japanischen ZPO, § 62 deutschen ZPO) liegt, anzuwenden seien[26]. Diese Fälle könnten als quasi (analoge) notwendige Streitgenossenschaft bezeichnet werden. Die quasi notwendige Streitgenossenschaft kommt in den Fällen zustande, in denen die prozessualen Ansprüche der Streitgenossen rechtlich nicht unbedingt einheitlich festgestellt werden brauchen,

---

26 Dieser Gedanke wurde in Japan damals von *Yamada Shozo* (Jun-hitsuyôteki kyôdô soshô, Hogaku ronso, 28-1, 1935) vertreten. Als dieser Vorschlag des Reformentwurfs später scheiterte, gab *Yamada* seine Meinung auf. Nach Ansicht des Verfassers ist der Gedanke von der quasi notwendigen Streitgenossenschaft im Wesentlichen richtig; nach gründlichen Forschungen zur Streitgenossenschaft verteidigt er seit 1965 diese Lehre. Vgl. *Nakamura*, Tokubetsu kyôdô soshô riron no sai-kôsei (Vgl. Fn.24), S.200 ff., Später im Sammelband, S.207 ff. Zustimmung findet dies bei *Taniguchi, Y.*, Kôjutsu minji soshô-hô (Mündliche Unterricht von Zivilprozessrecht) 1987, S.276.

sich aber aus logischen Gründen eine einheitliche Feststellung empfiehlt. Zu nennen sind z.B. Fälle des Anspruchs auf Rückzahlung der Schulden gegen mehrere Gesamtschuldner, Fälle mit Schuldnern bei unteilbaren Schuldverhältnissen, Fälle des Anspruchs gegen den Hauptschuldner und seinen Bürgen, Fälle mit einem Anspruch des Eigentümers auf Löschung der Eintragung im Grundbuch gegen den Grundbucheigentümer und dem von ihm bestellten Hypothekar, usw. In diesen Situationen kann jeder Streitgenosse eigene Ansprüche erheben, bzw. sie können vom Gegner erhoben werden und diese Ansprüche entstehen aus derselben Rechtsbeziehung. Wenn z.B. die Gesamtschuld durch Vertrag entstanden ist, sollten Urteile, die sich gegenseitig widersprechen, vermeiden werden. So z.B., wenn in *einem* Urteil dieses Lebenssachverhaltes die Entstehung des Gesamtschuldvertrages anerkannt wird und in dem anderen nicht. Da jede Schuld selbstverständlich materiellrechtlich Unterschiede aufweisen kann oder aufweist, kann einer der Gesamtschuldner von seiner Schuld materiellrechtlich befreit werden. Dann kommt es zu verschiedenen Urteilen; Z.B. ein Urteil fordert von einem der Gesamtschuldner die Zahlung der Schuld und ein anderes verneint bei anderen Gesamtschuldnern diese Schuld. In diesen Fällen muss jedoch die Entstehung der Gesamtschuld an sich einheitlich festgestellt werden. Wendet man hier die Theorie der quasi notwendigen Streitgenossenschaft an, kann durch die analoge Anwendung der § 40 japanischen ZPO (§ 62 deutschen ZPO) ein einheitliches Urteil erzielt werden, das auf gemeinsamen Tatsachen beruht.

## *VI. Abschließende Bemerkung*

Soweit der kurze Überblick über die Streitgenossenschaft in bezug auf Miteigentumssache in Japan und ihre gegenwärtigen Streitpunkte.

Das Recht von Miteigentum hat zwei Dimensionen, eine ist ein von allen Miteigentümern gemeinschaftlich besessene einheitliches Recht und andere ein von jedem einzelnen Miteigentümer besessenen Anteilsrecht. Je nachdem, auf welche Seite man den Schwerpunkt der Betrachtung legt, wird die Behandlung der Sache im Prozess eine andere. In der Anfangszeit des modernen Zivilprozessrechts wurde der Streit der Miteigentumssache von Standpunkt des gemeinschaftlichen Rechts behandelt. Weil unsere Prozessordnung zum römischen (kontinentaleuropäischen) Rechtskreis gehört, also den Schutz des Rechts der Parteien als Zweck des Prozesses sieht, erlebten die Prozesse schwierige Situation. In der Folgezeit wurde die Sache hauptsächlich von Standpunkt des Teilrechts jedes Miteigentümers betrachtet. Die einzelnen Prozesse gingen vorwärts, aber die Miteigentumsstreitsache als Ganze findet keine einheitliche Streitlösung. In Griechenland, das sich auch einer solcher Lage ausgesetzt sah, wurde neue Paragraphen (§§ 76 und 86 griechische ZPO), die germanischen (angloamerikanischen) Charakter haben, eingeführt, um eine einheitliche Streitlösung zu erzielen. Japan (auch Deutschland) hat keine solche Bestimmung. Die Gerichtspraxis wird ohne bestimmte Regel durchgeführt.

In dem Prozess um Miteigentumssache kollidieren die römischrechtliche (kontinentaleuropäische) und die germanische (angloamerikanische) Rechtsgedanke. Der Verfasser versuchte in diesem Aufsatz, die Probleme der prozessrechtliche Behandlung der Miteigentumssache vom Standpunkt von der Rechtsvergleichung zu betrachten. Er hat noch zwei weitere Vorschläge für die einheitliche Streitlösung bei der Streitgenossenschaft gemacht. Er würde sich freuen, wenn dieser Aufsatz Anstoß zu erneuten Überlegungen dieses Problems werden könnte.

(13)

# *Auf dem Weg zur Globalisierung des Zivilprozessrechts*

## *— Die Hauptergebnisse des Symposions aus japanischer Sicht —*

## *Inhaltsverzeichnis*



*Zuerst erschienen* in: Dike International, Band 32, Heft 8 (Athen 2001).

## *Vorwort*

Das Ergebnis, das wir durch die für dieses Symposion (10.-15. September 2000, in Syros) vorgelegten Berichte und Diskussion bekommen haben, war sehr reich. Ein großes Thema dieses Symposions war der „Einfluss des fremden Rechts“. Der Verfasser wird versuchen, dieses Ergebnis zuerst von dem Standpunkt des Einflusses des fremden Rechts, zwar amerikanischen Rechts, EU-Rechts und französischen Rechts, in drei Teilen zu betrachten. Anschließend werden einige einzelne Themen beleuchtet.

## *I. Der Einfluss des amerikanischen Rechts*

Die erste japanische europäische ZPO wurde nach dem deutschen Muster begründet. Darum haben das japanische Zivilprozessrecht und die Zivilprozessrechtswissenschaft sich bisher unter dem entscheidenden Einfluss des deutschen Rechts entwickelt. Aber nach dem zweiten Weltkrieg ist der Einfluss des amerikanischen Rechts immer stärker geworden, während der Einfluss des deutschen Rechts nicht mehr aktiv war.

Warum und wie der amerikanische Einfluss auf den japanischen Zivilprozess so stark geworden ist, hat der Verfasser bereits in seinem Bericht erklärt[1]. In der Praxis existierten mehrere Rechtsstreiten, die aus den engen wirtschaftlichen Beziehungen zwischen Japan und den USA stammen, und diese Streitigkeiten wurden meistens bei dem amerikanischen Gerichte behandelt. Vollstreckung des amerikanischen gerichtlichen Urteils in Japan, *discovery* in Japan, oder die gerichtliche Zuständigkeit bei den internationalen Streitigkeiten usw., unter solchen Umstände mussten wir Japaner unbedingt amerikanische Justiz und das

1 *Nakamura*, Der Einfluss des amerikanischen Rechtsdenkens auf die japanische Zivilprozessrechtswissenschaft (2002), S.147-160 in diesem Band.

Rechtssystem beherrschen.

*Habscheid* hat 1986 ein sehr interessantes Buch, "Der Justizkonflikt mit den Vereinigten Staaten von Amerika" herausgegeben. Nach diesem Buch hatte der Verfasser vorgestellt, dass der amerikanische Einfluss auch auf das griechische Recht stark sei. Es war aber nicht so. Prof. *Polyzogopouls* schilderte in seinem Bericht, „Die Erneuerung der hellenischen Zivilprozessrechtslehre unter dem Einfluss angloamerikanischen Rechtsdenkens", dass der Einfluss des amerikanischen Rechts in Griechenland nicht direkt, sondern durch das europäische Recht indirekt ist. Das war für den Verfasser eine neue Entdeckung gewesen. Diese Situation, daß der Einfluss des amerikanischen Rechts in Griechenland nicht direkt und gering ist, hätte sicher die Situation der wirtschaftlichen Tätigkeit zwischen Griechenland und den USA widergespiegelt. Deutschland und Japan haben eine direkte und enge wirtschaftliche Beziehung mit USA. Diese bringt unweigerlich viele Rechtsstreitigkeiten mit sich, die amerikanisches Rechtsdenken begleiten. Der Verfasser hat erneut gemerkt, dass wirtschaftliche Tätigkeit und rechtliche Beziehung zueinander eng verbunden ist.

Der Bericht von Prof. *Polyzogopouls* über die Lage der Forschung des amerikanischen Rechts in Griechenland war sehr interessant, weil gleiche Themen auch in Japan untersucht wurden.

## *II. Der Einfluss des EU-Rechts*

Griechenland gehört zur EU. Darum ist es selbstverständlich, dass das griechische Recht vom EU-Recht beeinflusst ist. Über das System der EU und des EU-Rechts haben wir Japaner durch Literatur allgemeine Information und einen Überblick darüber. Einige japanische Kollegen forschen intensiv auf diesem Gebiet.

Bis zum Mittelalter gab es in Europa nur viele Stammesländer, wie Sachsen, Schwaben, Franken usw. Erst im 19. Jahrhundert kamen moderne Staaten, wie Deutschland, Frankreich, England usw. zustande. Und heute existiert nun die europäische Union. Diese geschichtliche Entwicklung, dass das Staatsgebiet mit der Vergrößerung der wirtschaftlichen Tätigkeit zusammengeht, ist sehr interessant und eindrucksvoll. Die verschiedenen Probleme um die EU und um das EU-Recht zu studieren, ist auch für uns Japaner hochinteressant.

Aber zuerst möchte der Verfasser erwähnen, dass diese rechteinheitliche Bewegung in Europa für uns Japaner ein sehr reizvolle Vorbild scheint. Wir Japaner wohnen im fernen Ostasien. Wir träumten schon lange von einer Asien-Union[2]. In Asien gibt es viele verschiedene Länder, von denen jede verschiedene Gesetze besitzen. Um Asien mächtiger zu machen, sollten wir eine Asien-Union begründen. Leider ist die wirtschaftliche Lage jedes Landes sehr verschieden. Die Lage der meisten Länder ist noch nicht hoch entwickelt. Außerdem gibt es noch politische Verschiedenheiten. Obwohl die Sowjet-Union zerstört ist, existieren kommunistische Länder noch in Asien. Diese wirtschaftlichen und politischen Unterschiede zwischen den Ländern sind ganz anders als in Europa. In Europa ist das wirtschaftliche Niveau und das politische System der Länder fast gleich. Darum konnte man die Europa Union zustande kommen lassen. Leider haben wir in diesem Punkt ein großes Problem. Aber die Globalisierung ist ein großer Strom in der Welt. Wir Asiaten sollen unsere wirtschaftliche Tätigkeit und Rechtssystem unbedingt in dieser Richtung überlegen. Eine politische Bewegung in dieser Richtung ist schon lange da, aber noch keinen Erfolg.

Obwohl Japan kein Mitglied der EU ist, ist es für uns Japaner sehr interessant, einzelne Problem, die sich aus dem Verhältnis der EU ergeben, kennenzulernen und zu erforschen.

Rechtsanwalt *Tsikrikas* hat das Problem über die Gestaltung des einstweiligen Rechtsschutzes im europäischen Zivilprozess aufgenommen.

Lektor *Diamantopoulos* hat die modernen Tendenzen im Recht des Mahnverfahrens in der Rechtsprechung des EuGH und im Entwurf der Europäischen Zivilprozessordnung vorgestellt.

Lektor *Triantafillou* hat uns Legal Nature and Effect of the Prelimi-

2 Der Zweite Weltkrieg in Ost-Asien hatte schon eine Bedeutung in dieser Richtung Vor dem Krieg gab es in Ost-Asien viele Kolonien von europäischen Länder. Wir wollten diese ausländische Herrschaft beseitigen und ein für Asien gemeinsam blühendes Territoriums, *Daitoa-kyoeiken*, begründen. Das war ein wichtiger Grund des Kriegs.

nary Ruling of the European Court vorgestellt.

Ass.Prof. *Orfanides* behandelte neue Tendenzen im Bereich der Parteilehre unter dem Einfluß der Rechtsprechung des europäischen Gerichtshofes für Menschenrechte

Rechtsanwalt *Eliakopoulos* schilderte die Gegenüberstellung des Streitgegenstandes und der Rechtskraftbestimmung im Deutschen und Griechischen Recht in Hinblick auf die Rechtsprechung des EuGH.

Alle Themen, die hier vorgestellt sind, sind sehr interessant. Besonders das Thema um den Streitgegenstand hat den Verfasser angezogen.

Die Entscheidung des EU-Gericht hat im Rahmen einer autonomen Auslegung von Art. 21 EuGVÜ einen eigenen Streitgegenstandsbegriff entwickelt, der meint, dass die Gleichheit des Streitgegenstands bei unterschiedlichen in verschiedenen Vertragsstaaten anhängigen Fällen nicht etwa nach dem jeweils vorgetragenen Klagebegehren sondern nach der in diesen Fällen entscheidenden identischen Kernfrage bestimmt werden soll. Diese Theorie verneint die deutsche Theorie des Streitgegenstandes, die den Stretgegenstand von der Norm aus begreift. Nun entstand folgende Frage, ob die deutsche Lehre des Streitgegenstandes durch die Theorie des EU-Gerichts in der Zukunft geändert werden wird? Diese Frage ist hochinteressant. Der Verfasser darf gerne seine Gedanken über dieses Problem darstellen:

Der Zivilprozess hat zwei fundamentale Elemente, Norm und Tatsache. Es gibt darum dort zwei verschiedene Arten des Zivilprozesses[3]. Eine erfasst den Prozess von der Norm aus und die andere erfasst den Prozess von der Tatsache aus. Kontinental-europäische Länder besitzen positives materielles Recht. Dort betrachtet man den Prozess von der Norm aus, also die Identität des Streitgegenstandes mit der Norm. Angloamerikanische Länder haben kein positives materielles Recht. Dort erfasst man den Prozess aus Tatsachen, also die Identität des Streitgegenstandes von Tatsachen.

Der Begriff der „Kernfrage" in der Entscheidung des EU-Gerichts ist der Begriff der Tatsache. Die Lehre des EU-Gerichts ist mit der Lehre des angloamerikanischen Zivilprozesses gleich. In Europa besitzt jedes Land ein eigenes positives materielles Recht, es gibt aber kein für ganz

---

3 *Nakamura*, Die zwei Typen des Prozesses (1988), in: *Nakamura*, Japan und das deutschen Zivilprozessrecht, 1996, S.83.ff.

Europa gemeinsames positives materielles Recht. Für ganz Europa muss man das Problem der Identität des Streitgegenstandes von Tatsachen aus behandeln. So trat hier die sogenannte „Kerntheorie“ auf.

Die „Kerntheorie“, die den Prozess von der Tatsache aus erfasst, wird aber nur bei dem Prozess, der bei dem EU-Gericht behandelt wird, gelten. Die überlieferte Theorie des Streitgegenstandes in Kontinental-europäischen Ländern, also die deutsche Theorie des Streitgegenstandes wird unter dem Einfluss der Theorie des EU-Gericht etwas erweitert werden – aber im Grunde nicht geändert werden. Weil jedes Land ein positives materielles Recht besitzt und dort der Prozess, der das Wesen hat, das den Prozess von der Norm aus begreift, in Geltung ist. Der Unterschied zwischen dem von der Norm ausgehenden Prozess und von der Tatsache ausgehenden Prozess ist wesentlich und groß. Der von der Norm ausgehende Prozess kann sich nicht leicht zum von der Tatsache ausgehenden Prozess umwandeln.

## *III. Der Einfluß des französischen Rechts*

Als Japan in den 60er Jahren des 19. Jahrhunderts zur Modernisierung Japans europäisches Recht einzuführen versucht hatte, hat Japan zuerst französisches Recht zum Muster genommen. Das erste japanische StGB(1880), StPO (1880) und BGB (1890) sind alle von dem Pariser Professor *Boisounade* entworfen. Der Einfluss des französischen Rechts war darum sehr stark. Später, als Japan das Verfassungsgesetz nach dem Vorbild des preußischen Rechts veröffentlichte, wurde die Lage ganz anders. Alle danach veröffentlichten japanischen Gesetze wurden nach dem Vorbild des deutschen Rechts entworfen. Aus diesem Grund werden japanische Gesetze heute im Allgemeinen als eine Art des deutschen Rechts betrachtet. Weil wir gehört hatten, dass die erste moderne griechische ZPO durch den Münchner Professor *Maurer* entworfen worden war, hatten wir Japaner eine allgemeine Vorstellung, dass das griechische Zivilprozessrecht im Grunde auch zum deutschen Rechtskreis gehört. Darum sind wir sich sehr interessiert, wie und wie weit das griechische Recht durch französisches Recht beeinflusst sein soll.

1) Der Bericht von Prof. *Nikolopoulos* „L’influence du droit français

sur la procédure civile hellénique" erklärte uns, warum und wie weit das französische Recht auf das griechische Recht einen großen Einfluss hatte. Der Einfluss des französischen Rechts war stärker als wir gedacht haben. Die einzelnen Hinweise auf Probleme, die von dem französischen Recht beeinflusst war, waren für uns Japaner sehr interessant.

2) Der Bericht von Rechtsanwalt *E. Beis* „Der Einfluss des deutschen Verwaltungsprozessrechts auf das griechische" bezeichnet, dass die griechische Verwaltungsgerichtsbarkeit zuerst unter dem wesentlichen Einfluss des französischen Rechts begründet wurde. Wir Japaner haben hier wieder erneut einen großen Einfluss des französischen Rechts bemerkt.

Der Bericht von Rechtsanwalt *Beis* schilderte weiter, dass die griechische Verwaltungsgerichtsbarkeit nach dem Verfassungsgesetz von 1975 grundsätzlich geändert ist und dass sie unter dem deutschen Einfluss stand. Danach kam es zu einer Situation, in der oberes Wesen des Staats nach dem deutschen Modell und der Unterbau nach dem französischen Modell konstruiert. Der Bericht schilderte gemeinsame Punkte und Unterschiede zwischen der deutschen und französischen Verwaltungsgerichtsbarkeit. Diese rechtvergleichende Untersuchung wäre für die Forschung der Verwaltungsgerichtsbarkeit in Japan auch nützlich.

3) Der Bericht von Ass. Prof. *Apalagaki* "Mehrheit der Gläubiger im Verfahren der Zwangsvollstreckung im griechischen und im deutschen Recht" schildert eine interessante Neigung der Praxis bei der Vollstreckung der griechischen ZPO. Den Fall, in dem mehrere Gläubiger in der Zwangsvollstreckung zur Erfüllung von Geldforderungen vorliegen, regelte die griechische ZPO nach dem Ausgleichsprinzip, das unter dem Einfluss des französischen Rechts steht. *Apalagaki* behauptet, dass die Vollstreckung, die nach dem System des Ausgleichsprinzips durchgeführt werden soll, durch die starke Herrschaft des betreibenden Gläubigers in der Praxis die Priorität des ersten Gläubigers anerkennt. Diese Richtung ist für uns Japaner sehr interessant. Die erste japanische ZPO von 1890, die nach dem Vorbild der deutschen CPO von 1877 gefasst ist, regelt für den Fall der Zwangsvollstreckung bei mehreren Gläubiger die Vorschrift des Ausgleichsprinzips nach dem französischen Recht. Dies deshalb, weil das damals vorgesehene japanische BGB, das nach dem französischen BGB entworfen war (dieses Gesetz wurde 1890 veröffentlicht, aber ist nicht in Kraft getreten), das Ausgleichsprinzip bein-

haltet. Nach dem zweiten Weltkriege wurde das Ausgleichsprinzip stark kritisiert. 1980 wurde ein neues Zivilvollstreckungsgesetz veröffentlicht. Es beinhaltet noch das Ausgleichsprinzip, aber es regelte mehrere Beschränkungen und in der Praxis nähert es sich dem Prioritätssystem. Was die Praxis der griechischen und japanischen Zwangsvollstreckung sich als Ziel gesetzt hatte, war identisch.

## *IV. Verschiedenes*

### *1. Dogmatische Untersuchung*

Die japanische ZPO wurde 1997 völlig reformiert. Deswegen gab es in Japan in der letzten Zeit viele Forschungen, die den Zivilprozess von der praktischen Seite behandeln, und nur wenige dogmatische Untersuchung. Darum war die dogmatische Untersuchung von Ass.Prof. *Koussoulis*, "Der dogmatische Gehalt von Prozessrechtstheorien" für uns Japaner besonders wichtig und interessant. Die Sichtweise, die Theorie des Zivilprozesses vom Standpunkt des materiellen Rechts und Prozessrechts zu betrachten, ist sehr wichtig. Das Ergebnis seiner Betrachtung könnte man auch als angemessen halten. Es muss aber berücksichtigt werden, dass diese Lehre nur innerhalb des deutschen, (kontinental-europäischen) Rechtskreises, in dem positives materielles Recht vorhanden ist, gilt. In der Zeit der Europäischen Union, wo die Justiz nicht nur mit dem kontinental-europäischen Recht, sondern mit dem angloamerikanische Recht zusammen konstruiert wird, muss man eine neue Lehre sich entwickeln lassen, weil das angloamerikanische Recht kein positives materielles Recht hat und dort eine ganz andere Denkweise gilt. Wie man diese neue Lage des Zivilprozesses betrachten soll, ist ein ganz interessantes Problem.

### *2. Türkisches Recht*

Türkisches Recht ist bei uns in Japan bis heute fast unbekannt gewesen. Die beiden Berichte von Prof. *Kamil Yildirim* und Doz. *Nevhis Deren-Yildirim* haben uns einen gewissen Überblick über das türkische

Zivilprozessrecht, das nach der Neuenburger ZPO der Schweiz gemacht wurde, gegeben.

Der Bericht von Prof. *Kamil Yildirim* hat die grundlegende Struktur des türkischen Beweisrechts vorgestellt. Es war für uns Japaner sehr interessant, dass es dort einige fremde Verfahrensabschnitte gibt, die Japan nicht kennt. Zum Beispiel der Untersuchungsgrundsatz in der Beweisaufnahme im normalen Zivilprozess, der Eid bei *non-liquet* Fällen usw. Es war auch interessant, dass es in der Türkei unter dem Einfluss der Zivilprozessordnungen von europäischen Ländern eine Diskussion über die Einführung der freien Beweiswürdigung und die vorweggenommene Entscheidung vom türkischen Gerichtshof gibt.

Der Berichte von Doz. *Nevhis Deren-Yildirim* hat das türkische einstweilige Verfahren vorgestellt. Weil dieses Verfahren etwas anders als deutsches Recht und zwar etwas anders als unser Recht ist, ist die Vorstellung von *Deren-Yildirim* für uns sehr interessant. Dieser Bericht kann Anlass für weitere Überlegungen der Bedeutung der "Vorläufigkeit" bei einstweiliger Verfügung geben. In Japan steht noch nicht fest, in welchem Umfang einer einstweiligen Verfügung erlaubt werden darf. Dieser Bericht würde auch in Japan für die weiteren Untersuchungen sehr nützlich sein.

### *3. Österreichisches Recht*

Prof. *Buchegger* hat in seinem Bericht die geschichtliche Entwicklung des Revisionsverständnisses und der Revisionszulässigkeit im österreichischen Zivilprozess eingehend dargestellt. Die Beschränkung der Revision, um die Belastung des Obersten Gerichtshofs zu beseitigen, ist bei uns Japan auch ein großes Problem. Bei der Änderung der japanischen ZPO (1996) haben wir auch unter Berücksichtigung des österreichen Revisionssystems eine Revisionsbeschränkung eingeführt. Ob diese neue Beschränkung erfolgreich sein wird, wissen wir noch nicht. Wie das Revisionssystem behandelt werden soll, ist ein sehr großes Problem, das bei jeder Prozessinstitution entsteht. Der Bericht kann für die weitere Untersuchung dieses Problems sehr nützlich sein.

Bei der Diskussion hat der Verfasser erfahren, dass es im türkischen Prozessrecht keine Berufungsinstanz gibt. Das war für den Verfasser eine neue Entdeckung.

## V. Abschließende Bemerkung

Wir Japaner haben bisher einigermaßen deutsches Recht studiert und in der letzten Zeit auch etwas amerikanisches Recht, aber nur wenig griechisches Recht und fast kein türkisches Recht. Durch dieses Symposion konnten wir weitere Kenntnisse über griechisches Recht, türkisches Recht und auch österreichisches Recht gewinnen. Bei unserer Kenntnis, die wir bereits haben, gab es auch Mißverständnisse. Es gibt viele Angelegenheiten, die durch die Literatur allein nicht verstanden werden können. Wir haben erneut festgestellt, daß das Symposion, zu dem wir uns getroffen, vorgetragen und diskutiert haben, für die weitere Entwicklung unserer Wissenschaft sehr wichtig war.

# (14)

# *A n h a n g*

## *a) Überblick über den Prozess mit mehreren Parteien in der jap. ZPO*

## *b) Zwangsvollstreckung in Japan*

## *c) Grundrechtsverletzungen bei der Zwangsvollstreckung in Japan*

Obige drei Aufsätze sind kleine Berichte, die der Verfasser gelegentlich von Symposien in Griechenland gehalten hat. Sie sind schon etwas älteren Datums und auch sind die betreffenden Gesetze zum Teil geändert. — wobei die Gesetzesänderung aber auf das jeweilige Thema nur geringen Einfluss hatte. Weil der Verfasser denkt, dass obige drei Aufsätze doch für den groben Überblick über jene Themen nützlich sein können, hat er sich entschlossen, sie hier in einen Anhang aufzunehmen.

# *a) Überblick über den Prozess mit mehreren Parteien in der japanischen ZPO*

***Inhaltverzeichnis***



Dieser Bericht wurde am 23. September 1994 bei einem Japanisch-Hellenisches wissenschaftliches Symposion für Prozessrecht (Syros und Athen, 21. – 28. September 1994) gehalten. Die Nummern der Paragrafen der japanischen ZPO sind die der damals gültigen alten ZPO. Die Zahlen in Klammer sind die im geltenden Recht.
*Zuerst erschienen* in: Dike International 2, Athen 1995

## I. Einleitung

Das Thema dieses Symposiums lautet „Prozesse mit mehreren Prozessparteien“. Dieses Thema wird in der letzten Zeit in Japan unter verschiedenen Aspekten viel diskutiert worden. Die umstrittensten Fragen liegen dabei (a) in dem Bereich der notwendigen Streitgenossenschaft und (b) bei den so genannten neuen Prozesstypen, bei denen es eine große Zahl von Beteiligten gibt. Seit 1990 haben die Vorbereitungen des Justizministeriums für eine ZPO-Reform begonnen. Der „Prozess mit mehreren Prozessparteien“ ist eine der wichtigen Themen der Reform.

(a) In den 60er Jahren hatte in der Diskussion um den Bereich des Streitgegenstandes die prozessrechtliche Prozessgegenstandstheorie unter dem Einfluss der deutschen Lehre auch in Japan viele Anhänger gefunden. Dabei wurde bei dieser Theorie der Vorteil der „einmaligen Streitlosung“ hervorgehoben. In den 70er Jahren wurde dieses Stichwort auch im Bereich der Partei als wichtig angesehen. Einige Wissenschaftler vertraten, dass Streitigkeiten z.B. um Miteigentum, die bisher als eine gewöhnliche Streitgenossenschaft behandelt wurden, als eine notwendige Streitgenossenschaft zu behandeln sein, um eine einzige und einheitliche Streitlösung zu erhalten. Vergleiche dazu den Bericht des Verfassers[1].

(b) In jüngster Zeit ist der Parteienbegriff bei der Diskussion um die so genannten neuen Prozesstypen erneut in Frage gestellt worden. Eine abschließende Definition, was unter den neuen Prozesstypen zu verstehen sei, ist zwar bisher noch nicht gefunden worden, gemeint sind damit aber zunächst z.B. Umweltschutz-, Verbraucherschutz- oder Arzneimittelhaftungsprozesse, die seit den 60er Jahren, verbunden mit dem Wirtschaftsaufschwung Japans, häufig auftreten. Diese Prozesse haben meistens über 100 Beteiligte. Die japanische ZPO, die 1891 in Kraft getreten ist, regelt hauptsachlich den Prozess, bei dem jeweils ein Kläger einem Beklagten gegenübersteht. Auch gibt es in der japanischen ZPO keine Institution einer *class action*, wie im amerikanischen Zivilprozess und

---

1 Vgl. *Hideo Nakamura,* Die notwendige Streitgenossenschaft (1995), in: *Nakamura,* Japan und das deutsche Zivilprozessrecht (1996), S.203 ff.

prozess und auch keine Verbandsklage wie im deutschen Recht. Unter diesen Umständen sind verschiedene Probleme über den Prozess mit mehreren Beteiligten in der Diskussion. Vergleiche dazu den Bericht von Ass-Professor *Matsumura*[2].

Der Hauptteil der Behandlung der Prozesse, an den sich mehrere Personen beteiligen, ist selbstverständlich die Streitgenossenschft und die Intervention. Unten wird zuerst ein Überblick über die Streitgenossenschft und die Intervention in der japanischen ZPO gegeben werden.

Sie sind jeweils unter den Titel der Streitgenossenschaft und der Intervention in der japanischen ZPO geregelt (1.Buch, 2.Abschnitt, 2. u. 3. Titel in der alten Fassung; 1.Buch, 3.Abschnitt, 2. u. 3. Titel in der neuen Fassung). Die japanische ZPO hatte ursprünglich die deutsche ZPO von 1877 zum Vorbild gehabt. Die Regelung der japanischen Streitgenossenschaft und Intervention ist daher fast identisch mit derjenigen der deutschen ZPO, und auch der griechischen ZPO, die mit der deutschen ZPO verwandt ist. Es gibt aber einige Punkte, die von dem deutschen und auch griechischen Recht abweichen.

## II. Die Streitgenossenschaft —Subjektive Klagenhäufung

Die Voraussetzungen der Streitgenossenschaft bestimmt die japanische ZPO unter §59 (§38 n.F) und §60 (abgeschafft in der neuen Fassung)[3], wobei §59 im Wortlaut fast mit den §§59, 60 der deutschen ZPO und auch §75 der griechischen ZPO übereinstimmt.

1) §59 (§38 n.F.) der japanischen ZPO bestimmt folgende drei Fälle als Streitgenossenschaft:

a) Die Rechte oder Pflichten, die den Gegenstand eines Prozesses bilden, stehen zwei oder mehreren Personen gemeinsam zu (§59 ‹§38 n.F.› 1.Satz 1.Alternative jap. ZPO).

---

2 Vgl. *Kazunori Matsumura*, Neue Prozesstypen im japanischen ZP und ihre rechtliche Behandlung, Dike International 2 (1995), S. 161 ff.

3 In Japan gibt es eine prozessuale Institution im Sinn einer Intervention als dritte Partei, die „Selbständige Intervention" (Siehe IV, 2 dieses Beitrags), die fast die gleiche Funktion von §60 besitzt. In der Praxis wurde aber fast nur §71 benutzt und §60 nicht. Darum wurde §60 bei der Reform von 1996 abgeschafft.

b) Die Rechte oder Pflichten entspringen demselben tatsächlichen und rechtlichen Grund (§59 ‹§38 n.F.› 1.Satz 2.Alternative jap.ZPO).

c) Die Rechte oder Pflichten, die den Gegenstand eines Prozesses bilden, sind gleichartig und beruhen auf einem gleichartigen tatsächlichen und rechtlichen Grund (§59 ‹§38 n.F.› 2.Satz jap.ZPO).

2) §60 (abgeschafft in der neuen Fassung) der japanische ZPO bestimmt folgenden Fall als Streitgenossenschaft: Wer den Gegenstand, über den zwischen anderen Personen ein Rechtstreit anhängig geworden ist, ganz oder teilweise für sich selbst in Anspruch nimmt, kann während der Anhängigkeit dieses Rechtsstreits gegen beide Parteien als Mitbeklagte Klage bei dem Gericht des ersten Rechtszuges erheben.

Dieser Fall entspricht §64 der deutschen ZPO (Hauptintervention). Der Gesetzgeber der japanischen ZPO betrachtet diesen Fall jedoch nicht als eine echte Intervention, bei der ein Dritter zu dem bisherigen Prozess eingeschlossen wird, sondern er geht davon aus, dass eine Streitgenossenschaft entsteht. D.h., es entsteht ein neuer Prozess, bei dem die bisherigen Kläger und Beklagte Beklagte werden. Darum regelte er diesen Fall unter dem Abschnitt der Streitgenossenschaft.

Die Hauptintervention im ursprünglichen Sinne, bei der durch die Intervention von einem Dritten ein Drei-Parteienprozess mit dem bisherigen Kläger und Beklagten und dem Dritter entsteht, regelte die japanische ZPO als die selbständige Intervention in §71 (§47 n.F.).

## *III. Die normale Streitgenossenschaft und die notwendige Streitgenossenschaft*

Der Gesetzgeber unterscheidet wie in der deutschen und auch griechischen ZPO bei der Streitgenossenschaft die normale Streitgenossenschaft und die notwendige Streitgenossenschaft.

### *1) Die normale Streitgenossenschaft*

Die normale Streitgenossenschaft entsteht, wenn mehrere an sich selbständige Prozesse aus Zweckmäßigkeitserwagungen in einem Verfahren behandelt werden. Für die normale Streitgenossenschaft gilt folgende Regel:

Prozesshandlungen eines Streitgenossen sowie Prozesshandlungen, die die andere Partei gegen einen Streitgenossen vornimmt, und Tatsachen, die sich in bezug auf einen der Streitgenossen ergeben, berühren die übrigen Streitgenossen nicht (§61 ‹§39 n.F.› jap.ZPO). Diese Regelung entspricht §61 der deutschen ZPO und §76 Abs. 1 der griechischen ZPO.

### 2) *Die notwendige Streitgenossenschaft*

Die notwendige Streitgenossenschaft entsteht, wenn der Gegenstand des Prozesses allen Streitgenossen gegenüber nur einheitlich festgestellt werden kann (§62 ‹§40 n.F› jap.ZPO).

Die deutsche ZPO regelte die notwendige Streitgenossenschaft in folgenden zwei Fällen; 1) wenn das streitige Rechtsverhältnis allen Streitgenossen gegenüber nur einheitlich festgestellt werden kann, und 2) wenn die Streitgenossenschaft aus sonstigem Grunde eine notwendige ist. Der erste Fall stellt dies die notwendige Streitgenossenschaft im uneigentlichen Sinne (aus prozessrechtlichen Gründen) und der zweite Fall die notwendige Streitgenossenschaft im eigentlichen Sinne dar (aus materiellrechtlichen Gründen).

Die japanische ZPO hat diese Unterscheidung nicht vorgenommen und nur die erste Form gesetzlich festgelegt. Die Lehre hat daher zunächst nicht zwischen den zwei Fällen der notwendigen Streitgenossenschaft unterschieden. Erst später wurde der Unterschied zwischen der notwendigen Streitgenossenschaft im eigentlichen und uneigentlichen Sinne von der Lehre und durch Rechtsprechung vorgenommen.

Für die notwendige Streitgenossenschaft gilt folgende Regel;

a) Die von einem einzelnen Streitgenossen vorgenommenen Prozesshandlungen wirken zugunsten der Streitgenossenschaft (§62 ‹§40 n.F.› Abs.1. jap.ZPO).

b) Die Prozesshandlungen der Gegenpartei gegenüber einem einzelnen Streitgenossen wirken sich für oder gegen alle von ihnen aus (§62 ‹§40 n.F.› Abs.2. jap.ZPO).

c) Besteht ein Grund zur Unterbrechung oder Aussetzung des Verfahrens in bezug auf einen der Streitgenossen, so wird diese Unterbrechung oder die Aussetzung allen Streitgenossen gegenüber wirksam (§62 ‹§40 n.F.› Abs.3. jap.ZPO).

Die Regelung der notwendigen Streitgenossenschaft in der japanischen ZPO ist überholt und kann neu aufgetretene Fragestellungen nicht mehr zufrieden stellend lösen. Z.B. ist umstritten, welche Fälle die notwendige Streitgenossenschaft umfasst und wie die Fälle behandelt werden sollen, die eine logisch einheitliche Lösung verlangen. Ein strittiger Punkt dabei ist auch, wie entschieden werden soll, wenn ein Mitglied einer notwendigen Streitgenossenschaft sich weigert, Mitkläger zu werden. In diesem Bereich hat die griechische ZPO von 1968 eine noch eingehende Regelung, von der die japanische ZPO viel lernen kann.

## *IV. Die Intervention*

Die japanische ZPO regelt drei verschiedene Arten der Intervention unter dem Titel „Intervention“ (1.Buch, 2.Abschnitt, 3.Titel in a.F.; 1.Buch, 3.Abschnitt, 3.Titel in n.F); 1) die Nebenintervention (§64 ‹§42 n.F.› jap.ZPO), 2) die selbständige Intervention (§71 ‹§47 n.F.› jap.ZPO) und 3) die streitgenössische Intervention (§78 ‹§53 n.F.› jap.ZPO).

### *1) Die Nebenintervention* (*§64 ‹§42 n.F.› jap. ZPO*)

Diese Intervention entspricht §64 der deutschen ZPO und §81 der griechischen ZPO. Hat ein Dritter ein Interesse an dem Ausgang eines Rechtsstreites, so kann er dem anhängigen Rechtsstreit beitreten, um eine der Parteien zu unterstützen. Die Institution der Nebenintervention hat eine enge Beziehung mit der Streitverkündigung. Zu den vielen umstrittenen Fragen in diesem Bereich, vergleiche den Bericht von Professor *Honma.*[4]

### *2) Die selbständige Intervention* (*§71 ‹§47 n.F.› jap. ZPO*)

Diese Intervention stellt die ursprüngliche Form der Hauptintervention dar, die in der deutschen ZPO von 1877 nicht aufgenommen worden ist, obwohl das Institut im gemeinen Prozess bekannt war. Es stellt nun ein eigenständiges japanisches Rechtsinstitut dar. Die selbständige Interven-

---

4 Vgl. *Yasunori Honma*, Nebenintervention und Streitverkündigung in Japan, Dike International 2 (1995) S.133 ff.

tion entsteht, z.B. wenn ein Dritter behauptet, dass sein Recht durch den Ausgang des Prozesses beeinträchtigt wird, oder dass der Prozessgegenstand ein ihm ganz oder teilweise zustehendes Recht ist. Dann kann er dem bereits anhängigen Prozess als Partei beitreten. Hier besteht ein förmlicher Drei-Parteien-Prozess, der der deutschen ZPO fremd ist. Vergleich den Bericht von Ass-Professor *Saito*[5].

***3) Die streitgenossische Intervention*** *(§75 ‹§52 n.F.› jap. ZPO)*

Kann der Streitgegenstand nur einheitlich gegenüber einer der Parteien und einem Dritten festgestellt werden, so kann der Dritte dem Rechtsstreit als Streitgenosse beitreten. Diese Intervention entstammt der Idee der streitgenössische Nebenintervention des §69 der deut.ZPO, die nun in „japanisierter" Form in der japanischen ZPO ihren Platz gefunden hat.

Die japanische ZPO kennt, anders als die deutsche ZPO, die streitgenössische Nebenintervention nicht. Nach einigen wissenschaftlichen Lehrmeinungen und nach der Rechtsprechung ist eine solche Intervention auch in der japanischen ZPO möglich. Der Verfasser hält allerdings die Institution der streitgenössische Nebenintervention für nicht notwendig.

Nur die oben genannten drei Institute werden unter den Titel „Intervention" geregelt; die Hauptintervention – entsprechend des §64 der deutschen ZPO – wird in Japan unter den Titel der Streitgenossenschaft (§60 ‹Abgeschafft in der neuen Fassung› jap. ZPO) geregelt.

## *V. Die bestellte Partei*

Für den Prozess, an dem mehrere Personen ein gemeinsames Interesse haben, regelt die japanische ZPO außer der Streitgenossenschaft die Institution der bestellten Partei (§47 ‹§30 n.F.› jap.ZPO). Dieses Institut hat sein Vorbild in der „*Bill of Peace*"des englischen Recht. Das Gedankengut des englischen Rechts hatte vor der Gesetzgebung der ZPO

5 Vgl. *Tetsu Saito*, Selbständige Intervention in der japanischen ZPO, Dike International 2 (1995) S.141 ff.

nach deutschem Vorbild in Japan großen Einfluss gehabt. Mehrere Personen mit einem gemeinsamen Interesse können, sofern sie unter anderen Bestimmungen keine Parteifähigkeit besitzen, eine oder mehrere Personen von ihnen bestellen, die als Kläger oder Beklagter für die Gesamtheit auftreten. Die bestellte Partei führt den Prozess für die Gesamtheit durch, und das rechtskräftige Urteil wirkt gegenüber allen Mitgliedern der Gesamtheit (§201 Abs.2 ‹§115 Abs.1, Nr.2 n.F.› jap.ZPO).

Die begrüssenwerte Idee dieser Einrichtung stieß in ihrer Anwendung zunächst auf Schwierigkeiten, weil sie kein Vorbild im deutschen Recht, an dem sich Wissenschaft überwiegend orientierte, hatte. Vor dem zweiten Weltkrieg kam dieses Institut fast nicht zur Anwendung. Erst nach dem Krieg werde es nach und nach angenommen. Vergleiche dazu den Bericht von den Ass-Professoren *Sakamoto* und *Deguchi*[6].

## *VI. Sonstige Probleme*

Als umstrittene Fragen im Prozess mit mehreren Beteiligten sind noch zwei weitere Bereiche zu nennen:

### *1) Die repräsentative Klage*

Diese Institution wurde bei der Änderung des japanischen Handelsgesetzbuchs von 1950 nach dem Vorbild der amerikanischen „repräsentative suit“ neu eingeführt. Nach den Vorschriften können die Aktienbesitzer Vorstandmitglieder der Aktiengesellschaft zur Verantwortung für die Aktiengesellschaft ziehen (§267–268 jap.HG). Diese Vorschriften wurde nach etwa 40jahriger Erfahrung gerade im letzten Jahr (1993) geändert. Vergleich dazu ebenfalls den zusammengearbeitenen Bericht von Ass-Professor *Sakamoto* und *Deguchi*[7].

### *2) Die eventuelle subjektive Klagenhäufung*

Die eventuelle subjektive Klagenhäufung, die im deutschen Recht ab-

6 Vgl. *Keizo Sakamoto* u. *Masahiko Deguchi*, Die sog. bestellte Partei und der repräsentative Prozess im japanischen Recht, Dike International (1995) S.149 ff.
7 Siehe Fn. 6.

gelehnt wird, wird in Japan von vielen gewichtigen Stimmen der Literatur und auch von einigen Entscheidungen der Untergerichte anerkannt. Als Beispiel für eine subjektive eventuelle Klagenhäufung dient folgender Fall: Der Kläger klagt auf Zahlung aus einem Kaufvertrag gegen die offene Handelsgesellschaft A als Hauptbeklagten. Ob der Kläger gleichzeitig für den Fall, dass die Partei des Vertrages nicht die offene Handelsgesellschaft A sondern ihr Vorstand B ist, hilfsweise eine Klage gegen den Vorstand B erheben kann, ist umstritten. Vergleiche dazu den Bericht von Assistent *Teshigahara*.[8]

## —*Abschließende Bemerkung*—

Soweit der Überblick über den Prozess mit mehreren Parteien in der japanischen ZPO und die kurze Vorstellung der Einzelberichte. Da jeder Berichterstatter einzeln seinen Vortrag erarbeitet, und seine persönliche Meinung zu dem jeweiligen Bereich vertritt, kommt es eventuell nicht zu einen einheitlichen Bild zu der japanischen Rechtslage im Prozess mit mehreren Beteiligten. Dafür wird das Verständnis des Lesers gebeten.

---

8 Vgl. *Kazuhiko Teshigahara*, Die eventuelle subjektive Klagenhäufung im japanischen Zivilprozess, Dike International (1995) S.169 ff.

# *b) Zwangsvollstreckung in Japan*

Dieser Vortrag wurde am 29. Mai 1993 bei einer Tagung für griechische Zivilprozessrechtler (27.–30. Mai 1993 in Syros) gehalten

Die Zwangsvollstreckung in Japan regelt das „Zivilistische Vollstreckungsgesetz“, das 1979 veröffentlicht wurde und 1980 in Kraft trat. Dieses Gesetz ist verhältnismassig neu, darum gibt es noch keine besonderen Probleme. Heute möchte ich Ihnen kurz berichten, welche Probleme vor Inkrafttretung dieses Gesetzes aufgetreten waren.

Bis zur Mitte des 19. Jahrhunderts hatte Japan ein eigenes Rechtssystem, dessen Ursprung sich in der alten chinesischen Kultur finden lässt. 1868 kam es durch die Meiji-Restauration zum Ende des Shogunats und zur Bildung einer neuen Regierung, die sich zum Ziel gesetzt hatte, Japan zu modernisieren. Meiji-Regierung hatte zuerst versucht, für Japan ein Rechtssystem nach französischem Muster zu schaffen. 1873 beauftragte japanische Regierung den pariser Universitätsprofessor Boissonade mit dem Entwurf sämtlicher Gesetze. 1890 wurde der vermögensrechtliche Teil des Bürgerlichen Gesetzbuches veröffentlicht, der aber nicht in Kraft trat. Inzwischen hatte die japanische Regierung beschlossen, Japans-Verfassung nach dem Vorbild der preußischen Verfassung zu erschaffen, weil die preußische konstitutionelle Monarchie mit dem Japanischen Tenno-system Ähnlichkeiten hatte. Von diesem Zeitpunkt an erweckte das deutsche Recht die Aufmerksamkeit zahlreicher japanischer Juristen. Außerdem wurde die deutsche Rechtsordnung im Vergleich zu Rechtsordnungen anderer europäischer Länder als am fortschrittlichsten erachtet. In der Folgezeit wurden daher nahezu alle japanischen Gesetze nach dem deutschen Muster entworfen.

Das erste japanische Zwangsvollstreckungsgesetz wurde im sechsten Buch der Zivilprozessordnung, die 1890 veröffentlicht wurde, geregelt. Der preußische Regierungsrat Techow hat im Auftrage der japanischen Regierung das Zivilprozessrecht entworfen, dabei hielt er sich überwiegend an die deutsche Zivilprozessordnung von 1877. Während der Beratung wurde das Problem der Wirkung der Beschlagnahme, also Ausgleichsprinzip bzw. Vorzugsprinzip (Pfändungspfandrecht) diskutiert. Techow hat selbstverständig das Vorzugsprinzip vorgeschlagen. Aber der „Teil der Sicherheit für Schulden“ des Bürgerlichen Rechts, der durch Professor Boissonade nach französischen Muster geschaffen wurde, bestimmt folgendes: „Das gesamte Vermögen des Schuldners ist das gemeinsame Pfand für allen Gläubiger. Wenn die gesamte Vermögen des Schuldners nicht ausreicht, um allen Schulden zu bezahlen, wird es entsprechend der Höhe der Schuld der Gläubiger geteilt.“( §1, Teil der Sicherheit für Schulden" des bürgerlichen Rechts). Im Zusammenhang mit dieser Vorschrift basiert das japanische Zwangsvollstreckungsrecht – anders als das deutsche Zwangsvollstreckungsrecht – auf dem Ausgleichsprinzip.

Andererseits, um das Pfandrecht zu verwirklichen, wurde 1898 das Zwangsversteigerungsgesetz geschaffen. Die Zwangsvollstreckung der ZPO und die Vollstreckung durch das Zwangsversteigerungsgesetz entsprechen sich im Großen und Ganzen. Es gab jedoch einige Widerspruche zwischen den beiden Gesetzen, weil sie zu verschiedener Zeit und von verschiedenen Personen entworfen worden sind. Diese Uneinheitlichkeiten sorgten lange Zeit für Verwirrung in der Theorie und Praxis der Vollstreckung.

Nach dem zweiten Weltkrieg bereitete im Vollstreckungsrecht das Organ des Gerichtsvollziehers die grössten Probleme.

Der Gerichtsvollzieher in Japan hatte den Charakter eines privaten Berufs wie beispielsweise der Rechtsanwalt. Er bekam die Gebühren von seinem Auftraggeber, nicht jedoch vom Staat. Er konnte auf eigene Verantwortung einen Vertreter zur Erfüllung seiner Aufgaben bestellen. Es gab allerdings keine Bestimmungen über die Qualifikation für den Vertreter, was in der Praxis dazu führte, dass die Vertreter meistens nicht gut qualifiziert waren.

1966 wurde das neue Gesetz für Gerichtsvollzieher veröffentlicht. Nach diesem Gesetz wurde der Beruf des Gerichtsvollziehers zu einem Stand, der amtlichen Charakter hat. Der Gerichtsvollzieher steht nun unter Aufsicht des Gerichts und wird wie einen Beamter wie zum Beispiel ein Gerichtsschreiber behandelt. Er bekommt aber anders als andere Beamte weiterhin die Gebühren von seinem Auftraggeber und erhalt kein staatliches Gehalt. Das Justizministerium war nach einer Untersuchung zu dem Schluss gekommen, dass wahrscheinlich die doppelte Zahl von Gerichtsvollziehern notwendig wäre, wenn die Gerichtsvollzieher normale Beamte waren.

Nach der Reform des Gesetzes für Gerichtsvollzieher setzte eine Diskussion zur Reform des Zwangsversteigerungsgesetzes ein. Nach langer Vorbereitung, 1979 wurde das Zivilistische Vollstreckungsgesetz (im folgenden ZVG genannt) veröffentlicht, das im folgenden Jahr in Kraft trat. Gleichzeitig traten damit das sechste Buch der ZPO (nämlich das der Zwangsvollstreckung) und das Zwangsversteigerungsgesetz außer Kraft.

Das ZVG regelt nun einheitlich die Zwangsvollstreckung von Schuldtiteln und die Vollstreckung von Pfandrechtstiteln, die zuvor in getrennten Verfahren der ZPO und des Zwangsversteigerungsgesetzes geregelt waren. Die Widersprüche, die zwischen diesen beiden Gesetzen waren, konnten so beseitigt werden.

Die Eigenheit des ZVG liegt darin, dass ZVG außer der Zwangsvollstreckung des Schuldtitels, die bisher in der ZPO geregelt wurde und die Vollstreckung, die zum Zweck der Verwirklichung des Pfandrecht usw. betrieben wird und bisher in dem Zwangsversteigerungsgesetz geregelt war, in einem Gesetz einheitlich regelt. Dadurch konnte man die bis dahin vorhandenen Widerspruche zwischen den Vorschriften der Zwangsvollstreckung der ZPO und des Zwangsversteigerungsgesetz aufheben.

Als weitere wichtige Eigenheiten des ZVG sind folgende zu nennen:

1) Das ZVG versucht das Verfahren der Vollstreckung zu beschleunigen. Die bisherige Vollstreckung wurde oft durch Beschwerden verzögert, die häufig nur erhoben wurden, um das Verfahren zu verzögern. Das ZVG schränkt die Möglichkeiten der Beschwerde ein. Die Beschwerde muss nun mit ausführlichen Gründen bei dem Gericht, das die Entscheidung getroffen hat, vorgelegt werden, und das Gericht kann die Beschwerde zurückweisen, wenn sie diese nicht für begründet halt (§10 ZVG), 2) Das Entscheidende bei einer Zwangsvollstreckung ist, dass die Sache zu einem guten, nach Möglichkeit die Forderung deckenden Preis verkauft werden kann. Bei dem bisherigen Verfahren wurden die Sachen manchmal zu einem ungerecht niedrigen Preis verkauft. Das ZVG hat das Verfahren des Verkaufs der Gegenstände verbessert. Besonders für den Verkauf des unbeweglichen Vermögens weist das ZVG einige neue Regeln auf, z.B. die Erweiterung der Befugnis des Gerichtsvollziehers, eine Untersuchung über die rechtliche und tatsachliche Lage des unbeweglichen Vermögens vornehmen zu können (§57 ZVG). Ferner werden der Öffentlichkeit Akten zugänglich gemacht, die die Einzelheiten des rechtlichen Verhältnisses des Gegenstandes dokumentieren (§62

ZVG) u.a.

3) Unter dem bisherigen Verfahren der Zwangsvollstreckung war es für den Käufer von unbeweglichen Vermögen manchmal schwierig, den Gegenstand gleich zu erhalten, wenn sich dieser Gegenstand noch im Besitz eines Dritten befand, auch wenn der Dritte kein Recht zum Besitz hatte. Das ZVG hat den Übergabebefehl des unbeweglichen Vermögens gegen Dritte verstärkt. Unter bestimmten Bedingungen kann nun der Übergabebefehl vollstreckt werden (§83 ZVG).

4) Bei der Versteigerung des unbeweglichen Vermögens unter dem alten Zwangsversteigerungsgesetz kam es vor, dass der Käufer sein Recht am Gegenstand verlor, wenn das Pfandrecht des Käufers später von Dritten abgestritten oder vernichtet wurde. Das ZVG verbesserte das Verfahren der Versteigerung. Vor der Versteigerung hat der Dritte nun genügende Gelegenheit, Einwande zu erheben. Nach der Versteigerung jedoch, ist das Erheben von Einwänden nicht mehr möglich (§§182,184 ZVG). Damit konnten die Rechte des Käufers verstärkt werden.

13 Jahre nach Inkrafttreten des ZVG hat sich die Praxis der Zwangsvollstreckung nun an die neue Ordnung des ZVG gewohnt und es werden zurzeit keine besonderen Probleme berichtet.

– im Stand 1993 –

# c) Grundrechtsverletzungen bei der Zwangsvollstreckung in Japan

*Inhaltverzeichnis*



Dieser Bericht wurde einem wissenschaftlichen Symposion für „Grundrechtsverletzungen bei der Zwangsvollstreckung" (Syros 21. – 28. September 1994) vorgelegt.
*Zuerst erschienen* in: Dike International 3, Athen 1996.

## I. Einleitung

Der Zwangsvollstreckung führt manchmal zu einem Eingriff in den verfassungsrechtlich geschützten Lebensbereich des Schuldners. In Japan wurde dieses Problem bisher jedoch kaum vom Standpunkt vom Verfassungsrecht aus betrachtet, sondern überwiegend nur im Bereich des Zwangsvollstreckungsrechts behandelt.

## II. Grundrechtschutz bei der Zwangsvollstreckung im japanischen Recht

Die japanische Verfassung (JV), die nach dem Zweiten Weltkrieg 1946 in Kraft trat, gewährt wie alle Verfassungen anderer modernen Staaten Fundamentalmenschenrechte[1]. Dies ist z.B. das Recht auf Existenzminimum (§25), das Recht auf Erziehung (§26), das Recht auf Arbeit (§27), das Recht, Vermögen zu haben (§29), das Recht auf Zugang zu den Gerichten (§32), und das Recht auf Unverletzlichkeit der Wohnung, auf Unverletzlichkeit des Besitztums (§35) usw.

Als ein Beispiel für ein bei der Zwangsvollstreckung relevantes Grundrecht des Bürgers möchte ich hier das Recht auf Existenzminimum nennen. §25 der JV bestimmt, dass jeder Angehörige des Volkes das Recht auf ein Mindestmass an gesundem und kultiviertem Leben habe. Verschiedene Vorschriften im japanischen Zwangsvollstreckungsgesetz (genau gesagt, das zivilrechtliche Vollstreckungsgesetz von 1979, unten kurz jZVG)[2] sollen dafür Sorge tragen, dass in den in

1 Vor dem Zweiten Weltkrieg galt sog. Alte Verfassungsgesetz von 1889 in Japan. Es hatte preußische Verfassung der konstitutionalen Monarchie als Vorbild genommen. Es enthielt auch Menschenrechte, obwohl sie beschränkt waren (§§ 18-32).

2 Das erste japanische Zwangsvollstreckungsgesetz wurde im sechsten Buch der Zivilprozessordnung, die 1890 veröffentlicht wurde, geregelt. 1979 wurde dieses Gesetz und Zwangssteigerungsgesetz von 1898 reformiert und das neue zivilisti-

§25 JV festgelegtes Schutzbereich nicht eingegriffen wird.

Zum Beispiel bestimmen §131 und §152 jZVG[3], dass die Gegenstände, die für die Gewährung des Grundrechts des Schuldners unbedingt notwendig sind, unpfändbar sind. Die Vorschriften lauteten wie folgt:

§ 131 jZVG
Folgende Sachen sind der Pfändung nicht unterworfen:
(1) Kleidung, Betten, Möbel, Küchengerät, Tatami (Bodenmatte), bewegliche Hauseinrichtung, soweit diese Gegenstände für das tägliche Leben des Schuldners und seiner Angehörigen unentbehrlich sind.
(2) Die für das Leben des Schuldners und seiner Angehörigen für zwei Monate erforderlichen Nahrungs- und Feuerungsmittel.
(3) Die bestimmte Summe Geldes, die durch Regierungserlass mit Rücksicht auf die für einen gewöhnlichen Haushalt für einen Monat notwendigen Lebensunterhaltskosten bestimmt wurde.
(4)- (14). (abgekürzt)

§ 152 jZVG
1 Dreiviertel der folgenden Forderungen, die am Verfallstag zu bezahlen sind (sollte diese Summe die Summe überschreiten, die durch Regierungserlass mit Rücksicht auf die für einen gewöhnlichen Haushalt notwendigen Lebensunterhalskosten bestimmt wurde, ist diese Summe) unpfändbar.
(1) Die Forderungen, die der Schuldner um seinem Leben unterzuhalten, fortlaufend erhält, sofern diese Zahlungen weder vom

---

sche Vollstreckungsgesetz (jZVG) veröffentlicht.

3 Das Rechtsbewusstsein des Japaners ist anders als desjenigen des Europäers. Vor etwa 100 Jahren hat die japanische Regierung wegen der Modernisierung Japans neue Gesetze nach deutschem Vorbild geschaffen. Aus der Sicht der Bürger war die neuen Gesetze ganz fremdartiges. Das Gesetz war ein Schmuck des Staates. Das Gesetz und tägliches Leben waren getrennt. Unter diesen Umständen besteht in Japan kein Rechtbewusstsein in europäischer Art. Außerdem regelte die alte japanische Verfassung das Recht und Pflicht des Bürgers nicht in konkreter Form. Sie sind alle den einzelnen Gesetze überlassen. (2. Buch des alten japanischen Verfassungsgesetzes). Die Verfassung ist nur ein Plan. Dieses Rechtbewusstsein für die Verfassung ist bis heute vorherrschend (Vgl. *Nakamura*, Japan und das deutsche Zivilprozessrecht, 1991, später im Sammelband von *Nakamura*, Japan und das deutsche Zivilprozessrecht, 1996, S.30.).

Staat noch von einem lokalen Gemeinwesen vorgenommen werden.
(2) Gehalt, Lohn, Sold , Pension, Bonus und entsprechende Forderungen.
2 Dreiviertel des Abschiedsgeldes und entsprechende Forderungen sind unpfändbar.
3 (abgekürzt)

Das jZVG trifft unter mehreren Aspekten Maßnahmen, um die Grundrechte der Bürger zu schützen. Wird eine dieser Vorschriften verletzt, ist damit zugleich ein Grundrecht des Schuldners verletzt. Zunächst ist jedoch eine Vorschrift des Zwangsvollstreckungsrechts verletzt. In Japan wurden daher Grundrechtsverletzungen bisher nur als Verletzung des Zwangsvollstreckungsrechts behandelt.

Das alte japanische Zwangsvollstreckungsgesetz, das nach dem Vorbild der deutschen CPO von 1877 im sechsten Buch der alten ZPO geregelt wurde, enthielt Vorschriften, die den heutigen Vorschriften ähnelten (§570 alte ZPO ist der Vorläufer §131 jZVG und §618 alte ZPO ist der Vorläufer von §152 jZVG). Es gab bisher recht viele gerichtliche Entscheidungen, die Auslegung der alten und als auch der neuen Vorschriften betrafen. Die Entscheidungen sind aber alle nicht bedeutend. Es gibt noch keine Entscheidung des Obersten Gerichtshofs. Bisher haben wir Vorschriften des ZVG und die Rechtsprechung genügend Sorge dafür getragen, dass das Recht auf Existenzminimum gewahrt blieb.

Im Bereich der Zwangsvollstreckung tritt das verfassungsrechtliche Problem, also die Grundrechtsverletzung des Schuldners nur in den Fällen auf, in denen die Vorschriften oder die Maßnahmen der Zwangsvollstreckung direkt als Verfassungsverstoß erscheinen.

## *III. Präzedenzfälle des Obersten Gerichtshofs*

In Japan gibt es nur wenige Präzedenzfälle des Obersten Gerichtshofs, die eine Verfassungswidrigkeit bei der Zwangsvollstreckung zum Gegenstand hatten. Es gibt noch keine Entscheidung, die §25 JV behandelt. Alle betreffen bisher das Recht auf Zwang zu den Gericht (§32 JV) und die Pflicht, Gerichtsverhandlungen öffentlich zu führen (§82 JV).

***1) Beschluss des 3. kleinen Senats des Obersten Gerichtshofs vom 6 Oktober 1989*** (Hanrei Taimus Nr. 584 ‹1988› S. 181).

Bei einer Zwangsvollstreckung in unbewegliches Vermögen hatte das Vollstreckungsgericht gegenüber dem Besitzer X die Anordnung auf Übergabe des Gegenstandes ohne mündliche Verhandlung erlassen. X hat eine Vollstreckungsbeschwerde (§83 jZVG) vor dem Oberlandesgericht eingelegt. Das Gericht hatte die Beschwerde ohne mündliche Verhandlung abgewiesen. X hatte dann vor dem Obersten Gerichtshof weitere Beschwerde (Sai-kôkoku) eingelegt und behauptet, dass das Gericht dadurch das Recht auf Zugang zu den Gerichten (§32 JV) und die Pflicht, Gerichtsverhandlungen öffentlich zu führen (§82 JV) verletzt hat, dass es ohne mündliche Verhandlung die Anordnung der Übergabe des Gegenstandes an geordnet und ohne mündliche Verhandlung die Beschwerde abgewiesen habe.

Der Oberste Gerichtshof hat die Beschwerde abgewiesen. §32 und §82 JV enthalten das Wort „gerichtliche Entscheidung“ (Saiban). Nach einem bereits vorhandenen Präzedenzfall des Obersten Gerichtshofs bedeutet diese „gerichtliche Entscheidung“ nur die Entscheidung für eine Streitsache. Nach der Ansicht des Obersten Gerichtshofs handelt es sich bei der Anordnung auf Übergabe des Gegenstandes um ein verfahrensrechtliches Problem und nicht um eine Streitsache. Daher seien die Maßnahmen der Gerichte nicht verfassungswidrig.

***2) Beschluss des 1. kleinen Senats des Obersten Gerichtshofs vom 7. Juli 1983*** (Hanrei Taimus Nr. 510 ‹1983› S.108).

Gegen Entscheidungen, die das zivilistische Vollstreckungsverfahren betreffen, findet die Vollstreckungsbeschwerde nur statt, wenn dies im Gesetz ausdrücklich bestimmt ist (§10 jZVG). Gegen Maßnahmen des Vollstreckungsgerichts, für die keine Vollstreckungsbeschwerde gesetzlich vorgesehen ist, kann man vor dem Vollstreckungsgericht Vollstreckungseinwendung beantragt werden. (§11 jZVG).

Der Schuldner hatte zuerst vor dem Vollstreckungsgericht eine Vollstreckungseinwendung erhoben. Nachdem diese Einwendung abgelehnt wurde, hatte er vor dem Oberlandesgericht gegen diese Entscheidung die Vollstreckungsbeschwerde eingelegt, obwohl es keine ausdrückliche Bestimmung für solchen Fall gibt. Diese Beschwerde wurde abermals abgewiesen. Der Beschwerde gegen diese Entscheidung vor dem Obersten Gerichtshof lag Behauptung zugrunde, dass es gegen das Recht auf Zugang zu den Gerichten verstieße (§32 JV), wenn gegen die Abweisung der Vollstreckungseinrede keine Rechtsmittel eingelegt werden können.

Der Oberste Gerichtshof hat diese Behandlung zurückgewiesen. Nach seiner Ansicht bestimme §32 der JV nur, dass die Bürger ein Recht auf Zugang zu den Gerichten habe. Wie die Institution des Rechtszugs konstruiert wird, sei ein Problem der Gesetzgebungspolitik. Die Regelung, die gegen die Entscheidung der Unterwerfung der Einrede keine Beschwerde erlaubt, steht in keinerlei Beziehung zu dem Problem der Verfassungswidrigkeit.

## *IV. Der Unterschied zwischen Japan und Deutschland*

Das japanische Recht hat im Grunde deutsches Recht zum Vorbild genommen. Obwohl das japanische Zwangsvollstreckungsrecht 1979 nach dem zweiten Weltkrieg grundlegend reformiert wurde, bleibt es dem deutschen Rechtskreis zugehörig. Das Verhältnis zwischen Verfassung und Zwangsvollstreckungsrecht im deutschen und japanischen Recht ist also gleich. Es ist jedoch zu beachten, dass es in Deutschland bereits zahlreiche Streitigkeiten um Verfassungsmäßigkeit von Handlungen im Zwangsvollstreckungsrecht gab, während in Japan die Behandlung der Frage ganz im Zwangsvollstreckungsrecht bleibt.

Dafür ist sicherlich ein wesentlicher Grund, dass es in Deutschland die Institution des Verfassungsgerichts und der Verfassungsbeschwerde gibt. Japan hingegen hat kein eigenständiges Verfassungsgericht. Alle Probleme im Bereich der Zivilrechtspflege können in der BRD vom Standpunkt des Verfassungsgerichts (Grundrecht) aus überprüft werden. Wenn verfassungsrechtwidrige Punkte vorhanden sind, können sie auf dem Weg der Verfassungsbeschwerde beim Verfassungsgericht beigelegt werden.

Auch spielt das wesentlich unterschiedliche Verständnis für die Rolle des Verfassungsrechts in Japan und Deutschland eine Rolle. Man könnte sagen, dass das Recht, das in der Verfassung geschrieben ist, in Deutschland (oder in Europa) als konkretes Recht des Bürgers betrachtet wird. Darum fordern die Leute in Deutschland Grundrechte als subjektive Rechte vor dem Gericht. In Japan betrachtet man hingegen die in der Verfassung garantierten Menschenrechte nur als abstrakte Rechte, die der Staat mit seiner Politik und Gesetzgebung verwirklichen soll. Unmittelbar aus dem Grundrecht der Verfassung besteht in Japan noch kein konkretes Recht.

Ich habe noch keine genaue Information über die Lage der anderen EG-Länder. Ich vermute, dass der Grund der lebhaften Forschung über die Grundrechtsverletzung bei der Zwangsvollstreckung in den EG-Länder darin liegt, dass es in den EG-Ländern nicht nur Verfassungsrecht sondern auch die europäische Menschenrechtskonvention und auch verschiedene staatliche Verträge als höherrangiges Recht gibt. Unter diesen Umständen sind Probleme der Grundrechtsverletzung von verschiedener Seite aus zu untersuchen. In Japan gilt dagegen nur die Verfassung als das einzige höchste Recht. Unter diesen Umständen entsteht so viele Frage über die Auslegung von Grundrechten.

Die oben erwähnte Situation macht das verfassungsrechtliche Studium im Bereich des Zivilprozessrechts in Deutschland (auch in Europa) sehr lebhaft, allerdings besteht ein solches Studium zurzeit in Japan noch nicht.

– im Stand:1994 –

# *Hauptwerk des Verfassers*

## *In japanischer Sprache*

民事訴訟法 Lehrbuch des Zivilprozessrechts, Tokio, 1987.

新民事訴訟法講義 Lehrbuch des neuen Zivilprozessrechts, Tokio, 2000.

民事訴訟におけるローマ法理とゲルマン法理 民事訴訟論集 第1巻 Die römische und germanische Rechtslehre im Zivilprozess, Sammelband der zivilprozessualen Abhandlungen, Bd. 1. Tokio, 1977.

訴訟および司法制度の研究 民事訴訟論集 第2巻 Studien über Prozess und Justizwesen, Sammelband der zivilprozessualen Abhandlungen, Bd. 2. Tokio, 1976.

民事訴訟理論の諸問題 民事訴訟論集 第3巻 Probleme der Zivilprozessrechtslehre, Sammelband der zivilprozessualen Abhandlungen, Bd. 3. Tokio, 1975.

判例民事訴訟研究 民事訴訟論集 第4巻 Studien der zivilprozessualen Rechtsfälle, Sammelband der zivilprozessualen Abhandlungen, Bd. 4. Tokio, 1975.

民事訴訟理論の法系統的考察 民事訴訟論集 第5巻 Die Dogmatik des Zivilprozesses, eine Betrachtung vom Rechtskreis aus, Sammelband der zivilprozessualen Abhandlungen, Bd. 5. Tokio, 1986.

ギリシャの民事訴訟法学（編集）Zivilprozessrechtswissenschaft in Griechenland (Hrsg.), Tokio 1999.

## *In ausländischen Sprachen*

Die japanische Strafprozessordnung (Sammlung außerdeutscher Strafgesetzbücher in deutscher Übersetzung, Bd.91) Berlin 1970.

Die japanische ZPO in deutscher Sprache (mit Dr. Huber) mit einer Einführung in das japanische Zivilprozessrecht (Japanisches Recht, Bd.4), Köln 1978

Familiengerichtsbarkeit – Die Nationalberichte und Generalbericht zum VII. Internationalen Kongress für Prozessrecht, Würzburg 1983, Tokio 1984.

# *Inhaltverzeichnis des ersten Bandes*

— Japan und das deutsche Zivilprozessrecht, 1996 —



—Fortsetzung von der letzten Seite —

Japan und das deutsche Zivilprozessrecht – Sammelband der zivilprozessualen Abhandlungen, Tokio 1996

新民事诉讼法讲义 (Chinesische Übersetzung des Lehrbuchs des neuen Zivilprozessrechts, 2000) Peking 2001.

Die japanische ZPO in deutscher Sprache (mit Dr. Huber) mit einer Einführung in das japanische Zivilprozessrecht (Japanisches Recht, Bd.40), Köln 2006.

Bei Fragen zur Produktsicherheit wenden Sie sich bitte an:
If you have any questions regarding product safety,
please contact:

Walter de Gruyter GmbH
Genthiner Straße 13
10785 Berlin
productsafety@degruyterbrill.com